김대중의 끝나지 않은 이야기

김대중의 끝나지 않은 이야기

ⓒ 2005, 김욱

초판 인쇄	2005. 4. 7.
초판 2쇄	2009. 8. 26.
지 은 이	김 욱
편 집	홍석봉, 정지희, 안명희
마 케 팅	이태준
펴 낸 이	강준우
관 리	김수연
디 자 인	김정현
펴 낸 곳	인물과사상사
등 록	1998. 3. 11(가제17-204호)
주 소	서울시 강동구 성내동 533-1 영우빌딩 3층
전 화	02) 471-4439
팩 스	02) 474-1413
우 편	134-600 서울 강동우체국 사서함 164호
E-mail	insa@inmul.co.kr
홈페이지	http://www.inmul.co.kr

값 10,000원

ISBN 89-5906-007-0 03300

파손된 책은 교환해 드립니다.

김대중의 끝나지 않은 이야기

김욱 | 지음

머리말
김대중과 위선의 역사

 김대중은 역사다. 그의 정치인으로서의 삶이 그럴 뿐만 아니라 이제는 현실의 무대에서 퇴장한 노 정객이라는 의미에서도 그렇다. 따라서 지금부터 내가 하려는 '김대중의 끝나지 않은 이야기'는 이 역사에 대한 이야기다. 그러나 나는 지금 '자랑스러운 역사의 위인전'을 쓰고자 하는 것이 아니다. 김대중은 지금까지, 그리고 앞으로도 언제까지 계속될지 모르는 대한민국의 '위선의 역사' 한가운데 서 있었던 사람이다. 그를 통해 우리 사회의 모든 딜레마와 그 해법을 유리하게 자기 것으로 만들려는 온갖 위선적 시선들이 응축되어 표출되었다. 이 책은 김대중이라는 키워드로 최근 우리 정치사의 바로 그 위선적 시선을 밝힘으로써 문제의 해결책을 찾으려는 시도다.
 역사는 과거를 보는 지배적 시선이다. 이 지배적 시선은 우리의 현재의 삶을 결정하고 또한 우리의 미래를 방향 짓는다. 그래서 우리는 역사의 전선에서 끊임없이 '기억의 전쟁'을 벌인다. 가깝게는 어제의 일로부터 멀게는 아득한 옛날의 일에 이르기까지 우리는 대립하는 시선과 의미의 전쟁을 벌인다. 때로는 승자가 되고 때로는 패자가 되면서 내일을 위해 어제의 일을 두고 오늘 싸우고 있는 것이다. 우리는 지금 이 순간에도 좋든 싫든, 말을 하든 말을 하지 않든 모두 또다시 '김대중 콤플렉스'로 무장하여 역사의 전선에서 마주 서 있다. 나는 지금 이 역사의 전선에서 가장 최근의 우리 현대 정치사를 보는 지배적인 시선에 반대하여 하나의 입장을 옹호하기 위해 이 글을 쓴다.

잘 알고 있듯이 우리 현대 정치사의 가장 큰 비극은 '영남패권주의'다. 그러나 이 영남패권주의라는 용어는 누구나 인정하는 공식 용어가 아니다. 이 영남패권주의를 대체하는 공식 용어는 '지역감정'이다. 패권적 지배관계가 존재한다는 것과 정서적 감정이 대립한다는 것은 엄청난 의미의 차이를 가진다. 그런데도 우리 현실은 '지역감정'이라는 용어가 '영남패권주의'라는 용어를 완전히 구축하고 있다. 왜 그럴까? 둘 중 하나다. 지역감정이라는 용어가 현상을 더 적절하게 설명하고 있거나 아니면 부적절함에도 불구하고 그 부적절함으로 진실을 감추고 거기에서 이익을 얻으려는 위선적 시선이 세상을 지배하고 있기 때문일 것이다. 나는 후자라고 생각한다.

솔직해지자. 우리가 만약 지금 전 세계에서 자행되고 있는 미국의 폭력적 지배의 문제를 '미제국 패권주의'라고 일컫지 못하고 '반미감정'이라고 얼버무린다면 그것이 타당한 일인가? 아니 그보다는 이런 용어의 문제가 사소한 것인가? 절대로 사소하지 않다. 패권관계를 패권관계로 정의하지 못하는 이 용어의 문제야말로 패권적 실체가 존재한다는 결정적 증거다. 그러므로 우리는 우선 역사의 전선에서 이 지역감정이라는 용어와 투쟁해야 한다. 역사 속에서 영남패권주의적 현상을 영남패권주의라고 부르지 못한다면 패권적 지배관계는 결코 끝난 것이 아니다.

나는 특별히 이 책에서 세상을 지배하는 그 위선적 설명 방식에 주목한다. 지난 수십 년 동안 영남은 호남에 대해 하나의 국가공동체라고 보기 힘들 정도의 폭압적인 권력을 행사해왔다. 5·18은 영남패권주의 파시즘의 절정이었다. 그럼에도 불구하고 이 영남패권주의 파시즘은 '지역감정'이라는 언어의 헤게모니 내에서 간단히 해체돼버린다. 어떻게 이런 일이 가능할까? 나는 그 이유를 현실을 현실로서 인정하는 것으로부터 논의를 시작하는 것을 거부하는 거대한 국민적 위선의 심리학이 작동하고 있기 때문이라고 생각한다. 우리의 위선적 시선은 현실의 적나라한 딜레마가 두려운 것이다.

그러나 직시해야 한다. 현실을 현실로서 있는 그대로 이해하지 않고서는 절대로 문제는 해결되지 않는다. 지난 수십 년간의 정치를 지역패권 관계로 이해한다면 우리의 현대 정치사는 지역투쟁의 역사로 정확히 규정해야 한다. 예컨대 이 규정 속에서는 김대중과 김영삼은 결코 동일한 정치세력의 대변자가 아니다. 그러므로 그들의 분열을 동일한 정치세력의 아쉬운 분열로만 이해하는 것은 '바람직한 당위'의 기준으로 '엇나간 현실'을 재단하고 싶어 하는 관념적 시선일 뿐이다. 그리고 이런 시선이 오직 자신만을 고집할 때 현실을 규명하지 못하는 도그마에 빠지거나, 선한 것만을 생각해야 한다는 콤플렉스에 빠지거나, 아니면 겉으로는 나쁘다고 말하면서 속으로는 바로 그 나쁜 것의 이익을 챙기려는 위선의 논리가 등장할 수밖에 없는 것이다.

우리 사회를 지배하는 위선의 논리의 정점은 '민주화는 오직 계급투쟁을 통해서만 가능했다'는 도그마다. 그래서 우리의 역사를 계급투쟁의 역사로만 재단하고 지역투쟁은 '몹쓸 병' 정도로 취급하는 것이다. 그러나 왜 계급투쟁은 선이고 지역투쟁은 악일까? 아니 그보다는 지난 우리의 현대 정치사가 계급투쟁보다는 지역투쟁이 압도적이었음에도 불구하고 왜 계급투쟁으로만 세상을 설명해 보려고 애를 쓰는 것일까? 그런 다음 설명되지 않는 현상에 전전긍긍하며 자신들의 미성숙한 사회과학적 분석능력의 책임을 이론이 아닌 살아 숨쉬는 생명들에게 온통 덮어씌우는 것일까?

나는 이런 현상, 즉 '있는 현실을 있는 그대로 보는 것이 아니라 자신이 옳다고 생각하는 도그마로 가상의 세상을 만들려는 콤플렉스'가 궁극적으로 위선의 역사를 만들고 있다고 생각한다. 예컨대 모든 것이 돈을 기준으로 움직이는데 돈 이야기는 일체 꺼내지 않는다든가, 모든 것이 지역패권 때문에 발생한 문제인데 지역을 기준으로 분석하는 것을 회피하고 있다면 이것은 결과적으로 무능력이 아닌 위선이 된다. 그리고 이런 위선이 장기간에 걸쳐 축적된다면 그것은 위선의 역사가 된다. 그러나 그런 위선으로는 아무것도 설명되지 않고 해결되지도 않는다. 나쁜 현상이라 할지라도 우리의 희망과는 다르게 분명히 존재하고 있다면 정면에서 바라보고 드러내야만 비로소 해결책을 찾을 수 있는 것이다.

지금 내가 이 책에서 강력하게 주장하려는 발언들은 '극소수의 사람들'이 '사회적 통념'의 비난을 무릅쓰고 어렵게 행해 온 발언들의 연장선상에 있다. 그래서 일부 독자들을 제외하고는 '옛이야기'임에도 불구하고 모두 생소한 논리들일 것이다. 사실 내가 어떤 신념에 따라 확신을 갖고 이런 발언들을 한다 하더라도 모두에게 익숙한 지배적 논리를 위선이라며 드러내고 반박하는 작업은 거북한 일임이 틀림없다. 특별히 '김대중 이후, 지역문제는 사라졌다'고 생각하는 '순수한(?)' 사람들을 생각할 경우 그 거북함이 더하다. 그러나 나는 어떤 거북함도 피하지 않고 정면에서 대결하려 한다. 가혹한 비판이 있더라도 각오하고 있다. 그 충돌만큼 문제는 이미 해결된 것이다.

출판을 위해 힘써 주신 모든 분들께 감사의 마음을 전한다. 그리고 원고에 골몰할 때면 시도 때도 없이 튀어나오는 '정치 이야기'를 듣고도 끝까지 '관심 없다'는 내색을 하지 않아 준 아내에게도 특별한 고마움을 표시한다. 또한 이 주제에 관심을 가지고 격려해주신 주위의 모든 분들에게도 감사와 함께 쑥스러운 마음으로 이 책을 전한다. 물론 소중한 시간을 내어 이 책을 읽고 생각의 혼란을 경험하실 독자들이야말로 내게는 누구보다도 가장 고마우신 분들일 것이다.

2005년 3월
김욱

|차례|

머리말 : 김대중과 위선의 역사

제1장 김대중의 탄생과 한국정치의 딜레마

건국 이후 최초의 평화적 정권교체 ● 17
그 날 밤의 기적
절대적 고립과 절대공동체
군의 협박과 양김의 대응
깨진 금기, 대통령 김대중

영남극우 패권주의의 역사와 논리 ● 33
고려의 훈요십조 혹은 박정희의 개발독재
영남특권의 논거, 6·25 참전율
유석춘의 놀라운 기교
영남특권의 당위적 정당화

소통의 한계, 5·18 ● 44
광주학살은 우연이었나
박정희 피살과 12·12 쿠데타
김대중 내란음모사건
전두환의 뒤늦은 헛소리

인격화된 전라도, 김대중의 탄생 ● 57
호남과 김대중, 수난을 통한 일체감
87년 대선과 김영삼 지지(후보단일화)론
지역 없는 민주화: 계급 환원주의
김대중에게 책임 떠넘기기

김대중과 이른바 개혁·진보주의자들 ● 70
호남을 평가하는 손호철의 시선
호남을 위해 울지 말라
호남인의 호남 콤플렉스
뭉치면 죽고 흩어지면 산다?

제2장 반김대중의 정치공학

3당합당의 정치사적 의미 ● 85
김대중은 왜 3당 합당을 못했을까
계급을 압도하는 지역
김영삼이 누린 배신의 자유
영남파쇼 정권이 김영삼에게 베푼 특혜

양비론 세력과 투항의 역사 ● 97
3당 합당과 꼬마 민주당의 탄생
양비론의 정치적 함의와 위세
97대선과 게임의 법칙
반김대중 정서로의 귀향

김대중의 사상과 이념 ● 111
위험한 김대중, 위험하지 않은 김대중
리버럴리스트 김대중
통일논의와 용공분자라는 신기루
김대중의 색깔은 두려움의 대상이 아니었다

이른바 '3김 정치'와 DJP 연합 ● 126
'3김'이라는 위선적 언어

DJP 연합에 대하여
호남의 정신분열과 자기모멸?
다시, 87년 대선에 대하여

영남패권: 폭력으로부터 헤게모니로 ● 142
김대중과 박정희의 지역적 필연
박정희 시대의 투표 성향이 말해주는 것
재벌: 영남패권주의의 물적 토대
폭력으로부터 헤게모니로

제3장 김대중 정권 5년의 공과

햇볕정책과 남북정상회담 ● 159
햇볕정책은 누구나 할 수 있는 정책이었을까
통일에 대한 열망과 국가보안법
김대중과 박정희의 대북관
노무현 정권의 대북송금특별법

전두환과의 만찬 ● 172
'대의제적 공간'을 위한 처세술
정치적 적대세력과의 끊임없는 타협
신념에는 강경, 타협에는 온건
단죄 없는 부끄러운 역사

민주주의와 시장경제 ● 185
당선 직후의 과제들
민주주의 없는 시장경제, 그 체험적 고민
정보화 혁명과 민주주의

IMF 경제위기 극복 성적표

도덕성과 부패문제 ● 198
자식들의 비리문제
노태우 비자금건과 20억 수수건
이철의 폭로와 고백
김대중의 역사적 딜레마

김대중의 마키아벨리즘과 그 한계 ● 213
마키아벨리스트 김대중
김대중의 김구 평가
지역등권론과 지역연합론
김대중의 소심한 마키아벨리즘

제4장 김대중과 역사의 전선

기억의 전쟁 : 김대중, 박정희, 김일성 ● 231
역사는 과거를 보는 지배적 시선
박정희는 영남패권주의의 마지막 보루
김대중과 박정희
김일성의 흔적과 상징

역사의 에피소드 노무현, 그가 남긴 것 ● 243
노무현에게 걸었던 희망과 기대
의심받는 대북송금 특검 프로젝트
노무현식 분당을 반대한 이유
노무현 에피소드가 남길 후유증

박근혜: 영남패권주의의 우아한 반격 ● 257
출신지: 정치인의 천형 혹은 천복
박근혜의 화려한 등장
2007 대선 감상법
김규항과 최보은의 박근혜론

계급투쟁은 선이고, 지역투쟁은 악인가 ● 270
한국사회의 금기: 지역에 대해 말하지 않기
지역모순은 계급모순으로 환원될 뿐인가
최장집의 입장 변화
거꾸로 선 논리

위선 없는 대안 ● 284
지역문제의 실체부터 인정하자
공고화된 구조의 구조적 해체
독일식 비례대표제에 대하여
지역차별금지를 위한 입법 조치를 바라며

보론: 김대중 콤플렉스, 그 위선의 역사 ● 299

맺는 말 : 끝나지 않을 김대중 이야기 ● 312

제1장 김대중의 탄생과 한국정치의 딜레마

건국 이후 최초의 평화적 정권교체

1997년 12월 18일 밤, 기적이 일어났다. 김대중이 제15대 대한민국 대통령에 당선된 것이다. 1971년 대통령 선거에 처음 도전한 뒤 4번째, 무려 16년 만의 일이었으며, 건국 이후 최초의 평화적 정권교체였다. 나는 지금 이 사실을 '기적'이라고 묘사하고 있다. 아마도 이 책을 읽는 독자들 모두 이런 표현을 쓰는 것을 어느 정도는 이해할 것이다. 그러나 어떤 외계인이 우연히 그 날 밤을 목격했다면 건국 이래 첫 정권교체라는 역사적 사실에 '기적'이라는 표현까지 써가며 회상하는 것을 틀림없이 과장된 감상이라고 생각할 것이다.

그렇지만 나는 그 날 밤을 '기적'이라고 표현한 것을 전혀 과장이라고 생각하지 않는다. 지금부터 바로 그 가공의 외계인에게 궁금증을 풀어준다는 생각으로 과거처럼 앞으로도 끈질기게 계속될 이 '기적'의 의미를 정리해나가려 한다. 어쩌면 그 외계인은 이 책을 다 읽고 나서도 잘 이해하지 못할 수도 있을 것이다. 당신이 어떤 아프리카 부족 간의 부족말살 전쟁을 보고 그 현상을 이해하지 못해 한숨짓는 사람이라면 그 외계인이 우리의 모습을 잘 이해하지 못하는 것을 오히려 자연스럽게 받아들여야 한다. 이 비유가 적절한지는 모르겠다. 그러나 이 비유 자체가 특별히 아리송한 독자들에게 제안한다. 이 책을 외계인의 시각으로 읽어주기 바란다. 우리 문제는 외계인의 시각으로 내려다보는 것이 가장 이해를 빨리 돕는 길이다.

사실 어느 사회나 부조리는 있다. 그러나 대부분의 경우는 그것이 고쳐야 될 부조리라는 것에 대한 사회적 합의가 있다. 그러나 우리의 문제가 기가 막힌 것은 사회적 부조리 속에 살고 있으면서도 그것이 부조리라는 사실을 느끼지도 못하고 살아가고 있다는 사실 때문이다. 아니 정확히 말하자면 그 '부조리'가 부조리라는 사실은 모두 인정하지만 놀랍게도 그 부조리에 '투항해야 한다'는, 전도된 가치체계를 해결책으로 제시한다는 점이다. 나는 이 투항을 권유하는 부도덕한 가치체계에 굴복할 수 없다. 그 해결을 위한 시간이 얼마가 되든 절대로 투항할 수 없다. 만약 이 가치체계에 투항하면 내가 믿고 있는 모든 규범적 가치체계를 포기하고 투항해야 하기 때문이다.

물론 김대중의 존재를 이런 식으로 '당위적 역사의식'과 관련시켜 우리들의 양심을 자극했던 발언은 충분히(?) 있어 왔다. 대중적인 발언에 성공한 강준만의 『김대중 죽이기』가 대표적인 목소리였다. 그 힘은 새로운 운동으로 확산되어 노무현이라는 정치인을 탄생시켰다. 그랬다. 우리는 노무현이라는 정치인이야말로 다시 김대중의 십자가를 진 시대의 양심이라고 분명히 그렇게 말했고 그 양심의 승리라는 환희를 만끽했던 기억이 있다.

  그런데 그 승리는 어떻게 되었을까? 노무현은 역사의 배신자였다! 노무현은 호남인들에게 김대중의 십자가를 벗어던지기를 권했다. 어떻게? 투항함으로써 끝내자고 권한 것이다. '김대중의 고독'은 이렇게 다시 시작된 것이다. 만약 노무현이 어렵든 쉽든 역사의 부조리에 정면으로 맞서는 모습을 보여줬다면 이 책은 세상 밖으로 나올 이유가 없었을 것이다. 그런데 노무현이라는 존재가 다시 새삼스런 방식으로 우리 역사의 긴 질곡을 상기시켰다. 다시 시작하는 수밖에 다른 도리가 없게 된 것이다.

  김대중은 수십 년을 넘게 지속되어온 부조리한 현대 정치사의 인격적 상징이다. 강준만은 2002년 대선을 앞두고도 이 부조리를 극복하지 못하는 이들을 향해 "이들은 지구도 DJ를 중심으로 돈다고 생각하는 건지도 모르겠다"고 한탄했었다. 사실 정치의 주된 이슈가 정책대립을 확인하고 다시 통합을 기약하는 사회적 축제가 아닌 '양심이냐 부도덕이냐', '희망이냐 절망이냐'의 갈림길에서 살벌한 규범적 전쟁을 치러야 한다는 것은 결코 성숙한 사회의 모습은 아니다. 그렇지만 과거뿐만 아니라 현재까지도 김대중은 어쩔 수 없이 우리 사회의 전도된 가치체계의 뿌리깊은 진앙지이면서 동시에 이념적 대립의 은밀한 기준이 되고 있다. 이대로라면 미래라고 크게 달라질 것 같지도 않다.

  솔직히 말해 이 글을 쓰고 있는 나 역시 '노무현 이전'까지는 이 부조리와 가치체계의 전도가 심각하다고 느끼기는 했지만 그저 과도기적인 것으로 생각하며 애써 그 심각성을 외면하려 했다. 그러나 나는 더 이상 이 '위선의 역사'를 시간이 가면 해결될 과도기적인 문제로 생각하지 않기로 했다. 쉽게 말해 우리나라의 지역문제는 일거에 계급문제로 환원되지 않을 것이며 그 해결책도 지역모순과 계급모순이라는 이중모순의 틀 속에서 찾을 수밖에 없다는 것을 고통스럽지만 인정하기로 했다. 이러한 사고전환은 지배논리, 즉 '영남패권주의는 지역을 기준으로 사고하지 않는 것만이 유일한 해결책'이라는 논리를 정면으로 부정하는 것이어서 치열한 논쟁점을 포함하는 것이다. 시작해보자.

그 날 밤의 기적

그 날 밤 김대중의 대통령 당선은 호남인에게 어떤 모습으로 다가왔을까? 문순태는 '그 날 밤'을 이렇게 묘사했다.

1997년 12월 18일 자정, 전라도 사람들은 마침내 목이 터지도록 〈목포의 눈물〉을 외쳐 불렀다. 이 노래는 신안군 하의도에서 뱃길을 타고 목포에 상륙, 영산강을 따라 광주 5·18광장에 이르렀고 다시, 무등산과 망월동 묘역으로 올려 퍼졌다. 이제 〈목포의 눈물〉은 슬픔이 아닌 기쁨의 노래가 되었다. 그 동안 이곳 사람들은 마음 졸이며 이 노래조차도 소리내어 부르지 못했다. ……

부정을 탈까봐 큰소리로 웃지도 못했다. 마치 살얼음판을 걷는 것처럼 조심스러웠다. 이번이 DJ의 마지막 도전인데다가 그 어느 때보다 당선 가능성이 높아, 마치 촛불을 켜고 밤길을 걷는 것처럼 불안했다. 기대는 선거 막판에 이르면서 이회창 후보와 박빙의 차이로 좁혀지자 경계심은 더욱 날카로워졌다. 92년 대선 때만 해도 전라도 사람들은 타 지역 사람들을 만나면 공공연히 큰소리로 DJ 지지를 외쳤고, 반대하는 사람들과는 멱살다짐은 물론 주먹대결까지도 벌인 일이 많았었다.

그런데 이번에는 광주 한복판 식당에서 큰소리로 한나라당 이회창 지지발언을 해도 눈 하나 흘기는 일이 없었다. 이 때문에 광주에서는 그 흔한 선거폭력이 한 건도 일어나지 않았다. 여느 때 같으면 대학생들의 반(反)한나라당 시위가 있을 법도 했는데 숨을 죽였다. 다른 때 같았으면 시위 막으랴, 선거분석하랴, 동향감시하랴, 바빴던 경찰도 손을 놓고 있었다.

지난 12월 6일에는 울산에서 영호남문학인대회가 열려 호남 지역에서도 100명의 문인들이 참가했다. 이때도 광주 사람들은 울산에 가는 문인들에게 절대로 경상도 사람들을 자극시키는 언행을 삼가라는 당부를 잊지 않았다. 대선에 대해서 아무 말도 하지 말고 그냥 그들이 한 말을 듣고만 오라고 했다.

18일의 투표 시간에 대해서도 각별하게 신경을 썼다. 다른 때 같았으면 선거날에는 으레 오전 중에 투표를 마치고 오후에는 등산을 하거나 나들이를 가게 마련이었다. 그러나 이번에는 오전 투표를 자제하자는 이야기가 입에서 입으로 전달되었다. 오전에 전라도의 투표율이 높으면 경상도의 기권자들을 투표장으로 끌어내는 자극제가 될 수 있다는 것이었다. 이 같은 이야기는 여자들 계모임이나 동창회 모임, 혹은 아파트 잔치의 노인정을 통해서 널리 유포되었다. 실제로 광주의 경우 18일 오후 3시까지만 해도 투표율이 전국 시도 중에서 가장 낮았다.[1]

---

[1] 문순태, 「신동아」, 1998년 1월: shindonga.donga.com.

호남인들의 그 무서운 '이심전심'을 호남인이 아닌 사람들은 절대로 이해할 수 없을 것이다. 서울에서 암 수술을 받고 임종을 기다리는 환자가 움직이기도 힘든 그 몸으로 기어이 투표하러 가겠다며 먼 길을 나서며, 투표장에 가서도 투표용지를 접는 과정에서 기표의 인주가 다른 곳에 묻어 무효표가 될까봐 입김으로 호호 부느라 투표 시간이 지체되는 그 피맺힌 심정들을 어떻게 이해할 수 있겠는가? 아마도 그 불가해한 사연들만을 모아도 족히 여러 권의 책이 나올 것이다.

말이 그렇지 하나의 정치공동체에서 특정 지역의 유권자들이 90%가 넘는 몰표로 20년 가까이를 투쟁한다는 것은 민주국가에서 쉽게 상상하기 힘든 현상이다. 그 몰표는 출구 없는 완전한 고립과 집요한 역선전을 이겨낸 이심전심의 결정체였다. 적어도 김대중 문제에 있어서만큼은 전라도는 '절대공동체'였다. 따라서 당연히 그 절대공동체는 대한민국이라는 정치공동체 밖에 존재하는 '외딴섬'이었다. 그러고도 대한민국은 잘 돌아가고 있었다. 아니 문제의 책임은 대한민국이 아닌 대한민국 밖의 그 '외딴섬'에 있다는 이데올로기만이 난무했다.

절대적 고립과 절대공동체

이성을 가진 사람이라면 이 놀라운 현상에 당연히 사회과학적 의문을 가져야 한다. 도대체 무엇이 이런 지역 단위의 절대공동체를 만들어냈을까? 절대공동체라는 이해하기 힘든 현상은 둘째치고 왜 그것이 계급 단위가 아닌 지역 단위의 절대공동체로 나타났을까? 이 수수께끼의 기원은 1980년 5월에 있다. 반복한다. 1987년 12월 '양김분열'이 아니라, 1980년 5월 '광주학살'이다. 이 책의 키워드이기도 한

'광주학살'을 이해하지 못하는 한 지역문제는 절대로 이해하지 못할 것이다. 절대공동체라는 개념으로 5월 광주를 정의한 최정운은 이렇게 말하고 있다.

> 절대공동체는 자연스럽게 삶과 죽음을 개인을 넘어 공동체 단위로 정의했다. '살아 남기 위해 싸운다', '우리 고장은 우리 손으로 지킨다'라는 말들은 분명히 개인의 목숨과 공동체의 삶이 일치되었음을 보여준다. 그리고 이 생명의 나눔은 헌혈을 통해 피를 나눔으로써 구체화되었다. 이 곳에는 사유재산도 없고, 생명도 내 것 네 것이 따로 없었다. 물론 이 곳에는 계급도 없었다. 이제는 웃을 일도 심심찮게 생겼다.[2]

절대적인 고립 속에서 광주가 해방되던 바로 그 순간 "계급도 없었다"! 물론 최정운은 그 절대공동체에서조차 최후의 결사항쟁을 위해 '총'을 잡아야 하는 순간에는 계급을 볼 수밖에 없었다고 말했다. 그러나 절대공동체의 현실적 체험은 그것을 직접 경험해보지 못한 타인들로서는 상상하기 힘든 신비한 집단체험이 되었다. 실제로 광주는 그 암흑 세월의 절대적인 고립 속에서도 김대중과 민주당에 대해 93.4%(1987년), 95.1%(1992년), 96.3%(1997년)라는 스스로조차 믿을 수 없는 경이로운 지지를 통해서 5·18의 유산인 자신들의 정치적 절대공동체를 완벽하게 지켜 냈다.

그럼 이 정치적 절대공동체가 외부인의 눈에는 어떻게 보일까? 두

---

[2] 최정운, 『오월의 사회과학』, 풀빛, 1999, 142쪽.

가지 느낌일 것이다. 아마도 하나의 느낌은 두려움일 것이며, 다른 느낌이 있다면 거부감일 것이다. 두려움과 거부감! 여기에 모든 것을 계급문제로 환원시켜 설명하려는 계급 환원주의적 좌파라면 하나 더 추가할 수 있다. 계급의식이 아닌 지역의식을 단순히 허위의식으로만 간주하며 폄훼하려는 우월감! 두려움은 배제를 낳고, 거부감은 억압을 낳으며, 우월감은 조롱을 낳고 있다.

어쨌거나 지금까지 호남은 투항하지 않았다. 사실 김대중의 1997년 승리가 없었다면 우리 사회는 또 한 번의 격변을 치러야 했을지도 모른다. "마음 졸이며 이 노래조차도 소리내어 부르지 못했"으며, "부정을 탈까 봐 큰소리로 웃지도 못했"으며, "살얼음판을 걷는 것처럼 조심"했던 사람들이 결국 평화적인 방법으로 자신들의 부당한 억압을 호소하지 못한다고 생각했을 때 그 탈출구가 무엇이었겠는가? 김만흠은 이렇게 진단했다.

만일 이번 선거에서도 반호남적 지역주의의 동원을 통해 호남의 고립화가 초래되었다면 지역주의는 정말 심각한 새로운 문제를 야기 시킬 가능성이 있었다. 그 동안 대다수 호남의 유권자들은 지속적 차별과 배제에도 불구하고 국가권력에의 참여 가능성을 기대하며 상당히 조심스럽고 '방어적'인 태도를 보여왔다. 그러나 만일 이번에도 반호남의 고립구도를 통해 정권에의 참여가 거부되었다면 호남의 지역주의는 국가공동체로부터의 일탈의식까지 포함하는 '공격적'인 양상으로 전개될 가능성이 있었다. 그럼에도 이회창 후보 등이 선거 과정에서 한국의 지역주의 문제를 단지 지역별로 단결하는 '지역할거'의 문제로 평가한 것은 한국 지역주의

문제의 본질과 그 심각성을 왜곡하고 있거나 너무 안이하게 생각한 것이었다고 하겠다.[3]

위 인용문은 학자적인 훈시를 포함하고 있다. 즉 "이회창 후보 등이 선거 과정에서" 한국 지역주의 문제를 "왜곡하고 있거나 너무 안이하게 생각한 것"이라는 지적이다. 그럼 어떻게 하는 것을 기대할 수 있었을까? 영남의 패권을 유지하기를 바라는 지지층을 대변하는 이회창이 어떻게 하기를 기대할 수 있었을까? 다시 5년 후 "차기 대선에서 우리 사회의 '주류(主流) 세력'이 현 정권에 대해 심판을 내려 새 정권을 만들어줄 것"이라고 주장하는 이회창에게서 무엇을 기대할 수 있었을까? 이 책에서 중요하게 그 논리를 검증하게 될 유석춘 등은 1990년에 발표된 글에서 이렇게 솔직하게 '사실을 사실대로' 말했다.

이들 집단(노동자 집단과 호남 출신 집단-필자 주)의 불만 역시 40년 동안 축적되면서 남한 사회는 구조적 재편의 필요성을 절실히 느끼고 있다. 과연 군을 중심으로 한 전쟁참여 세력은 스스로의 기득권을 양보하여 이들 소외된 집단의 이해관계를 반영하는 새로운 지배구조와 계층구조를 만들어 나갈 것인가? 역사상 기득권을 가진 집단이 자신의 이해관계를 스스로 포기한 경우는 한 번도 없었다는 사실을 지적하는 것으로 이 질문의 답을 대신하려 한다.[4]

---

3) 김만흠, 「김대중 정부에 대한 두 개의 논평」, 『전환시대의 국가체제와 정치개혁』, 한울아카데미, 2000, 108쪽.
4) 유석춘·이우영·장덕진, 「한국전쟁과 남한사회의 구조화」, 『한국의 사회발전: 변혁운동과 지역주의』, 전통과현대, 2002, 133쪽.

문장을 잘 읽어보기 바란다. 선거를 통해 권력이 창출되고 유지되는 민주국가에서 "기득권을 가진 집단이 자신의 이해관계를 스스로 포기한 경우는 한 번도 없었다"는 '사실'을 태연히 강조하고 있는 이유가 뭘까? 유석춘은 이른바 비토세력의 존재를 말하고 싶었던 것이다. 그러나 유석춘이 말하고 싶었던 1990년 당시의 비토세력은 그의 주장대로 "자신의 이해관계를 스스로 포기"한 것이 아니라 1987년 6월 항쟁을 겪고 어쩔 수 없이 이미 포기한 상태였다. 그렇다면 이 '대신된 답'은 '그러므로 투쟁해야 한다'는 결론이 아니다. 지금까지 '그래왔다'는 사실을 전제로 군부세력의 1987년 투항에도 불구하고 앞으로도 '그럴 것'이라는 예측과 또한 그러는 것이 '당연하다'는 일종의 가치판단적인 훈시를 포함하고 있는 것이다. 예컨대 지금까지는 그래왔지만(사실) 군부세력의 1987년 투항을 계기로 앞으로는 힘들 것(예측)이고 그래서도 안 된다(가치판단)는 결론과 얼마나 다른가!

1990년까지도 학자의 입에서 이런 식의 협박적 뉘앙스를 느낄 수밖에 없는 표현이 거침없이 나왔다면 1987년 대선 당시에는 어땠을까? 1987년 6월 항쟁의 결과물인 직선제 헌법하에 실시되었던 12월 대선은 우리 사회가 얼마나 경직된 사회였는지를 단적으로 보여주었다. 노태우를 내세워 권력을 지키려는 영남패권주의 세력과 민주화운동을 통해 절호의 기회를 맞았지만 단일화 혹은 연합 실패로 위기를 맞고 있던 세력 간에 팽팽한 긴장감이 돌았었다. 단순히 선거를 치르고 승자를 가리는 그런 게임 이상의 어떤 무엇이 있었던 것이다.

군의 협박과 양김의 대응

『월간 말』은 1987년 당시 '오프 더 레코드'를 가장하며 표출된 군부의 노골적인 반김대중 거부의사를 이렇게 전한다.

기자: 5·17 당시 많은 군 장성들은 김대중 씨가 집권할 경우 이를 받아들일 수 없다는 견해를 나타낸 것으로 알려졌는데, 현재는 어떤가?

박희도 총장: 그 동안 변한 것이 별로 없지 않은가. 나나 김대중 씨나 변한 것이 없다.

기자: 김대중 씨가 대통령으로 당선될 경우 군에서는 어떤 반응을 보일 것으로 생각하는가?

최경조 준장: 군이 어떻게 할지 나로서는 예상할 수 없다. 군에서도 표출되지는 않겠지만 개인적으로 그를 지지하는 사람도 있을 것으로 본다. 나 개인으로서는 현재 그를 만나 담판해서 당신은 대통령으로 출마해서는 안 된다고 말하고 싶은 심정이다. 그가 대통령이 된다면 나는 수류탄을 들고 뛰어들고 싶다.

기자: 김대중 씨가 대통령이 될 경우 불행한 일이 생길지도 모른다고 군부가 경고했다는 외신보도에 대해 어떻게 생각하는가.

고명승 보안사령관: 사람은 성장 과정과 과거도 중요하지만 현재 어떻게 생각하느냐는 점도 중요하다. 김대중은 해방 직후 좌익활동을 했고 일본에 있을 때는 한민통 조직과 같이 활동했다. 미국에 있을 때는 어느 대학에 가서 연설을 하는 가운데, 나의 통일론은 북한의 연방제와 같다고 말했다. 사면 복권 후에는 대중경제론을 말하면서 대기업이 중소기업을 착취해왔다고 했다. 그는 절차를 무시하고 혁명적인 방법을 생각하고 있

다. 이런 사람이 어떻게 대통령이 될 수 있느냐. 그런 사람이 국군 통수권자가 되었을 때 누가 충성을 바치려 하겠는가."[5]

이들은 각각 육군참모총장, 육군본부 보안부대장, 보안사령관의 직위에 있는 사람들이었다. 그런 만큼 이 발언들은 그저 기자들과 한담을 나눈 것이 아니었다. 생각해보라. 군이 명백히 김대중을 거부하고 있다는 메시지가 국민들에게 알려졌을 때(실제로 당시 그 '살벌한 메시지'는 내 귀에까지도 전달됐었다) 어떤 심리를 갖게 될까? 또 한 번의 쿠데타를 각오하고 김대중을 대통령으로 뽑아야 한다고 느꼈을까, 아니면 누가 되더라도 또 한 번의 쿠데타보다는 나을 것이라는 생각을 하게 됐을까? 그들은 그런 식의 비공식적 발언으로 세상을 협박하는 고도의 심리전을 펼쳤던 것이다.

실제로 김영삼은 9월 29일 단일화 회동에서 "비토그룹에서도 어느 정도 지지가 있는 사람이 후보가 되어야 한다"고 이를 이용하려 했고 김대중은 "군 일부의 비토문제를 갖고 후보문제를 논의하는 것은 부끄러운 일이다. 군이 반대하는 사람이 후보가 될 때 군정이 종식될 수 있다"고 반박했다. 결국 김대중은 독자출마를 결행하면서 "야당 일각에서 비토그룹 운운하면서 이를 후보 선정의 기본조건으로 주장하는 태도를 개탄한다. 이것이 내가 신당을 창당하지 않을 수 없게 만든 직접적이고도 가장 큰 동기다"[6]라고 말했다. 반김대중주의자들에게 이런 발언이 독자출마를 정당화해주는 것으로 들리지는 않을 것이다. 그러

---

5) 『월간 말』, 1992년 10월, 39쪽.
6) 위의 책, 39쪽.

나 분명한 것은 영남패권주의의 무력수단인 군의 협박만으로도 이미 김대중은 당내 경선이든 국민들의 선택이든 공정한 심판을 받을 수 없는 위치에 서게 되었던 것이다.

위에서 흥미로운 사실은 군의 비토 이유다. 비토 이유는 전라도 출신이어서 안 된다는 것이 아니다. 사상문제 때문에 안 된다는 것이다. 이것은 위선이다. 만약 군이 말하는 대로 김대중의 사상이 그렇게 의심스러웠다면 일반 국민들도 김대중의 사상을 그들과 마찬가지로 의심했을 것이다. 과연 김대중의 사상에 대해 '국민'들은 어떻게 생각하고 있었을까? 시인 이원규는 1980년의 10·27법난 이후 광산촌인 자신의 고향 문경에서 막장꾼들의 술판 근처에 앉아 있다 들었던 전라도 출신 정씨 아저씨와 경상도 출신 박씨 아저씨의 얘기를 이렇게 적었다.

"어이 김대중이가 빨갱이라며?"

"웃기는 소리들 말더라고. 아, 대명천지에 김대중이가 빨갱이면 우리 모두가 빨갱이 아니것어. 아, 20년 전만 하더라도 이 막장 위에도 빨갱이가 득실거리지 않었어. 뭐 빨갱이란 것이 별거 있당가. 먹고살기 힘드니께 해방이 어쩌니 뭐니 하면서 산으로 올라간 것이 아니것어. 아, 밤이 되면 산사람들이 내려오지. 낮에는 정부군이 총 들고 들들 볶아대지. 어떡했것어."

"신문에 크게 났데. 곧 사형을 시킨다던데."

"니미, 김대중이를 사형시키지 말고 우리 전라도 사람들 모두 사형시켜불지. 뻑하면 전라도만 갖고 왜 그러는 것인지 참말로 모르것네잉."[7]

나 역시 김대중의 사상을 의심하는 전라도 사람들을 거의 본 적이 없다. 반면 김대중의 사상을 의심하는 소리는 거의 언제나 경상도 쪽에서 흘러나왔다. 어떻게 이런 식으로 '전라도 국민'이냐 '경상도 국민'이냐에 따라 김대중에 대하여 180도 다른 사상평가가 나올 수 있을까? 김대중의 사상문제는 '전라도 사람은 대통령이 될 수 없다'는 명제를 '빨갱이는 대통령이 될 수 없다'는 명제로 대체시켜 놓은 겉포장에 불과했다. 그래서 영남패권주의자들과 호남인들은 그 뜻을 서로 잘 알고 있었다. 그러나 이 암구호를 모르는 중립지대는 도리 없이 이 패권적 언어 이데올로기에 지배당했던 것이다.

우리는 이렇게 영남패권주의 문제를 이해하지 않고서는 공통의 한국어조차 공통의 의미로 이해할 수 없는 기가 막힌 사회 속에서 살고 있다. 그렇다면 이 기이한 현상이 시간이 가면 자연히 사라지게 될까? 사라지지 않을 것이다. 왜냐하면 빨갱이라는 언어는 사전적 의미가 아닌 영남패권주의 어법으로 사용되고 있기 때문이다. 말하자면 '빨갱이 대통령'이라는 비아냥은 곧 '전라도 대통령'이라는 비아냥이고 이 비아냥은 그저 시간이 흐른다고 자연히 해결될 성질의 것이 아닌 것이다.

그런데 이는 영남극우 패권주의자들에게 반드시 유리하지만은 않았다. 왜냐하면 언어가 공통의 의미를 갖지 못하고 혼란을 일으킬 때 자신들이 사용하는 모든 언어의 진실성을 위협받기 때문이다. 호남인들의 생각에 빨갱이 아닌 김대중을 빨갱이라고 하는 사람들이라면 그들이 누구를 빨갱이라고 부른들 믿을 수 있겠는가? 마찬가지로 김대

---

7) 이원규, 「내 삶의 레드콤플렉스와 아버지, 그리고 김대중」, 『김대중 살리기』, 시와사회사, 1995, 275쪽.

중 같은 사람이 빨갱이라면 그들에게 빨갱이로 불리는 사람은 좋은 사람일 수도 있다는 의심을 불러일으킬 수도 있었을 것이다. 그래서 이와 같은 언어체계의 혼란은 또한 호남이 가장 빨리 극우적 이데올로기로부터 탈출하는데 도움을 줬을 수도 있었을 것이다.

깨진 금기, 대통령 김대중

어쨌든 김대중은 그 날 밤 대통령이 되었다. 그것만으로도 호남인들은 기적을 일궈낸 것이다. '전라도 출신은 대통령이 될 수 없다' 는 영남패권주의 사회의 금기를 깬 것이다. 이러한 설명을 들으면 많은 사람들이 과연 그런 금기가 있었느냐고 되물을 것이다. 그런 언어를 공개적이고 직접적으로 사용하지는 않는다는 의미에서 아직 대한민국이 약간의 양심이 살아 있는 곳인지는 모르겠다. 그리고 어떤 희망이 남아 있는지도 모르겠다. 그러나 '김대중 대통령' 이라는 의미가 전라도의 민초들에게 무엇이었는지는 가슴으로 느끼기 힘들 것이다. 문순태는 광주의 민초들에게 들은 바를 이렇게 적고 있다.

> 그분이 대통령이 되얏다고 해서 전라도 사람들헌테 무신 큰 혜택이 있겠는가라우. 그냥 그 동안 맺히고 맺힌 우리들 한이 한꺼번에 싹 풀린 것만으로 족허다는 생각이구만요. 큰 기대도 안허요. 그저 바라는 것이 있다면 더도 말고 덜고 말고 우리 전라도가 푸대접 받지 않고 다른 지방허고 비교헐 적에 똑같이 대접받는 것 그것뿐이지라우.[8]

---

8) 문순태, 『신동아』, 1998년 1월.

"무신 큰 혜택"이란 패권적 혜택이다. 그리고 "똑같이 대접받는 것"이란 등권적 혜택을 기대하는 마음이다. 패권적·혜택을 사양하고 등권적 혜택(?)을 기대하는 전라도 민중들의 이 소박한 희망은 어떤 사연을 갖고 있었고 어떻게 실현될 수 있을까? 김대중의 대통령 당선과 "맺히고 맺힌 우리들 한"은 어떤 관계가 있을까? 그것이 어떤 관계에 있든 영남패권주의 대한민국은 그들에게 소박한 꿈을 꿀 권리조차 주지 않았다. 그들의 소박한 꿈은 '그 날 밤' 이후로는 다시 "한풀이 정치는 안 된다", "이제 오히려 호남 스스로 손해를 감수하는 역차별을 한 번 해보자", "이제는 지역이 문제가 아니라 계급이 문제다"라는 식의 이데올로기적 총공세를 받을 운명에 놓이게 된다.

영남극우 패권주의의 역사와 논리

나는 현대적 의미의 영남패권주의를 영남인들이 폭압적인 정치권력을 통해 호남인들을 차별·배제하는 전략으로 전국적 규모의 경제적 지배관계를 확대재생산하고 이러한 지역적 지배관계에 대해 사회·문화적인 차원에서 은밀하게 이데올로기적 동의를 얻어내는 극우 헤게모니라고 이해한다.

고려의 훈요십조 혹은 박정희의 개발독재

그런데 현대적 의미가 아닌 역사적 의미에서의 영남패권주의의 기원은 언제부터일까? 두 가지 시각이 있다. 하나는 통일신라나 고려의 훈요십조에서 그 기원을 살피는 시각이며 다른 하나는 역사적 유래 없이 박정희의 개발독재로부터 시작되었다고 보는 시각이다. 남영신은 전자의 입장에 서 있다.

이런 신라인 유일 지배체제는 고대국가의 어디에서도 나타나지 않았던 철저한 지역집단 지배체제로서 이러한 지배체제는 거의 250여 년을 이어가게 되었다. 따라서 고구려계나 백제계는 말단 행정기관인 군이나 현 하나도 맡아 다스리는 기회를 가지지 못하게 되었다. 이러한 지배체제는 신라인의 능력 향상과 고구려인이나 백제인의 능력 저하를 가져와 해가 갈수록 자연스럽게 신라인을 상부구조로 하고, 피정복민인 백제인과 고구려인을 하부구조로 하는 사회구조가 형성되게 되었다.[9]

이어서 이렇게 결론 내린다.

결국 훈요를 필두로 하여 형성되고 유포된 산수배역론은 조선시대를 거쳐 지금에 이르기까지 일반인들에게 뿌리를 내려 오늘날의 지역편견을 정당화해 주고 있다고 볼 때 신라계의 무분별한 정치적 모함이 얼마나 우리 사회를 비합리적인 편견과 갈등의 사회로 만들어 버렸는지 알 수 있을 것이다.[10]

남영신은 역사적 사실에 근거하여 당시의 현실만을 평가하고 있는 것이 아니다. 그는 과거의 역사적 사실이 오늘날 우리 시대의 지역편견을 "정당화해주고 있다"고 주장하고 있다. 간단치가 않은 문제다. 그러나 최장집은 역사적 의식으로서의 영남패권주의와 현대적 실체로서의 영남패권주의 사이의 관련성을 간단하게 부인한다.

---

9) 남영신, 『지역패권주의 연구』, 학민사, 1992, 87~88쪽.
10) 남영신, 위의 책, 124쪽.

광주민중항쟁에서 입은 호남민들의 집단적 정신충격은, 한편으로는 민주변혁을 추진할 고갈되지 않는 에너지원(源)으로서, 다른 한편으로는 소외의식이 집단적 한(恨)으로 변하면서 호남민들의 마음속 깊은 심연으로 가라앉게 되었다. 바로 이러한 이유 때문에 오늘의 지역감정이 마치 신라 대 백제 운운하면서 먼 과거 속으로 소급될 수 있는 긴 역사를 가지는 것으로 보는 것은 지역감정의 본질을 은폐하려는 정치교육의 한 소산으로 볼 수 있겠다.[11]

최장집은 지역감정의 본질을 과거의 역사로까지 소급하려는 입장을 "지역감정의 본질을 은폐하려는 정치교육의 한 소산"으로 간주한다. 예컨대 일본이 임나일본부설을 퍼뜨리고 광개토 왕릉비문을 조작한 것이 식민지배를 정당화하기 위한 이데올로기 정치의 일환이라는 시각과 흡사하다. 그러나 남영신의 시각은 일본의 역사조작 문제와는 분명한 차이가 있다. 우선 지역문제를 과거로 소급하려는 입장이 역사적 사실의 왜곡이 아닌 적시로부터 출발하고 있다는 점이고, 시각 자체도 "본질을 은폐하려는 정치교육"자로서 주장하고 있다기보다는 본질을 폭로하려는 이데올로기적 저항 차원에서 주장하고 있다는 점이다.

나는 간헐적이든 아니든 영남패권주의의 오래된 역사적 실체가 있었다고 본다. 그러나 보다 중요한 점은 이런 것이다. 왜 일본은 현대의 식민지배를 정당화하기 위한 수단으로 1천 년도 훨씬 넘는 고대사까지 조작하려고 했을까? 현대 일본이 한반도를 지배하는 경험적 현실과

---

11) 최장집, 「지역감정의 지배이데올로기적 기능」, 『지역감정 연구』, 학민사, 1991, 33쪽.

과거에도 그런 일이 있었다는 역사적 사실은 어떤 인과관계도 없는데 그런 고대사 조작에 집착한 이유가 뭘까? 이데올로기도 무기가 될 수 있기 때문이다. 브루스 커밍스는 이렇게 말한 바 있다.

> 일본은 한국을 식민지화하기 위하여, 500년 동안 한국을 통치해 왔으며 스스로를 일본보다 우수하다고 생각해 온 관료제도의 통치자들을 포섭, 매수 혹은 파멸시켜야 했었다. …… 한국 사람은 민족주의적이라고 하지는 않더라도, 스스로가 한국인이라는 뚜렷한 생각만으로도 일본인들과 언제나 다르다고 자부하여 왔던 것이다. 그리고 이것으로 인하여 병합이 이루어졌을 때 일본 식민주의에 대한 한국인들의 저항을 자극시켰던 것이다. …… 그것은 일본이 한국에 대한 그들의 통치를 강요하고 유지하는 데 있어서 유럽 국가들이 그들의 식민지에 대해 겪었던 것에 비하여 보다 많은 곤란을 겪었음을 뜻하는 것이다.[12]

조선이 패망한 것은 분명히 과거의 역사와 상관없이 당시 근대화된 일본보다 약했기 때문이다. 그럼에도 불구하고 그 당시의 국력과는 아무런 상관도 없는 과거의 기억이 당시 민중들의 행동에까지 영향을 미치고 있었다. 말하자면 망한 귀족집안 후손들의 상상적 자존심이 현재 권문세가의 현실적 지배를 불편하게 느끼게 만들었던 것이다. 그래서 일본은 현재를 위해 과거의 기억을 조작하려 했다.

그렇다면 우리의 상황은 어떤가? 만약 앞으로 호남패권이 영남을

---

12) 브루스 커밍스, 『한국전쟁의 기원』, 일월서각, 1986, 37쪽.

지배하는 상황이 연출된다면 호남은 과거 일본이 봉착했던 것과 같은 어려움에 직면할 가능성이 높다. 호남은 단 한 번도 패권적 지배를 해 본 적이 없기 때문이다. 그런데 문제는 지금 호남이 아닌 영남의 패권 을 논해야만 한다는 사실이다. 우리는 영남이 역사적 사실을 왜곡시킬 필요도 없이 과거로부터 현재의 자신들의 심리적 우월감(그것이 반동 적인 것이라 할지라도)의 근거를 찾는 것을 막을 수가 없는 것이다.

영남인들이 역사적 사실 속에서 심리적 우월감을 느끼는 이러한 상황은 넓은 의미에서 최장집이 우려하고 있는 '정치교육'의 소산일 수도 있겠지만 그렇다고 과거와 현재가 무관하다는 것을 강조하는 것 으로 해결될 성질의 것도 아니라고 본다. 적어도 이 '심리적' 이데올 로기에 관한 한 오히려 과거와 현재의 역사적 연속선상에서 부끄러움 과 자각적인 반성을 이끌어내는 것이 해결책이라고 본다. 즉 과거와 현재의 단절을 강조할 것이 아니라 과거와 현재의 있는 사실을 사실대 로 밝히고 현대의 시각으로 볼 때 얼마나 호남인들에게 역사의 빚을 지고 있는지를 느끼게 해야 한다고 생각한다.

영남특권의 논거, 6·25 참전율

그러나 있는 사실을 사실대로 밝히는 실증적 작업은 그로부터 당 위적인 반성을 이끌어내는 작업에 복무하기보다는 있는 사실을 이념 적으로 정당화시키는 작업에 복무할 가능성이 다분하다. 물론 앞에서 언급했던 유석춘 등은 이런 반실증주의적 주장을 절대로 인정하지 않 으려 할 것이다. 실제로 그는 자신의 연구가 정확히 실증적인 차원의 연구일 뿐임을 머리말에서 밝히고 있다. 그러나 과연 그의 지역주의에 관한 연구가 정확히 실증적인 차원에만 멈추어 있을까?

유석춘은 우선 "지역갈등 문제의 핵심은 왜 '영남에 대한 특권'이 발생하였는가의 문제로 설정되어야 함에도 불구하고 지금까지는 많은 경우 '호남에 대한 차별'을 부각시키는 논리의 비약 아래 문제가 제기되어 왔다"는 점을 지적한다. 현재의 차별을 인식하는 것보다는 패권의 원인을 아는 것이 중요하다는 것이다. 왜 그럴까? 왜 차별의 실태를 실증적으로 연구하는 것보다 패권의 원인을 실증적으로 연구하는 것이 중요한 것일까?

만약 실증적인 연구와 규범적인 판단이 완전히 분리될 수 있다면 차별의 실태에 관한 실증적 연구보다 패권의 원인에 관한 실증적 연구가 더 중요해야 할 아무런 이유가 없다. 그러나 만약 누군가 차별의 상태에 이의를 제기하려 한다면 패권의 원인보다는 차별의 상태를, 반대로 패권적 상태를 정당화하려는 생각을 갖는다면 차별의 원인보다는 패권의 원인에 대한 실증적 연구를 훨씬 더 중요하게 생각할 것이다. 그렇게 이용할 '수' 있기 때문이다. 유석춘이 패권의 원인이 더 중요하다고 말한 것은 바로 후자의 이유였다. 그의 주장을 들어보자.

'영남에 대한 특권'이 발생하게 된 까닭은 여러 가지 입장에서 접근이 가능하나(예를 들면 산업 입지조건), 여기에서의 논의와 관련해서 특별히 지적하고 싶은 측면은 한국전쟁이 남한 사회의 구조화에 미친 영향이다. 한국전쟁에 관해 1989년 필자가 수행한 조사연구는 전쟁 당시 북의 침략에 맞서 장교나 사병으로 국군 쪽에 참전한 비율이 지역적으로 달리 나타나고 있음을 밝히고 있다. 즉 전국평균(35%)보다 영남지역(41%)이 높고 호남지역(27%)이 낮은 것으로 조사되었다(유석춘·이우영·장덕진, 1990). 그러므로 전쟁이 끝난 후 남한의 정권이 전쟁에 참여한 집단을 선택적으로 보상하는 과정에서 영남 출신이 상대적으로 유리하였음을 추론해 볼 수 있다. 더욱이 참전세력이 중심이 된 남한의 지배구조가 전쟁 이후 30년이 넘도록 지속되었으므로 영남의 특권적 위치가 지속적으로 강화되었을 것임에 틀림없다. 그러므로 참전율의 지역적 차이로 인해 전쟁 후에 구축된 남한의 지배질서가 '영남의 특권'을 담보해주는 형태로 구조화되지 않을 수 없었던 것이다.[13]

강준만은 "왜 전사율은 조사하지 않는가? 6·25 전사(戰史)는 다시 쓰여져야 한다. 6·25로 인해 가장 큰 고통을 당하고 희생을 당한 사람들은 호남인들이다. 만약 이승만 정부가 부산이 아니라 목포로 피난을 갔더라면 어떻게 됐을까?"[14]라고 반문하고 있다. 그러나 이 반문이 정당함에도 불구하고 유석춘에게는 결정적 타격이 되지는 않을 것이다. 왜냐하면 그는 규범적인 주장이 아니라 '정글의 법칙'을 바탕으로 한 실증적인 인과관계만을 기술했다고 반박할 것이기 때문이다.

이와 관련하여 강준만은 "유 교수는 어떤 부분에선 왜 윤리적 당위를 역설하면서, 또 어떤 부분에선 왜 '추악한' 현실을 인정할 것을 시사하거나 역설하는 것인가? 그러한 선택의 기준은 무엇인가?"[15]라고 반격하고 있지만 이 역시 충분하지가 않다. 왜냐하면 그는 다시 '백인

---

13) 유석춘·이우영·장덕진, 「한국전쟁과 남한사회의 구조화」, 『한국의 사회발전: 변혁운동과 지역주의』, 전통과현대, 2002, 136~137쪽.
14) 강준만, 『전라도 죽이기』, 개마고원, 1995, 108쪽.
15) 강준만, 위의 책, 110쪽.

에 대한 특권'의 성립 과정에 대한 실증적 연구 자체가 곧 "'추악한' 현실을 인정할 것을 시사하거나 역설"하는 것은 아니며, '백인에 대한 특권'의 성립 과정을 실증적으로 연구한 다음 결론적으로 이런 문제가 해소되어야 한다는 '윤리적 당위'를 주장하는 것이야말로 오히려 정당한 것이라고 얼마든지 반박할 수 있기 때문이다. 사실 유석춘이 드러내놓고 "'추악한' 현실을 인정할 것을 시사하거나 역설"하지는 않았다.

아주 정교하게 논박해야 한다. 문제는 실증적 사실과 그것을 반대하는 윤리적 주장이 분리되어 결론 부분에서 병존하고 있다는 사실이 아니다. 중요한 점은 실증적 사실로부터 '은밀하게' 실증적 사실에 대한 윤리적 정당성을 추론함으로써 그것과 독립적으로 별개로 언급되는 결론 부분의 윤리적 주장을 장식적 허구로 만든다는 사실이다. 즉 실증적 연구에 의해서 뒷받침되는 은밀한 정당화는 강력한 무기가 되고 아무런 근거 없는 장식적 윤리는 공허하게 만드는 놀라운 기교를 선보인다는 것이다.

유석춘의 놀라운 기교

유석춘의 실증적 사실판단의 논리는 이렇게 전개된다. ① 영남이 참전율이 가장 높았다, ② 참전율이 높았으므로 보상에서 유리했을 것이다, ③ 참전세력 중심의 지배구조가 30년 이상 지속되었다, ④ 지배질서가 '영남의 특권'을 담보해주는 형태로 구조화되지 않을 수 없었다.

생각해보자. ①은 사실판단이다. 그런데 ②는 사실판단에 근거한 '당위적' 추론이다. 참전율이 높다는 것과 보상에서 유리한 것은 필연적 인과관계는 아니기 때문이다. 개인적인 일상사에서도 그렇고 국가적인 차원에서도 기여와 보상이 반드시 정비례하지는 않는다. 만약 유석춘이 '기여와 보상이 일치했다'라고 주장했다면 사실판단으로 그친 것이다. 그러나 유석춘은 '기여와 보상이 일치했을 것이다'라고 추론했다. 이것은 사실판단이 아닌 당위적 희망이 섞인 추론이다. 말하자면 유석춘은 ①의 사실판단을 근거로 ②의 희망 섞인 윤리적 추론을 연결시킴으로써 영남의 참전세력이 보상에서 유리한 것이 '정당하다'는 당위적 전제를 암시하고 있는 것이다. 이것은 분명히 실증적 언술이 아닌 규범적 언술이다.

계속해보자. ③은 다시 사실판단이다. 그런데 이 ③의 사실판단은 주저 없이 ④의 당위판단으로 넘어간다. 유석춘은 (쿠데타든 무엇이든) 참전세력 중심의 지배구조가 30년 이상 지속되었다는 언술에 이어 '그러므로'라고 말한다. '그러므로'는 인과관계를 의미하는 접속사다. 이 접속사 한 마디로 그는 사실판단으로부터 '영남의 특권'이 '구조화되지 않을 수 없었다'는 당위판단으로 마술 같은 이행을 하고 있는 것이다.

내 비판의 요지는 유석춘은 왜 '30년 이상 지속되었다' 그리고 '구조화되었다'는 식으로 사실판단에 그치지 않고 '30년 이상 지속되었다'는 사실판단으로부터 '그러므로' '구조화되지 않을 수 없었다'는 당위판단을 연결시키냐는 것이다. '영남패권이 있었다'는 사실판단적인 언술과 '영남패권이 있을 수밖에 없었다'는 당위판단적인 주장은 하늘과 땅 차이다. 이것은 실증적 연구를 가장한 영남패권주의 세력에 대한 당위적 옹호논리일 뿐이다. 한 마디로 유석춘이 자신의 연구를

"'영남에 대한 특권'이 발생하였는가의 문제로 설정"한 것은 다른 이유가 아닌 그 특권을 '당위적으로 정당화'하기 위한 것이었다.

영남특권의 당위적 정당화

유석춘은 "얼핏 보면 전혀 관련이 없어 보이는 한국전쟁과 지역주의의 문제가 사실은 전쟁을 매개로 매우 밀접한 관련을 맺고 있음을 발견하고 나 자신도 상당한 충격을 받았기 때문에 이 글은 특히 실증적인 차원에서나 논리적인 차원에서 문제가 없도록 세심한 노력을 기울인 글이다"라고 말했다. 그러나 나는 그가 그 사실을 발견하고 '전혀 충격을 받지 않았을 것'이라고 확신한다. 오히려 쾌재를 불렀을 것이다. 내가 연구자라도 애초에 문제의 설정(의도된 가설)을 그렇게 했는데 거기에 부합하는 결과가 나오지 않았다면 실망했을 것이기 때문이다. 유석춘의 연구는 애초부터 순수한 실증연구가 결코 아니었다.

내가 유석춘의 논리를 특별히 집요하게 반박하는 이유는 그의 논리가 특별히 위험하다고 생각하기 때문이다. 단순히 부도덕한 현실에서 이익을 취하는 것과 그것이 정당하다고 주장하는 것은 전혀 다른 차원의 문제다. 나는 유석춘의 논리에서 현실이 정당하다고까지 나갈 위험성을 발견했기 때문에 긴장하는 것이다. 이런 논리라면 '해방이 친일세력의 특권을 담보해주는 형태로 구조화되지 않을 수 없었다'는 당위논리를 만드는 것도 시간문제일 것이다.

한 가지 덧붙이자면 영남패권의 논리를 정당화하기 위해 (유석춘이 예로 들었던) '산업 입지조건'과 같은 이유를 언급하는 논리도 철저히 검증하지 않으면 안 될 것이다. 이 세상에 어떤 사실적 조건도 차별을 정당화할 수 있는 방법은 없다. 당위로부터 완전한 이탈이 가능한 '정글의 진리'를 우기지 않는 한 그렇다.

소통의 한계, 5·18

나는 '광주학살'이 발생한 지 24년이 지난 최근까지도 풀지 못한 수수께끼가 있었다. 수없이 많은 증언과 문건들이 나왔지만 그 어느 것도 나에게 이 수수께끼의 답을 확실하게 가르쳐 주지는 않았다. 그 수수께끼란 1980년 5월 18~19일에 있었던 광주에서의 야만적인 학살행위가 처음부터 의도된 것이었는지 아니면 전혀 예상치 못한 우발적인 사건이었는지 하는 것이다.

광주학살은 우연이었나

달라진 것은 지금 아무것도 없지만 이 책을 쓰고 있는 지금 나는 그 문제에 대해 '확신'하기로' 했다. 그것은 우연이 아니라 의도된 학살이었다는 것이다!

물론 지금 내가 무슨 결정적인 새로운 증거를 가지고 이렇게 말하는 것은 아니다. 문자 그대로 그 날 이후 점점 굳어져 퇴적된 한낱 심증일 뿐이다. 우리의 현 정치상황으로 보아 나의 이 확신은 결국 입증되지 않고 미래 역사학자의 연구대상으로만 남을 가능성이 크다. 그래도 나는 발언해야겠다. 왜냐하면 이 발언의 쟁점을 기피하는 한 우리가 광주학살 현장에 관해 아무리 많은 경험적 사실을 축적하고 열거할 수 있어도 '5월 광주'에 대해서 실제로는 아무것도 안다고 말할 수 없기 때문이다.

그런데 나는 왜 이 의문을 광주문제의 핵심으로 간주하는가? 그것은 단순히 학살자들의 죄의 경중을 묻기 위해서가 아니다. 물론 사실관계에 관한 역사적 호기심만의 문제도 아니다. 내가 그 의문을 중요시하는 이유는 '광주'라는 지리적 장소 때문이다. 만약 5·18이 우발적인 사건이었다면 '광주'라는 지리적 장소는 우연적인 의미만을 갖는다. 그러나 만약 그것이 '고의'였다면 '광주'는 단순한 지리적 장소가 아니라 전적으로 정치적 의미로 등장한다. 즉 5·18은 우연히 광주에서 일어난 반인도적 비극이 아니라 '영남패권주의 군부세력에 의해 학살당한 전라도 민중'이라는 천인공노할 지역문제 속에서 이해되는 것이다.

처음부터 정확히 접근해야 한다. 광주문제의 핵심은 20일부터 산발적으로 일어났으며 21일에 도청 앞에서 집단적으로 자행된 발포문제가 아니다. 21일의 집단발포는, 18~19일에 있었던 야만적 테러행위가 우발적이든 계획적이든 어느 경우에나 일어날 수 있었다. 실제로 4·19 때도 발포는 있었고 희생자도 있었다. 그러나 광주학살은 4·19의 희생과는 성격이 완전히 다르다. 광주가 특별한 것은 18~19일에 있었던 상상을 초월한 야만적 테러행위이며 이것이 영남패권주의 권력욕에 불타는 전두환 일당이 의도적으로 호남 지역을 대상으로 자행한 것일 수 있다는 점 때문에 특별한 것이다.

바로 이런 이유 때문에 우리 국민은 지금까지 이 질문에 집착하는 것을 알게 모르게 회피해 왔다. 그러나 분명히 말하지만 실체가 분명함에도 그 실체적 관계의 의미를 애써 피하는 것은 위선이다. 더군다나 이 회피가 문제의 해결은 결코 아니다. 결국 이런 식의 회피 때문에 5·18은 호남과 비호남의 소통의 한계로 되었다. 왜 5·18이 전두환 일당과 대한민국 간의 소통의 한계가 아니라 호남과 비호남(특별히 호남과 영남) 간의 소통의 한계가 됐을까? 이것은 우리나라 현대사에서 발생한 영남패권주의 파시즘의 절정이었던 광주학살 문제의 근원적 딜레마다. 그리고 이 수수께끼를 풀어내지 않으면 앞으로도 지역문제의 해결책은 없다고 생각한다. 그러므로 끈질기게 물어야 한다. 5·18 광주학살은 우연이었을까, 고의였을까?

박정희 피살과 12·12 쿠데타

돌아가 보자. 박정희가 피살된 1979년 10월 26일로부터 채 두 달이 안 된 12월 12일 군사쿠데타의 제1단계가 실행되었다. 그 쿠데타의 주역은 영남패권주의자 박정희의 친위대 성격으로 조직되어 있던 하나회 집단이었다. 그리고 그 수괴는 전두환이었다. 즉 전두환 세력은 우연한 기회에 정권찬탈의 기회를 얻은 운 좋은 반란세력이 아니라 영남파쇼 정권의 붕괴 위기에서 어렵지 않게 영남패권을 다시 확보한 군부 내의 가장 강력한 조직이었던 박정희 친위잔당들이었다.

이 세력은 1980년 5월 17일에 제2단계 쿠데타를 실행한다. 수많은 인사들을 체포·구금한 다음 이 날짜 24시를 기해 비상계엄 확대조치를 단행한다. 눈여겨봐야 한다. 이 날 쿠데타의 핵심은 김대중을 내란음모죄로 체포한 것이다. 비교해보라. 김종필은 부정축재 명목이었다. 김영삼은 체포가 아닌 가택연금이었다. 말하자면 충청 연고의 김종필은 경쟁상대로서의 단순한 정계퇴출이 목표였고, PK 연고의 김영삼은 아직 쓸모가 정해지지 않은 상태의 가택연금이었다. 반면 호남 연고의 김대중은 목숨을 뺏을 수 있는 내란음모죄였다.

　이러한 '쿠데타적 차별'이 우연한 일이었을까? 먼 훗날 2004년에 재심을 통해 무죄선고를 받게 되는 김대중 내란음모죄에 관한 법리논쟁은 이제 더 이상 불필요하다. 지금은 오히려 금지된 질문을 해야만 한다. 왜 쿠데타 세력은 이런 식으로 정치인의 연고 지역에 따라 위험도의 경중을 느꼈을까? 아무도 이를 우연이라고 생각하지 않지만 그렇다고 이런 식의 질문에 집착하지도 않는다. 왜냐하면 이런 식의 질문은 영남패권주의 사회의 금기이기 때문이다. 명분은 아주 간단하다. 이런 식의 질문은 하면 할수록 지역문제의 해결을 어렵게 한다는 것이다. 수십 년을 그렇게 지배해왔고 그렇게 합리화해왔다.

김대중 내란음모사건

　영남패권의 재창출을 향한 쿠데타 일정은 계속된다. 그리고 쿠데타세력의 입장에서 단순히 생각해봐도 이렇다. 김대중을 내란음모죄로 몰아가려 했다면 그간에 있었던 '그저 그런' 시위 정도가 아닌 쿠데타세력의 주장에 동조할 수 있을 정도의 내란 비슷한 사태(정치적 증거)가 있어야 그를 내놓고 처형할 수 있지 않겠는가? 말하자면 '광주사태'가 각본상 '필요'했던 것이다. 그들은 '광주사태'는 17일에 이미 체포된 김대중의 내란 '음모'가 김대중 없는 상태에서 18일 이후에 광주에서 음모대로 현실화된 것이라고 발표했다. 계엄사는 광주해방 첫날인 5월 22일에 김대중 사건에 관하여 이런 내용의 중간발표를 한다.

이와 같은 김대중의 정치적 포석은 정상적 정당활동이나 합법적 계기를 통해서는 정권획득이 여의치 못할 것으로 판단, 정부에 대한 국민의 불신풍조를 심화시키고 국민에 대한 선동을 통해 변칙적인 혁명사태를 불러일으켜 일거에 정권을 장악할 수 있는 계기를 조성하는 데 목표를 두고 추종세력과 사조직을 이 목표달성에 총 투입하는 전술에 몰두한 것이다.[16]

그러나 '광주'라는 엄청난 비극 앞에서도 전혀 당황하지 않고 그 비극을 실제로 이용하여 제2단계 쿠데타를 착착 실행에 옮겨나간 자들은 바로 전두환 일당이었다. 그들은 이 중간발표 이틀 후인 5월 24일에 김재규를 처형하고, 27일에 광주를 무력 진압했으며, 5월 31일에 국가보위비상대책위원회를 내세워 정치적 실권을 장악한 뒤, 7월 4일에는 김대중 내란음모사건 수사결과를 이렇게 발표한다.

김대중은 이 밖에도 우리 민족사상 그 유례가 드문 일대 국가적 불상

---

[16] 「계엄사가 중간발표한 김대중 씨 수사 전문: 5월 22일」; 윤재걸, 『작전명령-화려한 휴가』, 실천문학사, 1988, 298~299쪽.

사였던 광주사태의 발단도 배후조종하였음이 밝혀졌다. …… 정동년은 김대중 지시에 따라 광주에 내려가 5월 6일 전남대 총학생회장 박관현에게 270만 원을, 5월 10일 조선대 데모책 윤한봉(전남대 복학생)에게 170만 원을 각각 데모자금으로 주어 5월 18일 광주사태의 발단을 이루었던 전남대 가두시위를 배후조종하였고 뒤이어 조선대 학생들도 전남대 가두시위에 합세, 광주사태를 일으키는 도화선이 되게 한 것이다.[17]

한 마디로 5·18은 전라도 정치인인 김대중의 내란음모의 연장선상에 있다는 것이다. 말을 바꾸면 5·18은 경상도 군부세력의 수괴 전두환의 쿠데타 '계획' 의 연장선상에 있는 것이다. 만약 5·18일이 영남패권주의 세력의 군사쿠데타의 일환이 아니었다면 도대체 무슨 이유로 공수부대가 경상도를 제외한 서울, 대전, 전주, 광주에만 투입되었을까? 그것도 "서울에 배치됐던 제11여단은 18일, 제3여단은 19일 광주에 증파되기로 작전계획이 미리 짜여져 있었다"[18]면 더 이상 무슨 말이 필요할까? 광주청문회에서 제11여단장이었던 최웅은 이렇게 증언했다.

80년 5월 18일 새벽이 되겠습니다. 그때 저희는 서울에 있는 동국대학에 주둔해 있었습니다. 주둔을 하고서 숙영편성을 거의 마칠 무렵인 오후 3시쯤 정호영 특전사령관께서 동국대학으로 왔습니다. 와가지고 하는

---

17) 「김대중 내란음모사건 수사결과: 7월 4일」; 윤재걸, 『작전명령-화려한 휴가』, 실천문학사, 1988, 337쪽.
18) 김영택, 『5·18 광주민중항쟁』, 동아일보사, 1990, 32쪽.

애기가 "광주 7여단 2개 대대가 계엄군으로 나가 있는데 소요진압작전을 못하고 매우 고전을 면치 못하고 있다. 그래서 최 장군이 지휘하는 11여단이 거기에 나가게 되었으니 가서 임무수행을 잘 하도록 하라" 이러한 지침을 받은 것으로 기억이 됩니다.[19]

그러나 사건현장을 직접 목격한 김영택에 의하면 "18일 오후 3시는 공수부대가 광주시내에 투입되지 않은 시간"이다. 그런데 아직 사건이 발생하지도 않은 시점에서 정호영은 최웅에게 출동을 명령하면서 "매우 고전을 면치 못하고 있다"느니 심지어는 "경상도 사람이 전라도 사람 씨를 말리러 왔다는 뉘앙스의 유언비어가 나돈다"는 등 광주학살극의 사전 각본을 그대로 발설하고 있었던 것[20]이다.

김영택은 정확히 광주사태의 발단 시각을 전남대 앞에서 학생들과 공수부대원들이 충돌했던 18일 오전 9시 30분으로 보지 않고 오후 4시 정각으로 보며 장소는 북동 앞 횡단보도가 스타트라인이라고 주장한다. 이유는 바로 이 시간 이곳에서 "거리에 나와 있는 사람은 전원 체포하라"는 명령이 떨어졌고 일반적인 상식으로는 도저히 상상할 수도 없는 강경진압이 시작됐기 때문이라는 것[21]이다.

그랬다! '광주학살'은 지배논리가 고상하게 포장하는 것처럼 '전국적인 민주화운동의 한 대열에서 민주주의를 외치다 발포라는 과잉진압 때문에 다수의 희생자가 발생한 비극'이 본질이 아니라 '시위와

---

19) 최웅, 「국회 광주특위 청문회 증언」, 『5·18 광주민중항쟁』, 동아일보사, 1990, 55쪽에서 재인용.
20) 김영택, 『5·18 광주민중항쟁』, 동아일보사, 1990, 56쪽.
21) 김영택, 『10일간의 취재수첩』, 사계절, 1988, 325~326쪽.

무관하게 광주에서 길을 가다 혹은 자기 일을 하다 집 안방에까지 짐승처럼 쫓겨다니며 이유도 모른 채 맞아죽고 찔려죽은 참극'이 본질인 것이다. 도대체 어떻게 해서 일반적인 상식으로는 도저히 상상할 수도 없는 이런 야만적 테러가 발생했을까? 그것이 야만적이기 때문에 우연히 일어난 일이라고 믿는다면 그것은 터무니없는 비상식적인 믿음이다. 광주학살이 상식으로는 이해할 수 없기 때문에 우연한 비극이라고 믿어야 한다면 히틀러의 유대인 학살도 우연한 비극이라고 믿어야 할 것이다.

광주청문회에서 정웅(당시 31사단장)은 "22일 박충훈 국무총리서리가 광주에 내려왔을 때 가진 간담회 자리에서 정(정호영-필자 주) 씨가 '차제에 본때를 보여주어야 한다', '광주 사람을 한 사람도 남김없이 싹 쓸어 버려야 한다'는 등의 발언을 하는 것을 직접 참석해 들었다"면서 "정 씨가 이 같은 사항을 청문회에서 부인한 것은 양심이 의심되는 문제"라고 주장[22]했다.

나는 도저히 납득할 수 없는 이런 사실들 앞에서 5·18은 영남패권주의 군사파쇼 세력이 정권을 재찬탈하기 위해 전라도 민중들에 의도적으로 자행했던 학살극이었다고 믿지 않을 수 없다. 최소한 미필적 고의였을 것이다. 그럼에도 불구하고 여간해서는 학살 주체와 객체의 지역적 관계는 고려되지 않는다. 그저 있어서는 안 될 시공을 초월한 우연한 비극인 것이다. 위선이다. 그리고 이 위선이 영남패권주의 대한민국을 든든하게 뒷받침하는 이데올로기가 된다.

---

[22] 정웅, 「국회 광주특위 청문회 증언」, 『5·18 광주민중항쟁』, 동아일보사, 1990, 398쪽에서 재인용.

전두환의 뒤늦은 헛소리

이런 시각을 의식한 듯 전두환은 광주청문회에 나와 이렇게 반박했다.

> 국내외 일각에서는 광주사태가 특별한 의도에 의해 촉발되었다는 주장이 있는 것으로 압니다만 이는 전적으로 오해에서 비롯된 것이 아닌가 생각됩니다. 본인은 말할 것도 없고 이는 누구라도 집권을 위한 치밀한 사전계획을 세웠다면 광주사태와 같은 커다란 불상사가 일어나지 않기를 오히려 바랐을 것이기 때문입니다.[23]

완전한 헛소리다. 그는 지금 자신이 광주사태와 무관하다는 것을 변명하는 데 급급함으로써 논리적 혼란에 빠져 있다. 적어도 전두환 정권이 그때까지 내세웠던 논지는 전두환과 광주사태가 무관하다는 것이 아니라 김대중과 광주사태가 유관하다는 것이었다. 즉 광주사태는 전두환 정권 그 자체를 위해 긍정적 의미에서 필요했던 것이 아니라 김대중을 처형하고 호남 민중들의 저항의지를 사전에 완전히 꺾어버리기 위한 부정적 의미에서 필요했던 것이다.

나는 광주가 항쟁의 승리 없이 그들이 예정했던 정도의 학살극으로 마무리되었다면 김대중은 처형되었을 가능성이 아주 높다고 생각한다. 그러나 공포에 떤 것은 학살당한 광주의 민중들만이 아니었다. 학살자들을 향한 광주의 반격은 학살행위를 자행한 그들에게도 못지

---

[23] 전두환, 「국회 광주특위 청문회 증언」, 『5·18 광주민중항쟁』, 동아일보사, 1990, 416쪽에서 재인용.

않은 공포를 안겨주었을 것이다. 그래서 모든 것을 계획대로만 행할 수는 없었을 것이다. 다시 한 번 전두환의 발언을 들어보자.

> 저는 사태발생 당시 정보의 총체적 책임자로서 초기단계에는 쌍방간에 경미한 충돌이 있었으며 상황이 점차 악화되어 계엄사령부에서 무력진압을 계획 중이라는 정보보고를 들은 바 있었으나 이처럼 엄청난 비극으로 확대되리라고는 상상도 하지 못했습니다.[24]

그랬을 것이다. 전두환은 지금 "무력진압"과 "엄청난 비극"을 구분하고 있다. 나는 전두환 일당이 김대중에게 내란죄를 뒤집어씌울 수 있는, 그리고 다른 한편 부정한 자신들의 정권을 위해서는 가공할 공포심을 심어줄 수 있는 광주에서의 '적정한 비극'이 어느 정도라고 생각했는지를 판단하기는 힘들다. 그러나 전두환 일당이 그런 적정치가 있을 것이라고 판단했을 가능성은 얼마든지 있다.

대한민국은 이미 당시에 전두환 일당이 경험했듯이 세계 역사상 유래 없는 장기간의 쿠데타 기간이 필요했을 만큼 선진적(?)인 사회였다. 따라서 그들은 박정희의 영남파시즘을 연장하기 위해서는 "광주사태와 같은 커다란 불상사" 정도는 아니라 할지라도 '박정희의 유신을 능가하는 공포조치' 정도는 필요하다는 것을 충분히 각오했을 것이다. 한 마디로 영남파시즘을 연장하기 위해 그런 폭력적 참극이 필요치 않았다는 그의 주장은 뒤늦은 변명에 불과하다.

---

24) 전두환, 「국회 광주특위 청문회 증언」, 『5·18 광주민중항쟁』, 동아일보사, 1990, 413쪽에서 재인용.

결론적으로 전두환의 비극은 광주에서의 의도된 "무력진압"이 곧 "엄청난 비극"이 될 수밖에 없었다는 판단을 하지 못했다는 데 있을 뿐이다. 그리고 광주의 위대함은 그 비극 속에서 위대한 항쟁을 만들어 냈다는 데 있다. 특별히 해방광주를 지키기 위해 27일 도청에서 옥쇄한 이름 없는 민중들의 고귀한 희생은 역사의 꺼지지 않는 횃불이 될 것이다. 나는 전두환 일당이, 그들의 목숨을 내던진 항전의 기억으로부터 두려움을 느끼지 않았다면 1987년 6월에 다시 한 번 참극을 일으켰을 것이라고 생각한다. 광주의 기억은 앞으로도 그렇게 이 나라에서 영남패권주의 파시즘을 몰아내고 민주주의의 미래를 강철처럼 지켜나갈 근원적 추동력이 될 것이다.

그런데 정작 우리를 슬프게 하는 것은 한편으로 반역자들이 민주주의를 짓밟았다는 역사적 사실을 인정하면서도 다른 한편으로는 그 '반역에 동의하는 위선의 역사'다. 더욱 난감한 것은 이 역사는 무력항전으로 극복할 수 있는 문제가 아니라는 점이다. 그 난제는 민주적인 제도 속에서 당당히 전두환을 지지하고 또한 동조하는 영남패권주의 이데올로기다.

김영삼은 지난 1995년 12월 3일 여론의 압력에 못 이겨 전두환을 합천 고향마을에서 안양교도소로 구속, 수감했다. 『월간 말』은 대구지역 일간지인 『영남일보』가 구속 찬성 60.6%라는 지역 여론조사를 근거로 "전씨에 대한 동정적인 시각이 없는 것은 아니지만, 법대로 처리돼야 한다는 여론이 설득력을 얻어가고 있다"는 내용의 해설기사를 게재했는데 "주위에서 전부 전통(全統)이 잘했다카는데 니들만 왜 거꾸로 쓰노"라고 불만을 표시하는 '진짜 밑바닥 정서'가 편집국의 전화통을 타고 쇄도했다는 사연을 적고 있다. 다음은 이 르포기사에 등장하는 이름 없는 대구 민초들의 의중이다.

"그래도 사람들 말이 전 전 대통령 때는 서민들 살기는 편했다 안캅니까."
"전두환 씨가 잘못한 것이야 우리도 알지예. 하지만 모든 일에는 다 절차가 있고 방법이 있는 것 아입니꺼. 이 나라엔 법도 없어요?"
"그럼요, 하다못해 아침밥이나 믹여서 델꼬 갔어야제."
"김대중이 죽일라꼬 전두환·노태우 씨를 희생양으로 삼은 것 아입니꺼."25)

최근까지도 대한민국의 정의가 바로 서지 못한 것은 '광주학살' 문제가 잘 알려지지 않은 이유 때문이라는 주장도 있었다. 그러나 나는 그 문제는 1987년 청문회 등을 거치면서 어느 정도는 해소되었다고 생각한다. 그 잔혹상을 구체적으로 실감하지 못한다 하더라도 지금 우리의 문제는 '광주학살'을 얼마나 더 잘 알고 있느냐 아니냐의 문제가 아니다. 그것은 이미 사실의 인식에 관한 문제가 아니라 사실을 평가하는 이데올로기의 문제다.

나는 지역문제가 노무현의 사고방식대로 단순히 "정치인이 만들어낸 허구"라고는 추호도 생각하지 않는다. "전두환 씨가 잘못"했지만 "서민들 살기는 편했다"며 학살자 전두환의 "아침밥"을 걱정하는 영남

---

25) 안철홍, 「르포: 비자금 5·18정국 대구 광주 민심」, 『월간 말』, 1996년 1월, 73쪽.

의 민초들이며, "김대중이 죽일라꼬 전두환·노태우 씨를 희생양으로 삼은 것 아입니꺼"라고 정치평론까지 하는 영남의 민초들이다. 지금도 대한민국을 지배하는 이런 식의 이른바 '영남정서'를 정면에서 극복하지 않으면 지역문제는 절대로 해결되지 않을 것이다. 전두환 파시즘은 바로 이런 영남 민초들의 동의를 바탕으로 가능했기 때문이다.

이런 의미에서 나는 '광주학살의 광주는 지리적 우연이었으므로 지리적 우연은 문제삼지 말고 전국적으로 민주항쟁을 기념하자'는 식의 투항적 논리에 동의할 수 없다. 나는 이 문제가 '광주학살의 광주는 영남패권주의 파시즘이라는 정치적 의미를 담고 있으므로 그 정권과 유산에 대한 지지를 철저히 단절하고 반성해야만 전국적 기념이 가능하다'는 논리로써 재정립되어야 한다고 본다. 자, 어떤가? '광주정신'의 전국화? 어렵게 느껴질 것이다. 그 어렵게 느껴지는 강도만큼 '단절과 반성 없는' 일본인들의 입장도 너무나 잘 이해할 수 있을 것이다. 동족간에도 어려운데 이민족간에야 오죽하겠는가!

인격화된 전라도, 김대중의 탄생

부산 출신의 작가 허수정은 『김대중 살리기』란 책에서 1987년 김대중의 부평역 광장집회에서 있었던 경험담을 인상 깊게 적고 있다.

> 그런데 무개차가 부평 역을 완전히 빠져나갈 즈음에 그 청년이 갑자기 두 팔을 번쩍 들어올리더니 한층 힘차게 소리치는 것이었다.
> "아버지!"
> 나는 그 청년을 멍하니 바라볼 수밖에 없었다. 아버지 ……. 나는 '아버지'라는 소리를 웅얼거리며 멀거니 그 청년의 뒤를 따랐다. 청년은 계속 울부짖다시피 소리치고 있었다.[26]

---

26) 허수정, 「DJ는 아버지가 아니다?」, 『김대중 살리기』, 시와사회사, 1995, 178쪽.

호남과 김대중, 수난을 통한 일체감

사람들은 보통의 상식으로는 도저히 이해하기 힘든 이런 김대중 지지자들을 위해 '김대중 광신도'라는 호칭을 붙여주었다. 김대중 지지자들은 호남이 아닌 다른 지역에도 얼마든지 있다. 그러나 '김대중 광신도'는 호남인이 아니면 될 수가 없다. 예컨대 허수정처럼 이런 현상을 "DJ에 투영된 현실에서 자신들의 아픔과 꿈을 보았음"이라고 냉정하고도 객관적으로 이해하거나 한 걸음 더 나아가 편이 돼줄 수는 있을지언정 결코 '김대중 광신도'가 될 수는 없다. 그런데 이 김대중 광신도는 어떻게 생겨났을까? 최장집은 이렇게 설명한다.

> 호남지방민의 심화된 집단적 소외의식과 김대중의 수난이 절연되기 어려운 감정의 끈으로 얽매이게 된 것은 차라리 양자의 필연적 유대의 형성이라기보다는 집권세력이 광주민중항쟁을 다루었던 방법과 직접적인 관계가 있다. 광주민중항쟁이 김대중에 의해 계획된 반국가적 폭동으로 규정되었을 때 호남지방민들에게 김대중이란 정치인은 그들의 집단적 수난을 상징하는 인물로 마음속 깊이 각인되었고, 그들의 수난과 그의 수난을 동일시하게 되었다.[27]

최장집은 '김대중 광신도'가 결국 '광주학살'의 업보임을 정확히 지적하고 있다. 그리고 "제도언론이 그 중심 기능을 담당하는 국가의 이데올로기적 기구의 집중적인 선전공세와 엄청난 정치교육의 능력조

---

27) 최장집, 「지역감정의 지배이데올로기적 기능」, 『지역감정 연구』, 학민사, 1991, 34쪽.

차도 침투하기 어려운, 즉 산 경험이 허위의식으로 왜곡될 수 없는 공간'인 '순수의식공동체'라는 개념으로 김대중과 호남의 일체성을 설명하고 있다. 한 마디로 김대중은 1980년 5월 이후 '인격화된 전라도'가 되었던 것이다.

그래서 여기서부터 어려움이 시작된다. 그 어려움이란 '만약' 김대중이 없었다면 김대중이 복권된 1987년 이후 2002년 대선까지 각종 선거에서 흔들림 없이 지속된 '호남 몰표', 즉 '순수의식공동체' 현상이 존재할 수 있었겠는가라는 의문이 생긴다는 것이다. 언뜻 듣기에는 대단히 우둔한 역사적 가정처럼 들린다. 그러나 그렇지가 않다. 이 의문은 실제로 '대단히 우둔한 역사적 가정'일지는 모르겠지만 현실적으로는 '논쟁을 일으키는 공격적인 반김대중 이데올로기'의 기능을 수행해 왔기 때문이다. 그리고 김대중 이후에는 논리필연적으로 '이제 김대중이 없으므로 지역문제도 사라질 것이다'라는 유령 같은 반김대중 이데올로기로 이어지고 있기 때문이다.

87년 대선과 김영삼 지지(후보단일화)론

1995년 강준만의 『김대중 죽이기』라는 책이 출간된 얼마 후 황광우는 「김대중 살리기냐 김대중 죽이기냐」라는 글을 『월간 사회평론 길』에 투고했다. 내가 이 글에 특별한 관심을 갖는 것은 광주 출신인 황광우의 글이 '지역문제'에 대한 영남인(특별히 부산·경남인)들의 전형적인 시각의 일단을 드러내주고 있을 뿐만 아니라 김대중에 대한 계급 환원주의적 비판논리의 단서도 포함하고 있기 때문이다.

황광우는 우선 강준만의 『김대중 죽이기』의 요지를 한 마디로 "경상도 사람들 당신들의 지역감정 때문에 김대중이 대권을 먹지 못하였다고 호소"하는 것으로 간주하고 이를 "동냥아치의 각설이타령"이라고 폄훼한다. 아마도 황광우가 보기에 경상도 사람들의 양심에 호소하는 강준만의 입장이 권력을 위한 '구걸'로 보여진 모양이다.

그렇다면 황광우는 약육강식의 정치판에서는 인간의 양심 따위는 거론하지 말아야 할 우스꽝스런 금기로 생각하는 걸까? 그렇지도 않다. 그야말로 "'인간 중심의 사회 건설을 위한 국민운동', 그 선구역을 김대중이 맡아주기를 정중히 당부"하며 김대중의 양심에 호소하는 "동냥아치의 각설이타령"으로 결론을 내리고 있기 때문이다. 정작 황광우가 강준만식의 '지역감정론'을 냉소하는 이유는 근원적으로 지역 문제를 '김대중의 책임'으로 돌리는 그의 태도와 관련이 있다.

황광우는 "부산의 민주시민이 김대중에게 등을 돌린 것은 꼭 지역감정 때문만은 아니라는 믿음을 갖고 있다"고 말한다. 그는 "87년 대선을 통하여 정권교체를 이룰 수 있는 유일한 길은 모든 요인을 고려할 때, '김대중의 김영삼 지지'였다"고 말하면서 "경상도의 야당세력이 오늘날 민주당의 지지세력으로 돌아서지 않는 이유는, 정확히 김대중의 행보에 대한 반사작용에 있다"고 확신한다. 그리고는 당시의 정치재개 문제에 대하여 이렇게 결론 내린다.

나는 87년의 그 민주화 열기를 지역 대결구도의 늪으로 안내한 한 당사자인 김대중이 87년의 오류를 구명하고 자신의 잘못을 반성하는 데서 새로운 길을 모색했어야 옳았다고 생각한다.[28]

그는 1971과 1992년의 '지역감정' 사이에 1987년의 민주화 열기가 있었으며 만약 1987년에 김대중이 김영삼을 지지했었다면 그 민주화 열기로 "지역감정 구도를 넘어섰을 것"이라는 것이다. 그래서 그는 "적어도 71년 선거판이 '박 정권이 조장한 지역감정 선거판' 이었다면, 92년 선거판은 '양김씨가 함께 책임져야 할 지역감정 선거판' 이었다"고 말하면서도 사실상 비난의 화살은 전적으로 '김영삼을 지지하지 않은 김대중'을 겨냥하고 있는 것이다.

나는 황광우가 주장하고 있는 것처럼 '지역감정의 피해자가 아닌 지역감정에 결정적으로 책임 있는 김대중'이라는 시각이 부산·경남인의 일반적인 시각일 것이라고 생각한다. 그래서 앞서의 그 '우둔한 역사적 가정', 즉 '김대중이 지역감정에 책임 있다면 당시 김대중이 없었을 경우 1987년 이후에는 황광우가 말하는 그 열화와 같은 민주화 열기를 업은 김영삼의 대통령 당선으로 지역감정이 눈 녹듯이 사라졌을까' 하는 질문이 등장할 수밖에 없는 것이다.

황광우는 강준만에게 역사적 맥락을 놓쳤다고 말했다. 그러나 나는 황광우의 이런 시각이야말로 역사적 맥락을 놓쳤을 뿐만 아니라 사회적 현상을 자신의 고정관념에 맞추어서 입맛대로 재단하는 전형을 보여주고 있다고 생각한다. 나는 황광우가 1987년의 '민주화 열기'의 정체가 무엇이라고 생각했는지 그것이 알고 싶다. 그는 틀림없이 그 민주화 열기를 지역문제와 무관한 파쇼적 지배체제에 항거하는 계급투쟁이라고 생각했을 것이다. 그것이 지역투쟁을 무슨 '몹쓸 병'이나

---

28) 황광우, 「김대중 죽이기냐 김대중 살리기냐」, 『월간 사회평론 길』, 1995년 5월, 65쪽.

되는 것처럼 발언하는 그의 계급 환원주의적 시각에 어울리는 대답이다. 만약 이 대답이 맞다면 그것이야말로 전형적으로 역사적 맥락을 거세한 대답에 불과한 것이다.

생각해보자. 박정희의 영남패권주의 정권으로부터 수십 년을 지역적으로 차별받고, 그 친위 잔당인 전두환으로부터는 집단학살까지 당했던 전라도인들이 생각하는 '민주화'란 무엇이었을까? 나도 1987년 당시 선거유세가 시작될 초기에는 황광우처럼 민주화란 지역문제와 무관한 일종의 반군사파쇼적 계급투쟁이 본질이라고 생각했었다. 그래서 '반군사파쇼적 계급투쟁'을 부르주아 민주주의라는 방식으로 포용하고자 했던 김대중과 김영삼의 후보단일화가 민주화에 대단히 중요한 의미를 갖는 것이라고 생각했다.

그러나 그것은 책상머리에 앉아 편할 대로 세상을 재단하는 독선이었을 뿐이다. 나는 유세를 위해 광주에 온 김영삼에게 돌멩이가 날아가는 것을 보고 나의 뒤통수에 돌멩이를 얻어맞은 느낌이었다. 그 돌멩이가 음모였다고 해도 결국 의미는 마찬가지다. 나는 지금 1987년의 '민주화 열기'란 지역투쟁이 계급투쟁을 압도하는 상황이었다고 판단한다. 말하자면 김영삼이 대통령이 되는 것은 호남인들에게는 영남패권의 연속이지 '민주화'가 아니었다는 의미다. 그리고 그런 상황은 김대중이라는 일개 정치인이 만들어낸 것이 아니라 과거 수십 년의 영남패권주의 파시즘이 만들어낸 필연적 업보였다는 의미다.

1987년 민주화 열기의 주된 추동력이 계급투쟁이 아니라 파쇼적 영남(TK)패권주의의 연장음모에 대항한 호남과 완화된 영남(PK)패권주의의 지역연합투쟁이었다는 나의 이런 주장은 황광우나 영남인들에게는 대단히 낯선 주장일 것이다. 왜냐하면 황광우의 계급 환원주의적 시각 혹은 지역투쟁이라는 문제틀로는 결코 **세상을 올바**르게 분석할 수 없다는 영남패권주의 이데올로기가 우리 **사회를 지배**하고 있기 때문이다. 그러나 문제틀이 현상을 분석하기 위해 존재하는 것이지 현상이 문제틀을 위해 존재하는 것은 결코 아니다. 그런데 놀랍게도 황광우는 역사적으로 전개된 지역투쟁이 자신의 계급 환원주의적 문제틀에 들어맞지 않자 이렇게 강변한다.

> 김대중의 대선 패배 원인을 지역감정에서 찾기 시작하면, 거기에서 나오는 것은 우리 국민에 대한 혐오와 정치에 대한 좌절뿐이다. 거기에선 희망이 나오지 않는다. 그런데 분명히 알아야 할 것은 답이 없다는 것은 애당초 문제설정이 잘못되었다는 이야기다.[29]

지역 없는 민주화: 계급 환원주의

아주 전형적으로 계급 환원주의적 함정에 빠져 있다. 황광우의 말을 뒤집으면 "우리 국민에 대한 혐오와 정치에 대한 좌절"을 하지 '않기 위해' "김대중의 대선 패배 원인을 지역감정"이 아닌 다른 어떤 것에서 찾아야 한다는 주장이다. 그는 지금 사회과학적 현실분석을 목적론적 차원에서 행하자고 제안하고 있다. 그러나 나는 지역투쟁이 왜 긍지가 아닌 혐오와 좌절의 대상이 돼야 하는지도 모르겠거니와 그런 식이라면 다른 모든 것을 떠나 계급문제 해결도 지역문제 해결과 마찬

---

29) 황광우, 「김대중 죽이기냐 김대중 살리기냐」, 『월간 사회평론 길』, 1995년 5월, 60쪽.

가지로 완전한 답이 없기 때문에 그것은 "우리 국민에 대한 혐오와 정치에 대한 좌절"을 주는 것이고 따라서 계급의식이라는 문제설정은 잘못됐다는 말인가?

황광우는 두 가지 점에서 착각을 하고 있다. 첫 번째는 설명했듯이 사회과학적 주장을 함에 있어서 (어떤 일이 있더라도 국민들에게 실망할 수는 없다는) 목적이 (김대중이 지역투쟁에 실패했다는) 현실분석에 앞서야 한다는 착각이다. 그리고 이 첫 번째 착각을 계속 유지하기 위해 그 착각에 맞는 문제틀을 세워야만 한다는 주장이 두 번째 착각이다. 그래서 나온 결론이 국민들은 지역투쟁이 아닌 계급투쟁적 민주화 열기를 갖고 있었던 것이고 이 열기를 혐오스런 지역문제로 전환시킨 것은 결국 김대중의 책임이라는 테제인 것이다.

그런데 나는 지금 1987년 당시 우리 국민의 민주화 열기는 '파쇼적 영남(TK)패권주의의 연장음모에 대항한 호남과 완화된 영남(PK)패권주의의 지역연합투쟁'이 본질이었으며 김대중은 이 지역투쟁에서 호남을 대변하고 있었다고 주장하고 있다. 더군다나 나는 지금 그 지역투쟁이 황광우가 주장하는 것처럼 "우리 국민에 대한 혐오와 정치에 대한 좌절"을 느끼게 하는 근원이 아니라 지역해방을 앞당기는 자랑스러운 민주화 도정으로 이해해야 한다고 평가하는 것이다.

한번 생각해보라. 대한민국의 지역문제가 단순히 고향이 다른 두 대통령 후보가 (과거 같은 정당 소속이었다는 인연을 무시하고) 동시에 출마했다는 사실 때문에 그렇게 순식간에 폭발적으로 발생했다는 주장이 합리적인가 아니면 수십 년의 지역적 박해로 인해 전라도는 그동안 영남패권주의 군사파쇼 정권에 대해 함께 연대투쟁 해왔던 PK

대변자인 김영삼의 '완화된 영남패권주의'적 대안을 거부하고 자신들의 대변자인 김대중을 독자후보로 내세울 수밖에 없었다는 주장이 합당한 것인가?

여기서 부딪치는 아주 중요한 논점이 있다. 그것은 앞에서의 나의 주장과 같이 1987년의 '민주화 열기'를 이해했을 때 1987년의 지역분열에 대한 김대중의 책임은 전혀 없는가라는 반문이다. 나는 김대중의 책임은 비례대표제에 기초한 내각제 혹은 분권형 대통령제를 토대로, 완화된 영남패권주의 세력인 김영삼과 연대하지 못하고 결선투표 없는 상대다수 선거제도의 직선제 개헌을 통해 단독으로 영남패권주의의 종식이 가능하다[30]고 믿었던 전략부재에 있다고 생각한다. 그러나 나는 호남의 김대중이 단독세력화 한 것을 두고 그 자체가 잘못이라는 주장은 결코 받아들일 수 없다. 만약 김대중이 이 문제에 대해 사과해야 한다면 그것은 곧 호남 민중들이 영남패권주의자들에게 사과해야 한다는 의미이기도 하다.

나는 지금까지 하나의 정파가 자신들의 계급적 이익을 위해 독립세력화함으로써 계급적 이해관계가 다른 또 하나의 정파에게 전략적으로 불이익을 가져왔다고 해서 그 상대 정파에게 사과해야 한다는 주장을 들어본 적이 없다. 예컨대 민주노동당의 권영길의 존재가 민주당

---

30) 김대중은 내각제는 곧 이원집정부제이며, 이 제도하에서는 군부·안기부·감사원이 간선으로 뽑힌 대통령의 직접 통제하에 들어가게 되고, 권력의 기초인 국회의원은 재벌의 돈에 좌우될 수밖에 없기 때문에, 군의 정치적 중립과 부패의 청산이 있기 전에는 내각제에 반대한다고 말했다(김대중, 「민주·통일·웅비의 새 지평을 열자: 1990년 5월 29일, 민주연합 청년동지회 창립 10주년 기념 대회」, 『후광 김대중 대전집(이하 전집) 10』, 중심서원, 1993, 188~191쪽). 그러나 그런 사정은 대통령제하에서도 마찬가지인데 특별히 정당간 연합을 어렵게 하는 대통령제를 굳이 고집한 이유가 납득되지 않으며, 결선투표제와 러닝메이트제도 1987년 대선 이후가 아닌 1987년 헌법개정 당시에 왜 강하게 주장하지 않았는지 그것도 의문이다.

의 노무현이 이회창과 대결하는데 불이익을 가져왔다고 해서 권영길 정파가 노무현 정파에게 사과해야 한다는 해괴한 주장을 들어본 적이 없다.

그런데 가장 소외된 지역을 대변했던 평민당 김대중의 존재는 왜 영남 PK 지역을 대변한 김영삼의 집권을 방해했다는 이유로 김영삼의 정파에게 사과해야 하는 것인가? 1971년 선거에서 김영삼이 김대중을 지지했으므로? 아니면 22만여 표(0.9%)의 득표력 차이 때문에? 그런 논리야말로 그 동안의 호남차별이라는 역사적 경과를 무시하고 '김대중과 김영삼은 누가 나서든 다를 바 없는 똑같은 (프티) 부르조아 정치인' 이라는 계급 환원주의적 정치공학에 입각한 틀에 박힌 비난[31]에 불과하다.

황광우는 이 문제와 관련해 자가당착의 논리를 전개한다. 그는 김대중이 "선거에 나가지 않으면 자신의 정치세력을 남에게 빼앗기기 때문에 '지는 줄 알면서 나가는 것이다'"라고 주장하면서도 다른 한편으로는 "그런 연후(김대중이 87년에 김영삼을 지지한 연후-필자 주) 92년도에 김대중이 대통령 선거에 출마하였다면 나는 부산 시민들, 김대중 밀어주었을 것이라 확신한다"고 말한다. "부산 시민들도 광주 시민들만큼 화끈한 사람들"이기 때문이라는 것이다.

---

[31] 정치를 계속해야 했던 김대중은 이런 비난에 정면으로 맞서지 못하고 "나라도 양보"라는 모호한 표현으로 유감표시를 해야만 했다. "지금 저는 그 점은 대단히 판단을 잘못했다, 김영삼 총재가 양보하지 않으면 나라도 양보해서 김영삼 총재를 밀었어야 할 것인데 내가 그러지 않은 것이 큰 잘못이었다, 이렇게 생각하면서 대단히 후회하고 있습니다. 다른 무슨 이유보다도 국민이 바라는 후보단일화를 이루지 못한 데 대한 책임감을 느끼기 때문에 그렇습니다."(김대중,「2000년의 희망과 우리의 과제: 1991년 12월 6일, 관훈클럽」,『전집 5』, 중심서원, 1993, 194쪽.)

황광우는 강준만에게 "김대중의 현실정치를 이해"하라고 타박하고 있지만 정작 현실정치의 비정함을 이해해야 할 사람은 황광우인 것 같다. 그런 논리라면 2002년 선거에서 이인제가 아닌 노무현을 당선시킨 광주시민은 어떻게 설명해야 하는가? 더군다나 자신의 입으로 "선거에 나가지 않으면 자신의 정치세력을 남에게 빼앗기기 때문에" 나간다면서 그럼 다 빼앗기고 나서 "부산 시민들, 김대중 밀어주"면 뭐하겠는가?

정치는 역사적 상황의 산물이지 지역민들의 인간적 의리나 화끈함으로 설명되는 것이 아니다. 우리는 이회창이라는 강력한 정치인이 김영삼 정권하에서 영남의 지지를 받아 김대중을 위협할 만큼 성장했음을 상기해야만 한다. 나는 실제로 김대중이 전략적으로 후퇴했을 경우에 1997년의 정권교체보다도 더 빨리 영남패권주의 상황을 극복하여 지역투쟁의 중요한 전기를 마련할 수 있었을지는 황광우만큼 자신할 수 없다. 더 큰 의문은 영남패권주의적 3김 청산론이 풍미했던 우리 사회에서 김대중과 호남이 조용히 몰락했다 한들 그것이 무슨 큰 의제가 됐을지도 의문이다.

김대중에게 책임 떠넘기기

나는 결과적으로 김대중이야말로 지역문제에 결정적 책임이 있다는 황광우식의 지배논리는 1987년의 민주화 열기를 반영남군사파쇼적 지역투쟁의 관점이 아닌 반군사파쇼적 계급투쟁의 관점에서만 가상적으로 설명하려는 것인 바 이는 영남패권주의 이데올로기의 계급환원주의적 변종에 불과하다고 생각한다. 한 마디로 나는 파쇼적 영남패권(TK지배)을 민주화된 영남패권(PK지배)으로 연장하기 위해 김대중과 호남은 내일을 기약하며 다시 후퇴해야 했었고 그러지 못한 모든 역사적 책임을 김대중과 호남이 져야 한다는 주장을 결코 받아들일 수 없다.

이상의 나의 주장은 역사적 경과가 그 정당함을 입증하고 있다. 우선 TK 지역과 PK 지역은 1990년 3당 합당을 통해 결국 "우리가 남이가"라는 영남패권주의 지역연합을 감행했고 호남의 김대중은 1997년이 돼서야 박정희 이래 그들 영남패권주의자들로부터 끝없이 배신만 당하는 김종필을 설득해 DJP 연합으로 정권교체를 성공시켰다. 이러한 역사적 경과는 계급모순만으로 세상을 재단하려 할 경우 김대중의 권력욕을 비난하고, 민주투사 김영삼의 '이해할 수 있는(?)' 탈선을 한탄한 다음, 국민적 미성숙을 부끄러워하거나 아니면 아예 황광우처럼 모든 책임을 김대중에게 덮어씌우는 것 이상의 태도를 만들어낼 수 없을 것이다.

그러나 우리 사회를 수십 년 동안 영남패권주의 파쇼 정권이 지배하고 있었던 매우 열악한 지역모순의 사회였다고 솔직히 인정해보라. 역사는 진전했으며 아무것도 이해하지 못할 것이 없다! 그렇다면 왜 우리는 굳이 최근의 역사를 설명하지 못하는 계급모순만으로 우리 사회를 분석하고 평가하면서 절망할 필요가 있는가? 바로 그런 시각이야말로 지역으로 세상을 지배하면서 지역모순을 감추고 지역모순에 입각한 투쟁을 혐오스럽다고 설교했던 위선적인 영남패권주의 지배이데올로기였다. 이런 관점에서 볼 때 최장집의 다음과 같은 설명은 훨씬 객관성을 갖는다.

1971년 대통령 선거를 통하여 박 정권을 실제적인 위협으로 몰아넣었던 김대중은 체제에 대한 강력한 도전자라는 바로 그 이유 때문에 국가권력의 집중적인 탄압의 대상이 되기 시작하였다. 그러므로 호남지방에 대한 구조적 배제와 김대중에 대한 정치적 탄압을 두 구성요소로 하는 호남 차별문제는 곧 유신체제의 구조적 모순과 비리를 집약하는 정치적·사회적 문제표현이라 하지 않을 수 없다. 이러한 구조적 모순이 전두환 정권의 성립 과정에서 표출되면서 유신체제로부터 가장 소외된 지역민과 체제에 내장되었던 가장 강고한 적나의 폭력성이 광주민중항쟁을 통하여 정면에서 격돌하게 되었던 것이다.[32]

역사적 경과를 아주 냉정하게 설명하고 있다. 그런데 과연 김대중과 호남에 다소 우호적인(?) 이런 역사적 시각은 사회적 동의를 받아 보편적 견해로서의 지위를 획득할 수 있을까? 지금까지 영남패권주의 이데올로기는 이런 객관적 시각이 보편적 지위를 누리는 것을 다음과 같은 방식으로 저지시켰다. 하나는 앞서 말했던 그대로 사실상 영남패권이라는 지역지배체제를 유지하면서도 지역모순적 시각으로 세상을 분석하고 또한 지역투쟁을 전개하는 것을 금기시하는 이데올로기다. 이것은 지역주의를 논하는 것을 금기시함으로써 영남패권을 유지하는 전략이다. 다른 하나는 전라도의 지역적 단결로는 영남패권을 극복할 수 없다는 패배주의적 이데올로기를 심는 것이다. 이 두 번째 문제가 다음 주제다.

---

32) 최장집, 「지역감정의 지배이데올로기적 기능」, 『지역감정 연구』, 학민사, 1991, 32~33쪽.

김대중과 이른바 개혁·진보주의자들

1992년 김대중의 세 번째 대선패배가 확정되고 호남이 처연한 절망 속에 빠져 있을 때 손호철은 호남을 위해 다음과 같이 위로했다.

이제부터 호남이 어떻게 행동하느냐에 미래뿐만이 아니라 과거까지 모든 것이 달려 있다는 것을 명확하게 인식해야 한다. 대부분의 호남인들은 자신들의 DJ 지지가 호남 대통령에 대한 지지가 아니라 민주주의에 대한 지지가 우연히 일관된 민주투사 DJ 지지로 나타난 것일 뿐이라고 믿는다. 그러나 타 지역민들의 상당수, 특히 영남의 경우 호남 대통령에 대한 지지로 인식한다. 호남이 대선의 충격 속에서 허무주의에 빠져 민주화와 개혁을 위한 투쟁을 중단한다면 그 동안 호남이 이를 위해 흘린 피나는 노력과 희생은 결국 '호남 대통령' 창조를 위한 지역주의의 발로에 불과했던 것으로 최종평가를 받게 된다.[33]

호남을 평가하는 손호철의 시선

잘 읽어야 한다. 손호철은 지금 호남을 향해 발언하고 있다. 그런 그가 "최종평가를 받게 된다"라고 말했다. 그렇다면 손호철이 말한 최종평가의 주체와 객체는 누구인가? 당연히 최종평가의 주체는 비호남이고 최종평가의 객체는 호남이 된다. 손호철의 발언은 그 내용이 무엇이든 영남패권주의적 시각을 평가자의 당연한 시각으로 설정하고 호남은 피평가자의 위치로 전락시키는 관점을 견지하고 있다. 즉 손호철은 피평가자인 호남은 평가자인 영남패권주의자들 혹은 그 헤게모니에 지배당하고 있는 비호남인들에게 잘못 평가받지 않으려면 조심하라는 경고를 하고 있는 것이다.

우리는 손호철의 경고 내용 또한 유심히 읽어야 한다. 손호철은 호남을 향해 개혁적일 것을 주문하고 있다. 호남이라는 지역집단 전체가 개혁적이어야 한다는 주문이 무슨 뜻일까? 아니 그보다는 왜 "그 동안 호남이 이를 위해 흘린 피나는 노력과 희생은 결국 '호남 대통령' 창조를 위한 지역주의의 발로에 불과"하면 안 되는가? 말을 바꾸면 영남은 '영남패권주의 대통령'을 수십 년 창조해 놓고도 호남인들로부터의 최종평가를 두려워하지 않는데 호남은 누구로부터 무슨 최종평가를 두려워해야 하는가?

손호철의 위로는 언뜻 영남의 패권주의는 꼴통이라 치고 '민주주의의 성지'인 호남마저 그래서는 안 되지 않겠냐는 지식인의 고뇌어린 충고로 들린다. 그래서 그는 지금 호남을 위해 눈물을 흘리고 있는 것

---

33) 손호철, 『호남이여 문제는 이제부터다』, 『광주매일신문』: 『길을 찾는 사람들』, 1993년 2월, 29쪽에서 재인용.

처럼 보인다. 그러나 조심해야 한다. 바로 억압자의 시각에서 피억압자를 위해 흘리는 이 눈물이야말로 역사적으로 피억압자의 해방을 위한 약으로 작용한 것이 아니라 독으로 작용하는 경우가 많았다. 손호철 그만 하더라도 머지않아 이른바 '3김 청산론'의 기수가 된다. 다시 독해하겠지만 나는 손호철이 호남을 위해 흘린 눈물, 즉 3김 청산론을 '악어의 눈물' 이었다고는 생각하지 않는다. 그러나 나는 바로 그 '진실한 눈물' 이 '악어의 눈물' 만큼이나 싫다.

호남을 위해 울지 말라

여기 호남을 위해 '진실한 눈물'을 흘리는 또 한 사람의 대표적 인물이 있다. 자신을 대표적 인물이라고 부르는 것을 쑥스러워 하지 않을 것이다. 그는 '광주항쟁의 마지막 수배자'로 유명한 윤한봉이다. 나는 윤한봉이 자신만이 오직 광주항쟁의 역사적 의미를 올바로 평가할 수 있는 특권을 가지고 있다고 우기지는 않으리라 믿는다. 대한민국 국민이 모두 동등하게 대한민국의 역사를 논할 수 있는 자격이 있다면 나는 다음과 같은 관점에서 그가 호남을 위해 흘리는 눈물을 속절없이 따라 흘릴 수가 없다. 윤한봉은 이렇게 말했다.

요양 10년, 투병 10년. 호남 지역주의, DJ와 그 추종자, 5·18을 농락하는 사람들과의 10년 싸움이었지. 여기서 얼마나 외로운 싸움을 했는지 몰라. 내 경험에 의하면 개인이나 소수가 과오를 범하면 반성하고, 사과해요. 그런데 주류 혹은 다수가 과오를 범하면 사과도 회개도 없어요. 저희들이 힘을 가지고 있으니까. 그래서 귀국 후엔 그 전에 알던 사람들과는 잘 안 만나요. 대신 새로운 젊은 친구들과 함께 일하지. 광주에선 DJ와 지역주의로부터 자유로운 사람들이 '진보'고, **그런 사람**들하고만 일을 같이 하는 거지.[34]

그는 자신이 '진보'라고 자랑스럽게 주장한다. 그런데 그 진보주의자가 될 수 있는 조건이 "광주에선 DJ와 지역주의로부터 자유로운 사람들"이다. 물론 DJ가 (중도)보수주의자임을 감안할 때 DJ로부터 자유로운 사람들이 진보주의자가 될 수 있다는 그의 주장은 역사적 맥락을 거세한다면 틀린 말은 아니다. 다만 "지역주의로부터 자유로운 사람들"만이 진보주의자가 될 수 있다는 그의 주장은 아주 단세포적으로 말하더라도 완전히 틀렸다. 아니 좀더 정확히 말하자면 그는 바로 그런 반역사주의적 생각을 가지고 있기 때문에 절대로 진보주의자가 될 수 없다.

우선 그의 주장은 분명히 '영남의 패권적 지역주의'와 '호남의 저항적 지역주의'가 같다는 명제로부터 출발한다. 말하자면 호남의 저항적 지역주의로부터도 탈피하지 않으면 진보주의자가 될 수 없다는 것이다. 극단적으로 말한다면 역사적 맥락이고 뭐고 '지역'이라는 관념 그 자체를 머릿속에서 완전히 지우라는 것이다. 그럴 때에만 비로소 윤한봉이 부르짖는 계급과 진보가 눈에 보일 것이기 때문이다. 아주 전형적인 계급 환원주의다. 다시 말해 그는 지금 계급을 보기 위해 계급으로 환원되지 않는 모든 차별과 억압에는 눈을 감자는 도그마를 부

---

[34] 『디지털 월간 말』, 2003년 6월 9일, 제204호: www.digitalmal.com.

르짖고 있는 것이다. 참고로 말한다면 윤한봉보다는 몇 배는 더 진보주의자였을 마르크스와 엥겔스도 지역문제를 윤한봉처럼 말하지는 않았다. 들어보자.

> 노동자들에게는 조국이 없다. 그들이 갖고 있지 않는 것을 그들로부터 빼앗을 수는 없다. 프롤레타리아트는 우선 정치적 지배권을 장악하여 민족적 계급(nationale Klasse)으로 올라서야 하며 스스로 민족으로서 형성되어야 하기 때문에, 비록 부르주아지가 생각하는 의미에서는 아닐지라도 아직은 그 자체가 민족적이다. …… 한 사람에 의한 다른 사람의 착취가 폐지되는 정도에 따라, 한 민족에 의한 다른 민족의 착취도 폐지될 것이다. 한 민족 내에서의 계급 대립이 없어짐과 아울러 제 민족 상호간의 적대적 관계도 없어질 것이다.[35]

나는 마르크스의 민족문제에 대한 관점이 인간의 본성에 대한 관점만큼이나 철저한 낙관주의에 기초하고 있다고 본다. 그래서 궁극적으로는 그도 물론 계급 환원주의자로 볼 수 있다. 그러나 그런 마르크스도 민족이라는 개념에 완전히 눈을 감고 시도 때도 없이 오직 "전세계의 프롤레타리아여, 단결하라!"며 공허한 주장만을 일삼지는 않았다. 그는 오히려 "민족적 계급"으로 올라서야 한다고까지 말했다. 그는 결코 민족간의 착취는 존재하지 않는다고 주장하지 않았다. 그래서 민족 개념 따위는 진보주의자에겐 불필요하다고 주장하지 않았다. 그

---

35) K. 마르크스・F. 엥겔스, 「공산당 선언」, 『마르크스・엥겔스 저작선』, 거름, 1988, 67쪽.

는 다만 자신이 지켜보고 있는 '민족간의 착취'가 민족 내부의 계급관계에 의존하고 있다고 봤을 뿐이다.

그런데 윤한봉은 지금까지 단 한 번만이라도 "아직은 그 자체가 민족적이다"라는 고뇌를 해본 적이 있을까? 윤한봉이 보기에는 식민지의 민족주의자나 제국주의자나 모두 '진보와 계급'을 이해하지 못하는 '부끄러운 민족주의'자로만 보일 것이다. 우리나라의 지역문제는 민족문제와 다르다고? 그렇다. 다르다. 그래서 더 야만적이다. 그 야만의 구조조차 이해하지 못하면서 무슨 진보를 말할 수 있을까? 나는 윤한봉이 '지역문제는 계급문제의 진화에 의존하기 때문에 진보정당을 지지하는 것이 해결책'이라고만 말하고 다녔어도 아주 자연스럽게 이해했을 것이다. 그러나 그는 자신의 진보정치를 위해 지역문제 속에서 절망하고 있는 호남인들을 모욕하기로 작정한다. 한 마디로 영남패권주의는 존재하지 않는데 무슨 지역투쟁이냐는 것이다.

1970년대에는 광주 지역이 굉장히 진보적이었어요. 서울보다도 앞서갔죠. 그런데 1980년 이후부터 이 지역이 보수화되고 있어요. 그건 5·18 때 호남인의 가슴에 남은 두 가지 상처 때문이에요. 하나는 전두환·노태우 학살원흉과 그들이 만든 민정당. 이들은 철천지원수가 됐죠. 당의 이름이 바뀐다 하더라도 광주에선 절대 안 돼요. 이건 지역주의 이전의 문제예요. 내 가족을 죽인 원수니까 말입니다. 두 번째로 5·18 당시 호남 사람들은 타 지역에서도 봉기가 터질 거라고 믿고 기대했어요. 그러면 이길 수 있다. 그런데 기대했던 타 지역의 봉기가 없었죠. 그 과정에서 극심한 고립감을 겪으면서 느낀 거지. '아무도 못 믿는다, 전라도 사람들밖에 없다.' 그래서 이 광주가 폐쇄적으로 변한 거죠. 이게 DJ를 등에 업은 정치 세력과 한덩어리가 되면서 호남의 보수화가 진행된 거죠.[36]

호남인의 호남 콤플렉스

진보주의자 윤한봉은 왜 "광주 지역"이라는 개념을 상정하고 있을까? 전세계 프롤레타리아트라는 계급말고 왜 지역 개념이 필요할까? 더군다나 광주 지역이 "진보적"이었다는 말은 또 뭘까? 왜 광주라는 '지역' 단위가 진보적이었을까? 그냥 그렇게 진보적이고 싶어서?

광주 지역이 다른 지역에 비해 진보적이었다면 그럴 만한 이유가 있어서다. 해방 직후 진보적이었던 대구 지역이 지금은 어느 지역보다 보수적이 된 것도 다 그럴 만한 이유가 있어서다. 그러나 윤한봉은 이런 식의 '그럴 만한 지역적 토대'에는 관심이 없다. 그럴 만한 지역적 토대를 인정하는 순간 지역투쟁의 정당성도 함께 인정해야 하기 때문이다.

이런 관점에서 그는 '광주학살'도 영남패권주의 파시즘의 절정이 아닌 어느 지역에서나 민주화 과정에서 우연히 발생할 수 있는 "지역주의 이전의 문제"이며 "내 가족을 죽인 원수"라는 사적인 경험 차원에서만 설명한다. '전두환당의 거부'도 마찬가지 차원일 뿐이다. 그렇다면 한 가지만 더 묻자. 왜 "기대했던 타 지역의 봉기"는 없었을까? 아니 그건 얼마든지 그럴 수 있다. 그보다는 왜 '전두환당'에 대한 지지율이 지역별로 그렇게 극단적인 차이가 나는 걸까? 그가 경험한 5·

---

36) 『디지털 월간 말』, 2003년 6월 9일, 제204호: www.digitalmal.com.

18을 들어보자.

> 5·18은 광주·호남 지역의 문제가 아니었고 전국적인 발생 배경을 갖는 것이며 기본적으로 70년대 투쟁의 연장인 그때까지의 투쟁 과정에서 집중적으로 폭발한 것이다. 5·18은 3·1운동이나 4·19처럼 민족운동사적 입장에서 보아야 한다. 호남이라는 지역이나 특정 정치인의 좌절이라는 동기를 부여한다면 5·18을 왜곡하는 것이다.[37]

얼마나 일관된 논리인가? 지역적 관점을 배제하고 오직 전국 단위의 투쟁으로만 세상을 읽고 싶어하는 그의 의지가 가득 차 있다. 정말이 대한민국의 현대사를 그렇게 간단하게 읽을 수 있다면 얼마나 좋을까? 윤한봉은 기본적으로 영남패권주의와 반영남패권주의를 구별할 능력이 없기 때문에 모든 문제가 '광주 지역'에서 자신의 진보가 뚫고 들어갈 수 없는 김대중을 중심으로 한 정체된 보수주의로 귀결된다. 즉 모든 것이 김대중과 김대중 광신도 탓이다. 이렇게 오만한 진보주의자를 보고 있는 것이 신기할 뿐이다. 어쨌든 윤한봉의 오만은 이제 가상의 세상을 만들어내는 자신의 문제틀과 현실이 들어맞지 않자 광주와 호남에 대한 부끄러움으로 변한다.

> 황당한 이야기죠. 웃음이 나오는 게 호남이 노 후보에 대해서 90% 이상 절대적 지지를 해놓고 그게 지역주의라고 비판을 받으니까, 어떻게

---

37) 『PD연합회보』, 1998년 5월 14일, 제142호: www.pdnet.or.kr.

합리화했느냐. "개혁과 지역주의 타파를 위해 부산 출신 노무현에게 90% 이상 지지를 보낸 것이다. 그래서 자랑스럽다. 역시 광주다. 경선 때 광주에서 노 후보 당선의 혁명적 계기를 마련했다." 이렇게 대가없이 노무현을 찍었다고 자랑했었거든. 그런데 지금 지역 언론들이 호남소외론을 주장하면서도 그때 이야긴 안 해요. 부끄러운 게 뭐냐면 역대차별을 해소한다며 DJ 정권 동안 다른 지역의 반발까지 불러일으키면서 호남 출신들을 각계 요직에 상당히 많이 발탁하지 않았습니까. 그럼 그들이 영남 정권 때보다 잘했어야죠. 그런데 그들이 부패특권 정치의 주연 내지 조연으로 활약한 거예요.[38]

우선 그는 "개혁과 지역주의 타파를 위해 부산 출신 노무현에게 90% 이상 지지를 보낸 것"이라는 주장을 "대가없이 노무현을 찍었다"는 의미로 치환한다. 좋다. 그렇다면 어떻게 하는 것이 대가가 없는 것일까? 호남소외가 있거나 말거나 입 꾹 다물고 있는 것이 대가를 바라지 않는 태도일까? 대가를 바라는 것인지 아닌지는 '호남소외론'이 근거가 있는 것인지 아닌지를 따져봐야 할 것 아닌가? 그러나 윤한봉은 그런 지역적 이해관계를 따지기에 앞서 지역 개념의 등장 그 자체가 못마땅한 것이다. 지역 개념의 등장 그 자체가 곧 "대가없이 노무현을 찍었다"는 말에 대한 배신인 것이다. 그래서 "호남 출신들을 각계 요직에 상당히 많이 발탁"한 것이 형평에 맞는 것인지 안 맞는 것인지도 그리 큰 관심 사항이 아니다.

---

38) 『디지털 월간 말』, 2003년 6월 9일, 제204호: www.digitalmal.com.

그러나 그는 곧 자신의 지역주의적 콤플렉스를 드러낸다. 그는 그 발탁은 그렇다 치고 "영남 정권 때보다 잘했어야죠"라고 말한다. 나는 김대중 정권 때 발탁된 사람들이 그간의 "영남 정권"보다 더 부패특권 정치를 했다고 보지는 않는다. 오히려 김대중 정부냐 아니냐를 떠나 부패의 정도는 전두환 정권을 정점으로 해서 점차 나아지고 있다고 생각한다. 물론 이런 발언이 윤한봉이 지적하고 있는 김대중 정권의 "부패특권 정치"를 옹호하기 위한 것은 아니다. 다만 지역주의로부터 자유롭다는 그의 사고방식을 주목하는 것뿐이다.

생각해보자. 윤한봉은 '더' 잘하기를 바란다. 나도 그렇고 그도 그렇고 얼마든지 그럴 수 있다. 그러나 마찬가지라면 어떨까? 더 잘하지 못한 것이 아쉬울 수는 있겠지만 마찬가지인 것이 그가 호남에 대해 느끼는 부끄러움의 이유가 될 수 있을까? 나는 부끄러움을 느끼지 않는다. 그러나 그는 부끄러움을 느낀다. 그 차이가 뭘까? 콤플렉스다. 왜 호남은 더 잘하지 못하는 한 이런 수치심을 느끼며 살아야 하는 것일까? 왜 똑같은 (혹은 그나마 조금이라도 나아진) 잘못된 행동을 해도 호남인들만이 특별히 수치심을 느끼며 살아야 하는 것일까? 영남패권주의 이데올로기가 만들어내고 있는, 그리고 윤한봉이 적나라하게 보여주고 있는 콤플렉스 때문이다.

나는 정치인 윤한봉이 호남인들에게 평가받을 위치에 놓여 있는 것이지 호남인들이 정치인 윤한봉에게 평가받을 위치에 놓여 있다고는 생각하지 않는다. 제발 "처음으로 정당명부제를 실시해서 당을 찍으라고 하니까, 한나라당은 절대 안 돼, 그러니까 민노당 찍은 거지"[39]라는 식의 발언은 삼가주기 바란다. 어떤 생각으로 찍었든 자신의 정파에게 찍은 표를 이런 식으로 폄훼해서는 안 된다. 이런 식의 호남비하는 "호남 사람들이 나를 위해서 찍었나요. 이회창이 보기 싫어 이회창 안 찍으려고 나를 찍은 거지"[40]라는 노무현의 발언으로 이어진다. 도대체 어떻게 표를 행사해야 그들은 호남표에 비아냥거리지 않고 진심으로 고마움과 존경심을 표시할까?

뭉치면 죽고 흩어지면 산다?

호남을 위해 눈물 흘리는 사람들의 공통점이 있다. 그들은 '호남을 위해 호남의 단결이 있어서는 안 된다'고 설파하는 것이다. 이해가 되는가? 호남이라는 관념이 필요 없으므로 호남을 위해 눈물 흘리지 않겠다고 주장하거나 그것이 아니라면 호남을 위해 호남의 단결이 필요하다고 주장하거나 이것이 상식 아닌가? 그러나 그들은 호남을 위해 눈물 흘리며 아주 천연덕스럽게 '호남을 위해 호남의 단결이 있어서는 안 된다'고 호소하는 것이다. 뒤에서 다시 언급할 기회가 있겠지만 노무현의 발언을 계속 옮겨보자.

저는 이와 같은 것이 보기에 따라 호남을 기반으로 했던 민주당만 먼저 분열되고 한나라당은 당당하게 저렇게 서 있으면 호남만 분열되고 오히려 고립되는 것 아니냐는 불안을 많은 사람들이 가지겠지만 그러나 저는 그런 과정을 통해서 지역, 말하자면 증오와 분노를 부추기는 방식으로 자기 당의 결속을 유지해 왔던 그런 정치질서의 총체적 붕괴가 일어나리

---

39) 『디지털 월간 말』, 2003년 6월 9일, 제204호; www.digitalmal.com.
40) 『인터넷 연합뉴스』, 2003년 9월 24일.

라고 생각한다.[41]

    2003년을 뜨겁게 달궜던 민주당의 분당 이유가 무엇이었는지 어렴풋이 짐작할 수 있을 것이다. 민주당의 분당을 통해 지역주의와 절연했음을 선언하고 싶었던 것이다. 누구에게? 결국 받아들여지지 않았지만 영남인들에게 그렇게 인정받고 싶었던 것이다. 이렇게 해서 민주당은 역사적으로 한나라당과 하등 다를 바 없는 지역주의의 죄인이 되었다. 어쨌거나 노무현의 발언을 잘 읽어보기 바란다. 미국에 대한 테러가 먼저 사라지면 미 제국주의가 사라질 것이라고 주장하는 것만큼이나 황당한 발언 아닌가? 그런데도 추호의 의심도 없는 천정배는 이렇게 맞장구를 친다.

    호남이 지역주의에 의해 서러움을 받아왔기 때문에 우리끼리 똘똘 뭉치자는 주장은 우리들 스스로 무덤을 파는 일이고, 그런 선동을 일삼는 정치인들이야말로 호남을 배신하는 사람들이다. 호남이 앞장서 지역주의의 혈로(血路)를 뚫어야 한다.[42]

    천정배의 주장에 의하면, 호남은 흩어지면 살고 뭉치면 죽는 것이다. 그러나 아무리 호남이 모래알처럼 흩어져도 영남패권주의는 그런 식으로는 절대로 사라지지 않을 것이다. 그는 우리나라의 영남패권주의가 단순히 정치인들의 선동문제가 아닌 구조화된 체제의 문제라는

---

41) 『인터넷 한겨레』, 2003년 9월 17일.
42) 『인터넷 연합뉴스』, 2003년 11월 20일.

사실을 알지 못하고 있다. 그래서 간단히 민주당의 분당이라는 투항 형식을 통해 해결될 문제가 아니라는 사실도 모르고 있다. 이렇게 '김대중의 역사'는 계속되고 있다.

나는 지금 이 책을 기본적으로 지역적인 '패권/저항'의 관점에서 서술하고 있다. 그러나 나는 절대로 '지역/지역'의 시각으로 우리의 삶에 관한 모든 것을 설명할 수 있다고 믿지 않는다. 더군다나 모든 것이 지역문제로 환원될 수 있다고 보지도 않는다. 다만 역사적으로 우리의 현실이 계급투쟁보다는 지역투쟁이 더 압도적이었으며 이러한 상황은 앞으로도 당분간 시원하게 해결될 수 없다고 믿고 있을 뿐이다. 그런데도 우리 사회의 지배적인 시각은 이런 시각조차 대단히 불순한 것으로 치부한다. 그들에게 이런 시각은 지역문제를 오히려 부추기는 것으로 간주될 뿐이다.

왜 그러는 것일까? 왜 계급문제로 환원되지 않는 성(性)패권, 인종패권, 종교패권, 동성애자를 혐오하고 차별하는 성취향패권, 기타 모든 소수자와 약자의 패권문제에 주목하는 것은 진보로 간주하면서 계급문제로 환원되지 않는 지역패권문제에 주목하는 것은 퇴행적으로 보는 것일까? 왜 약자인 호남을 위해 눈물 흘리며 단결하지 말 것을 호소하는 대신 그 시간에 영남패권주의 체제의 구조개혁을 위한 노력은 하지 않는 것일까? 왜 호남만이 똑같은 잘못에도 더 부끄러움을 느껴야 하는 것일까? 놀랄 일도 아니다. 우리 사회를 지배하는 영남패권이 이 정도 이데올로기도 생산해내지 못했다면 영남패권은 처음부터 패권이 아니었을 것이다.

제2장 반김대중의 정치공학

3당 합당의 정치사적 의미

김대중은 왜 3당 합당을 못했을까

　1990년 1월 22일, 민주정의당, 통일민주당, 신민주공화당의 '경천동지'할 3당 합당 선언이 있었다. 우리는 우선 이런 질문부터 해야 한다. 김대중은 왜 3당 합당을 못했을까? 그러나 이 질문은 '소나무에서는 왜 도토리를 맺지 못할까?'와 같은 우문이다. 김대중이 제아무리 호남인들과 수난을 같이 한 정치인이라 해도 '전두환의 정당'과 합당하는 것과 같은 '배신의 자유'까지를 누릴 수 없는 것은 너무나 당연한 것이었다. 그것은 자신과 호남의 존재근거에 대한 부정이기 때문이다. 예컨대 1992년 대선패배 직후 호남의 '지역감정'에 대한 외부의 평가에 분개하며 상당히 복잡한 콤플렉스를 표출시키고 있는 한 호남인(당시 민주주의민족통일 광주전남연합 공동의장이자 광주시의회 의원 오종렬)의 다음과 같은 발언을 참고할 필요가 있다.

광주 지역의 김대중 지지를 지역감정으로 평가하는 것은 광주시민에 대한 모독이다. 숨겨진 이야기지만 89년 말 3당 야합이 있기 20~30일 전 노태우와 김대중 씨가 연합한다는 설이 보도되었던 걸 기억할 것이다. 그때 우리도 촉각을 곤두세우고 그 설이 얼마나 사실인지를 지켜봤다. 나 자신을 비롯 호남 지역에서는 만약의 야합에 대비해 정말 처절한 저항을 준비했었다. 만약 김영삼 씨가 야당으로 남고 김대중 씨가 여당의 후보로 나왔다면 우리 호남은 단호히 김영삼 씨를 지지했을 것이다.[43]

이 책의 지속적인 관심 주제이기도 하지만 이 발언에는 호남인들이 생각하고 있는 김대중 지지 이유에 대한 몇 가지 강렬한 정치적 함의가 있다. 그것은 우선 김대중의 절대적인 지지 이유가 '지역감정' 때문이 아니라는 것이다. 이 주장은 다소 미묘한 이데올로기와 콤플렉스를 내재하고 있지만 일단 유보하기로 한다. 그렇다면 그 이유가 뭘까? 두 가지다. 정통성을 인정할 수 없는 '전두환당' 후보를 지지할 수는 없다는 것이고 다른 하나는 후보의 비교우위다.
그러나 정확히 말한다면 김대중이라는 후보의 비교우위를 인정하는 경우에도 그것만으로는 호남 몰표를 설명할 수 있는 충분한 이유가 되지 못한다. 보수진영 후보간의 비교우위가 아무리 절대적이라 해도 통상적인 선거 상황이라면 90%가 넘는 일방적인 몰표는 발생하기 힘들기 때문이다. 만약 '전두환당' 후보가 비교우위가 된다면 호남인들이 그 후보를 지지할 것인가라는 가정을 해보면 쉽게 알 수 있다. 한

---

43) 『길을 찾는 사람들』, 1993년 2월, 24쪽.

마디로 김대중에 대한 호남인들의 절대적인 몰표는 '반전두환당'의 테제가 결정적 역할을 하는 것이며 거기에 김대중의 비교우위가 부차적으로 더해진 것이다. 그래서 위 인용문처럼 만약 김대중이 전두환당과 야합을 한다면 그를 지지할 수 없다는 의사를 자신 있게 표출시키고 있는 것이다.

물론 김대중의 배신이 실제로 일어났다면 영남인들과는 다르게 호남인들이 김대중을 상대로 "정말 처절한 저항"을 했을까 하는 의심을 할 수는 있다. 그러나 호남은 2004년 영남인인 노무현을 민주당의 대통령 후보로 만들어내고 또 당선시킴으로써 자신들의 김대중에 대한 투표성향도 후보 개인의 출신 지역에 따른 일차원적 선택이 아닌 정당의 정통성과 관련된 정치적 가치판단이었음을 입증했다. 즉 호남은 김대중이 만약 정당의 정통성을 인정할 수 없는 전두환당의 후보가 된다면 그를 배신자로 규정하고 투쟁했을 것이라는 개연성을 간접적으로 입증해낸 것이다.

나는 비호남인들을 놀라게 만들어온 정당의 정통성에 대한 호남인들의 이런 가혹한 역사적 응징이 앞으로도 오랫동안 지속될 것으로 본다. 그래서 호남에서는 앞으로도 민주당, 열린우리당, 민주노동당 등 어떤 정당도 부침을 거듭할 수는 있겠지만 한나라당이 통상적인 보수정당으로 자신의 정통성을 인정받기는 힘들 것이라고 생각한다. 이는 우리나라의 정당구도를 분석하는데 있어서 결정적 핵심이다. 호남의 이런 식의 응징은 그 이유가 무엇이든 영남에서 한나라당을 지지하는 잘못된 구실로 작용하고 있고 또한 그 해결을 어렵게 하는 정치적 딜레마를 만들고 있기 때문이다.

계급을 압도하는 지역

2004년 4·15총선이 끝난 뒤 각 정당은 자신들의 이념적 좌표를 설정하기 위해 열심히 정체성에 관한 토론을 했다. 그리고 각종 미디어에서도 우리나라의 정당체계를 보수, 중도, 진보라는 이념적 스펙트럼 속에서 어떻게 자리잡아야 하는가에 대해 나름대로 의제를 설정하고 분석하느라 분주했다. 그러나 이 모든 노력은 현실적으로는 가치 맹목적이거나 위선적이다. 정당을 계급적 이념으로만 분석하는 것은 유권자가 정당에 대한 투표를 계급적 이념에 따라 한다는 가정하에서만 타당한 것이다. 그러나 적어도 우리 현실 속에서 그런 선택은 부차적인 것에 불과하다. 따라서 그런 분석은 바람직한 당위의 논리로, 실제로 일어나고 있는 현실을 마음대로 재단한 관념적 상상에 불과한 것이다.

특별히 내가 계급적 이념으로만 정당을 분석하는 태도를 가치 맹목적이라고 말하는 것은 그런 발언은 암묵적으로 한나라당은 전두환 당이라는 역사적 이력을 무시하고 단순히 하나의 보수이념을 가진 정당으로만, 따라서 얼마든지 어느 지역에서든 이념에 따라 지지를 받을 수 있는 정당으로 간주한다는 의미를 내포하고 있기 때문이다. 그러나 호남에서는 절대로 그런 일은 일어나지 않는다. 보수적인 유권자라도 단순히 정강정책만으로 투표하지는 않는다. 물론 정도는 다르지만 영남의 유권자들도 민주당은 물론이고 열린우리당에도 대동소이한 거부감을 가지고 있다. 그렇다면 정당을 계급이념적 좌표로 분류하고 자족하는 위선적 분석이 무슨 의미가 있는가?

나는 이념적 좌표만으로 우리나라 정당체계를 분석하기 위한 우선적 관건은 한나라당의 소멸이라고 생각한다. 만약 한나라당의 소멸이 어렵다면 호남인들에게 한나라당을 하나의 정상적인 보수정당으로 인정해줄 것을 설득하는 수밖에 없다. 그러나 영남에서 열린우리당이나 민주당을 어떻게 평가할 것인지와 관계없이 나는 호남에서는 절대로 그런 설득은 당하지 않을 것으로 확신한다. 또 설득당해서도 안 될 것이다. 결국 영남에서 한나라당의 소멸도 기대난망이며 호남에서 한나라당을 '전두환당' 이 아닌 하나의 보수정당으로만 인정해줄 것을 설득하는 것도 기대난망인 상황, 이것이 우리가 현재 처해 있으며 앞으로도 해결의 실마리를 찾기 힘든 영남패권주의 정당체제의 구조적 딜레마다.

 이 상황을 극복하기 위해 영남에서 한나라당의 지지를 거둬들임으로써 지역당 구도가 해소되고 지역문제가 해결되는 상황을 '당위적 상상' 의 차원에서 검토해볼 필요는 있다. 다른 모든 것을 떠나 저항이 사라져야 패권이 사라진다는 테제보다는 패권이 사라져야 저항이 사라진다는 안티테제가 맞을 것이기 때문이다. 그러나 돌아오는 대답은 언제나 '호남의 민주당 혹은 열린우리당 지지와 영남의 한나라당 지지는 본질적으로 그 성격이 동일한 것이다' 라는 논리뿐이다. 만약 이렇게 정당의 역사적 정체성을 문제삼는 호남인들의 저항적 태도와 그 저항도 모두 똑같은 이기적 투쟁일 뿐이라는 영남인들의 패권적 태도가 해결책 없는 대립을 보인다면 (노무현식의 영남을 향한 무원칙한 화해 구걸이 아닌) 서로의 생각이 무엇이든 상관없이 철저하게 지역등권적 정치구조로 타개하는 수밖에 다른 도리가 없다.

 나는 결국 영남인들이 자신들의 지역패권적 지배욕망을 호남의 저항적 지역주의와 '동일시'하며 역사적으로 진화해온 일체의 민주적 가치를 무력화시키려는 태도가 지역문제의 모든 것이라고 생각한다. 실제로 영남패권주의자들은 '호남 지역주의=영남 지역주의'라는 가치맹목적인 패권주의적 용어, 즉 '지역감정'이라는 용어를 '영남패권주의'를 대체하는 공식용어로 통용시키고 있다. 물론 (진보적이고 중립적이라고 자부하는 언론들을 포함하여) 대한민국의 모든 언론들도 함께 연대하여 이 용어를 지지한다. 즉 '지역감정'이라는 용어는 영남패권주의의 실체를 반증하고 있는 강력한 증거다. 이 위선적 용어가 세상을 지배하는 한 영남패권주의 파시즘에 대한 반성을 전제로 하는 역사적인 차원의 지역문제 해결책은 절대로 없을 것이다.

김영삼이 누린 배신의 자유

이제 문제를 더 명확하게 하기 위해 '김대중은 왜 3당 합당을 못했을까?'라는 앞서의 질문을 이렇게 바꾸어보자. '김영삼은 어떻게 3당 합당을 성공시킬 수 있었을까?' 대답은 간단하다. 영남인들의 '적극적·소극적인 동의'가 있었기 때문에 가능했다. 이 대답은 근원적인 불편함을 야기한다. 왜냐하면 영남패권주의 이데올로기에 함몰된 많은 주장들이 이 부끄러운 정치 현상을 민중들과 유리된 정치인들의 비행으로만 설명함으로써 영남패권주의에 동의하는 영남 민중들의 욕망을 정당화시켜 왔기 때문이다. 그러나 영남패권주의가 정치인들의 잘못만이 아니라 그에 동의하는 영남 민중들의 잘못일 수 있다는 상상은 문제의 해결을 위해서 괴롭지만 반드시 거쳐야 할 과정이다. 임지현은 이렇게 말하고 있다.

대중독재에 대한 집합적 기억이 빚어내는 정치적 복합성은 순진한 이분법적 도덕주의로는 포착할 수 없는 것이다. 반인간적 행위에 대해 직접적인 책임이 있는 소수의 권력 핵심을 실정법으로 단죄하는 것은 당연하지만, 그것이 나머지 대다수에게 역사의 면죄부를 발부하는 식으로 작동해서는 곤란한 것이다. 사실상 대중독재의 과거를 청산하고 극복하는 문제는 사법적 차원에서의 죄의 유무를 추궁하는 문제를 넘어서, 그 과거를 공유하고 있는 사람들이 도덕적 죄의식과 수치심을 뼈아프게 자각하고 있는가 하는 문제와 연결된다. 역사를 심판함으로써 정의가 구현될 수 있다는 생각은 순진한 생각일 뿐이다. 역사적 진실의 정치성은 심판의 대상이 아니라 드러냄의 대상이다. 법정의 심판을 통해 과거를 단죄하고 청산하는 방식을 넘어, 과거를 드러내 살아 있는 사회적 기억으로 만들 때 비로소 과거는 극복될 수 있는 것이다. 소수의 사악한 가해자 대다수의 선량한 희생자라는 이분법을 고집하는 민중적 도덕주의가 결국에는 '반도덕적'인 것도 이 때문이다. 그것은 희생자 의식의 자기 연민에 빠져 독재의 과거에 대한 성숙하고 책임감 있는 사회적 기억을 거부하기 때문이다.[44]

임지현이 고민하고 있는 역사적 파시즘이 곧 영남패권주의 파시즘인지는 의심스럽지만 그렇다고 가정해보자. 왜 전두환 시대가 이미 역사가 되었음에도 불구하고, 나아가 김대중의 정권교체가 있었음에도 불구하고 지역문제가 우리를 괴롭히고 있는지 분명해진다. 만약 박정희·전두환의 영남패권주의 파시즘이 소수의 역사 속 범죄자들의 잘

---

44) 임지현, 『대중독재』, 책세상, 2004, 54쪽.

못일 뿐이라면 왜 그들의 심판에도 불구하고 여전히 영남패권주의 정치지형이 계속되고 있는지를 설명할 수가 없다. 영남의 대중들은 박정희·전두환·노태우와 함께 과거의 파시즘적 기억을 은밀하게 공유하고 있는 것이다. 구체적으로는 선거를 통해서 그들 영남패권주의 파시즘에 지속적으로 동의해 왔다. 그래서 그들이 역사적으로 단죄된다면 그들을 만든 자신들도 단죄되는 것이라는 '기억의 공범의식'을 갖고 있는 것이다.

그렇다면 김영삼은 어떻게 그 '기억의 공범의식'을 간파했을까? 환언하면 그는 어떻게 영남의 대중들, 특별히 PK의 대중들이 자신이 3당 합당을 결행한다고 해도 결국 겉으로만 반대할 뿐 속으로는 자신을 지지할 수밖에 없을 것이라는 사실을 간파했을까? 이 질문에는 이미 하나의 관점이 전제돼 있다. 그것은 '민주투사 김영삼'은 노태우의 민자당과는 근원이 다른 정치세력인데 어떻게 반민주적인 3당 합당이 지지받을 수 있을 것으로 판단했냐는 의아함이다.

그러나 의아할 것 하나도 없다. 만약 실제로 대한민국 정치지형이 '민주(김영삼+김대중)/반민주(노태우+김종필)'라는 상식적 틀로 설명될 수 있는 것이었다면 김영삼의 3당 합당은 결코 성공할 수 없었을 것이다. 그러나 사실은 '김영삼+김대중'이라는 눈에 보이는 정치세력의 힘보다는 '노태우+김영삼+김종필'이라는 눈에 보이지 않는 정치세력의 힘이 훨씬 더 강고했다. 즉 '민주/반민주'라는 계급지배적 모순보다는 '호남/영남(반호남)'이라는 지역패권적 모순이 훨씬 더 악성이었다. 그래서 성공한 것이다. 지금도 그렇지만 관념적 비평가들이 가상의 눈으로 세상을 제멋대로 상상하고 있을 때 정치인 김영삼은 현실의 눈으로 대한민국 정치지형의 권력적 본질을 정확히 꿰뚫고 영남패권을 '변칙적으로' 계승했던 것이다. 김영삼은 이렇게 말한 바 있다.

정치에서 가장 어리석은 짓은 있는 것을 없는 것으로 여기는 태도다. 정치는 현실을 바탕으로 한다. 현실을 억지로 부정하려고 하면 끝내는 자신이 부정당하고 만다.[45]

영남파쇼 정권이 김영삼에게 베푼 특혜

이는 김영삼이 1979년의 박정희를 회고하면서 한 말이다. 민의를 잘 파악해 민주투사로 인정받는 정치인이 민의를 외면하는 독재정권을 비판하면서 했음직한 훌륭한 말이다. 그러나 이번에는 자신이 바로 그 독재의 계승자들과 합당을 하는 경우에는 이 말을 어떻게 받아들여야 할까? '있는 것'을 받아들이기 위해 '있어야 할 것' 따위는 전혀 개의치 않는 권모술수의 교훈으로 밖에 들리지 않는다. 그는 누구보다도 더 철저하게 한국의 정치를 지배하고 있는 '있는 것'이 '민주/반민주'가 아닌 '호남/영남(반호남)'이라는 사실을 잘 알고 있었을 것이다. 이 세상에 가치판단이란 것이 없다면 그가 전적으로 맞았다. 그는 바로 그 '있는 것', 즉 '우리가 남이가!'라는 영남패권주의의 힘으로 정권을 장악하는데 성공했다.

물론 그도 고심은 했을 것이다. 민주투사라는 외피로 영남패권주의를 완전히 감싼 채 권력을 계승하지 못하고 일정 부분 그 외피를 벗

---

45) 김영삼, 『나의 정치 비망록』, 심우, 1992, 170쪽.

어야 하는데 대한 고민은 있었을 것이다. 그러나 제2야당의 주자로는 정권의 파트너, 즉 야당 대표로서의 주도권까지를 넘겨줘야 하는 상황이 그를 몹시 압박했을 것이다. 실제로 그가 정치에서 '주도권'을 얼마나 중요시했는지는 1985년 2·12총선을 위해 민한당을 와해시키고 신민당을 창당할 때 벌어진 에피소드에 잘 나타나 있다. 그는 학생들이 유인물에 거부해야 할 인물로 신민당에 참여한 비민추계의 두 사람을 포함시키자 선거에 반드시 승리해 제1야당으로서 '주도권'을 잡아야 한다는 요지로 학생들을 설득하기도 했다. 나는 3당 합당에 회의적인 그의 고민이 있었더라도 주도권 상실에 대한 김영삼 특유의 과잉 공포가 결심을 하는데 결정적 역할을 했다고 믿는다. 역사적으로 보더라도 김영삼은 '우리가 남이가'라는 영남패권주의 코드에 이미 익숙해져 있던 사람이다. 김영삼은 1975년 박정희와의 말 많은 만남에서 있었던 박정희의 발언을 이렇게 전한다.

> 그때 박 대통령은 나와 회담하면서 헌법을 고친 뒤에 선거하면 김 총재가 당선되겠지요. 공화당에서 김 총재를 이길 만한 사람이 없어요. 김 총재도 대통령이 되어 보면 알겠지만 …… 이런 이야기를 했다.[46]

김영삼은 이를 "유신 1기의 6년 임기를 끝낼 때쯤 개헌하겠다는 뜻"으로 받아들였다. 지금 중요한 것은 박정희의 공수표가 아니다. 이 말을 하던 순간에도 김대중은 박정희에 의해 "반정부 활동을 한 것이

---

46) 김영삼, 『나의 정치 비망록』, 심우, 1992, 105쪽.

아니고 반국가 활동을 했다"고 지목되어 연금상태에 있었다. 우리는 역사의 분명한 경과 속에서 다음과 같은 궁금증에 대답해야만 한다.

무엇이 김대중 암살을 노렸던 그 공포스런 유신독재자 박정희가 말로나마 김영삼에게는 '다음 대통령'이라는 상상 속의 관대함을 선물한 것일까? 무엇이 김대중에게는 사형선고를 내리고 광주시민들을 학살했던 전두환이 김영삼에게는 연금 정도의 가벼운 정치제한으로 충분하다고 생각하게 한 것일까? 도대체 무엇이 학살 정권의 공범자 노태우로 하여금 김영삼과의 합당이 군사파쇼 정권의 마지막을 그나마 평화롭게 마무리할 수 있는 차선의 방책이라고 믿게 만들었을까? '민주/반민주' 혹은 계급적 시각으로는 잘 보이지 않겠지만 내 눈에는 아주 간단하게 잘 보인다. 영남패권주의다!

대한민국에서 이 영남패권주의 이데올로기는 대단히 강고하다. 3당 합당이 있고 난 후 대한민국의 대부분의 헌법학 교과서는 3당 합당을 단순히 여소야대가 여대야소로 바꾼 대의민주제의 부정이라는 차원에서만 문제를 삼았다. 그리고 좀더 사려 깊은 비평가들은 '호남소외'라는 이름으로 비판했다. 그러나 이들 관점들은 야만적이고 무원칙한 방법으로 이루어져 왔던 호남소외에 대한 역사적 가치판단 없이는, 더군다나 이러한 패권주의를 지지하는 영남인들의 철저한 반성 없이는 절대로 극복될 수 없다는 데까지는 결코 나아가지 못했다.

나는 광주학살을 평가하는 시작이 달라 그것이 호남과 영남을 가르고, 다시 3당 합당을 통해 그 다른 평가가 정치적으로 제도화되는 대한민국의 영남패권주의 정치사에 할 말을 잃는다. 나를 더욱 절망케 하는 것은 이런 역사적 증거 앞에서도 우리의 민주주의가 '지역 없는 민주화' 투쟁을 통해서만 올곧게 성취되었다고 설교하는 위선적인 영남패권주의 이데올로기다. 그러나 언젠가는 역사의 법정에서 이 나라 민주주의의 진화에 계급투쟁이 더 기여했는지 아니면 호남인들의 90% 몰표를 통한 지역투쟁이 더 기여했는지 진실한 답을 들을 수 있는 날이 반드시 올 것이다.

양비론 세력과 투항의 역사

3당 합당과 꼬마 민주당의 탄생

김영삼의 3당 합당으로 누구보다도 충격을 받은 사람들이 있었다. 그들은 김영삼을 민주투사로 믿고 정치적 행동을 같이 했던 몇몇 사람들이다. 이기택, 노무현, 김정길 등이 그들이다. 이른바 김영삼의 통일민주당으로부터 떨어져 나온 제1차 꼬마민주당의 탄생이다. 나는 이들이 3당 합당에 반대했던 역사적 사실을 높이 평가한다. 물론 그것은 3당 합당이 정의롭지 못하다는 가치판단을 전제로 한 것이다. 왜 정의롭지 못한 것일까? 그들은 '호남소외' 때문이라고 대답했다. 맞는 말이다.

그러나 정확히 바로 거기까지다. 그들은 그 호남소외를 반대하기 위해 정치인으로서 과연 어떤 진정성을 갖고 있었을까? 예컨대 '영남인'인 그들이 호남소외를, 그것도 단순한 정치적 호남소외가 아닌 파시즘적 학살과 범죄를 통해 수십 년을 지속해 온 호남핍박을 반대하기 위해 어디까지 투쟁할 수 있었을까? 이 불순한 질문은 아주 중요하다. 나는 지금 그들을 '영남인'이라고 적시하고 있다. 그리고 이들 정치인들의 '의로운' 행위를 출신 지역과 관련지어 해석하려 하고 있다. 과연 이런 식의 지역주의적 질문이 허용되어야 하는 것일까? 지배논리는 당연히 이를 허용하지 않는다. 왜냐하면 민주적 가치에 따른 행위를 지역과 결부시켜 해석하는 것은 지역주의를 부추기는 것이라고 보기 때문이다. 과연 그럴까?

처음부터 하나씩 생각해보자. 이 세상의 모든 사회적 대립과 운동 관계를 분석할 때 그 주체의 형성과 의미를 반드시 검토한다. 예컨대 계급운동의 주체는 피지배계급이며, 여성운동의 주체는 피지배성인 여성이다. 그렇다면 지역해방투쟁의 주체는 누구인가? 당연히 피지배 지역 출신자. 그런데 지역 소외문제 때문에 발생한 정치투쟁 과정에서 운동 주체의 출신 지역에 대해서는 완전히 눈을 감으라는 것은 무슨 뜻일까? 이것은 이 정치투쟁을 지역해방투쟁으로 인정치 못하겠다는 뜻이다. 대단히 위선적이다. 이 세상 사람들이 모두 지역문제가 곧 대한민국의 정치문제라는 사실을 잘 알고 있는데 지역투쟁에서 운동 주체의 출신 지역에 대해서는 아예 눈을 감으라는 것이다. 이런 논리로 과연 문제를 해결할 수 있을까? 우리는 이미 역사적 경과를 잘 알고 있다. 그래서 나는 이 불순한 관점에 대해 할 말이 아주 많다. 그런 논리로는 문제를 해결할 수 없다.

물론 관념론적으로 말한다면 모든 운동 과정에서 주체의 출신성분 따위는 애초에 연연해할 필요가 없을지 모른다. 예컨대 프롤레타리아의 계급투쟁에 앞장 선 부르주아의 진정성을, 여성운동에 앞장 선 남성의 진정성을, 또는 흑인의 인권투쟁에 앞장 선 백인의 진정성을 그 출신성분만으로 폄훼할 이유는 전혀 없을지 모른다. 그러나 만약 역사적 경험이 그들의 진정성을 끊임없이 의심하게 만든다면 과학적 논의를 위해서 주체문제를 정확히 고민할 필요가 있다고 본다. 계급문제의 해결주체가 피지배계급이고, 여성문제의 해결주체가 여성이라면 호남문제의 해결주체는 호남인이 될 수밖에 없다. 지역투쟁에서 출신 지역과 무관한 개인의 실존주의적 헌신가능성을 부정할 이유는 결코 없지만 주체에 관한 이 일차적 사실까지 부정하려는 것은 위선에 불과하다.

내가 지금 이 문제를 제기한 정확한 이유는 호남인이 아닌, 특히 양심적인 영남인인 경우 지역문제를 양비론적 시각으로 접근하는 태도가 대부분이었다는 '경험적' 사실 때문이다. 더군다나 이 양비론은 (영남인임에도 불구하고 일단 영남패권주의에 반대한다는 단편적 의미에서) 일종의 이데올로기적 정당성까지 확보함으로써 경우에 따라서는 지역투쟁에 오히려 결정적 장애가 되기도 했다. 예컨대 '정치적 전설'로 남아 있는 꼬마민주당이 그 대표적 사례다. 그래서 더욱 철저히 분석할 필요가 있다. 그들의 개인적 행적이 문제가 아니라 지역문제를 철저히 극복하기 위해 불가피하기 때문이다.

결론부터 말한다면 이 양비론의 역사는 역사적으로 대부분 영남패권주의에 실질적으로 또는 이데올로기적으로 투항해 온 투항의 역사였다. 그래서 나는 지역해방투쟁 주체로서의 출신 지역과 그 한계를 말하는 것이고, 그들의 논리적 기반인 양비론과 정치적 행적의 진정성을 철저히 검토하려는 것이다.

양비론의 정치적 함의와 위세

우선 그들 이기택 등 3당 합당의 반대자들은 남아 있는 유일한 정치세력인 김대중의 평민당과 당연히 합류논의를 하게 된다. 아마도 진정으로 객관적인 외계인이 있었다면 그 합류논의가 그렇게 힘들 것이라고는 상상도 못했을 것이다. 그들이 민주적인 가치판단에 따라 더군다나 호남소외를 반대해 3당 합당을 반대했다면 그 남은 선택은 자명하지 않은가? 그러나 그 선택은 실제로는 대단히 힘들었다. 힘든 이유가 뭐였을까? 간단하다. 김대중이 싫다는 것이었다. 김대중 없는 정치적 결사체를 만들자고 한 것이다. 한 마디로 그들은 김영삼의 3당 합당을 반대했지만 김대중의 민주적 정통성도 인정할 수 없다는 것이었다. 양비론의 화려한 시작이다.

사실 이 양비론에는 주목할 만한 정치적 함의가 있다. 우선 그들의 양비론이 성립할 수 있었던 조건부터 살펴보자. 그들이 김대중에게 떠나라고 요구했다면 가치판단을 떠나 김대중의 존재가 영남에 뿌리를 두고 있는 그들의 정치행보에 장애가 되기 때문이라고 생각해볼 수 있다. 물론 이런 정치공학은 충분히 이해할 수는 있지만 그렇다고 이런 사실을 반김대중 노선의 근거로 합리화하는 것은 사실 낯뜨거운 일이다. 그렇다면 더 솔직히, 더 선의로 그들의 '민주화 투쟁'이 '김대중 혐오증'이라는 절벽에 가로막혀 진전할 수 없다는 사실 때문에 그런 불가피한 요구가 있었다고 해석해주는 편이 더 나을 것 같다. 그러나 바로 이 점이 그들 양비론자들의 결정적 문제였다.

꼬마민주당의 양비론자들은 우리 정치문제의 본질을 '반영남패권주의 투쟁'이 아닌 '지역 없는 민주화 투쟁'으로만 생각했다. 그래서 그들은 바로 그 김대중 혐오증의 정치공학이 영남패권주의 헤게모니의 산물이라는 사실을 전혀 인식하지 못했다. 그들 자신들부터 이미 그 헤게모니의 영향력하에 있었기 때문이다. 이런 이유로 그들에게는 영남패권주의 헤게모니가 문제가 아니라 김대중이 문제였던 것이다. 더 현실적으로 말하자면 김대중 혐오증을 극복한다는 것은 부질없는 일이고 김대중의 존재야말로 바로 자신들의 민주화 투쟁에 결정적 장애가 된다고 생각했을 것이다. 그래서 그들은 투쟁의 대상인 김영삼보다는 자신들의 '자랑스러운' 투쟁을 가로막고 있는 김대중이 더 원망스러웠을 것이다.

더 큰 문제가 있다. 도대체 그들 양비론자들은 어떻게 해서 호남의 절대적 지지를 받고 있는 정치인에게 그토록 오만한 방식으로 정계를 떠나라고 요구할 수 있었을까? 이것을 가능하게 한 것은 자신들이 옳고 김대중이 그르다는 신념이었을 것이다. 그러지 않고서는 있을 수 없는 일이다. 어쨌든 호남인들의 절대적 지지를 받고 있는 정치인이 그르다고 할 수 있는 논리적 방법은 단 한 가지뿐이다. 즉 호남인들과 그들을 대표하는 정치인을 분리하는 방식이다. 간단히 말해 영남패권주의 파시즘 때문에 호남인들의 분노가 김대중으로 표출되었다고 보는 것이 아니라 김대중이라는 한 정치인이 자신의 정치적 야망을 위해 호남인들의 지역감정을 동원하고 있다고 보는 것이다. 이렇게 되면 호남인들의 지지여부와는 상관없이, 즉 호남인들을 다치지 않고 김대중에게 모든 비난의 화살을 돌릴 수 있다.

나는 정치인과 그 지지자들을 분리하는 방식이 양비론에서 없어서는 안 될 전형적인 논리구조라고 생각한다. 김대중과 호남의 관계에서

뿐만 아니라 전두환과 영남의 관계에서도 마찬가지다. 양비론은 기본적으로 본질을 문제삼지 않고 현상만을 문제삼는다. 그래서 정치인들과 지지자들을 분리시켜 문제가 그들 분리된 정치인들 때문이라고 주장한다. 그렇게 모든 유권자들은 보호하고 모든 기존 정치인들은 싸잡아 비난한 다음 새로운 정치인들, 즉 자신들과 같은 양비론자들을 통해 새로운 통합과 새 출발이 가능하다고 선전하는 것이다. 대단히 편리하다. 결과를 위해 원인을 왜곡한다. 그리고 문제가 해결될 것이라고 아전인수의 선동을 한다. 이것이 양비론이다. 예컨대 이제는 양비론의 역사적 상징이 된 꼬마민주당 출신의 노무현은 대통령이 된 후 이렇게 말했다.

지역소외감, 지역갈등, 이런 것 다 정치인이 만들어낸 허구다. 지역문제를 고려한 특별한 정책을 시행하지 않는 것이 지역문제 해결책이다. 분명히 말하겠다. 대구 출신 대통령이 무소불위 권력으로 국가의 자원을 주무를 때 진짜 호남을 소외시켰나? 인정할 수 있나? 그 30년 동안 대구 경북이 살이 찐 부자가 됐으면 얼마나 부자가 됐나? 부산 경남 대통령 시절과 호남 정권 시절에 대구 경북이 소외됐다고 할 수 없다. 섬유산업 지원액이 3천600억~3천700억 원인데 전국 어디에도 지역경제를 위해 그만큼 투자 받은 곳이 없다. 경쟁, 그 지역의 기획역량이 중요하다. 소외·푸대접, 이것 백년 해봤자 새로운 희망은 없다. 제가 지금도 민주당인데, 호남에서 호남 푸대접론 계속 얘기하고 푸대접론 백번 얘기해도 노무현이는 돈 10원 더 줄 돈이 없다. 호남소외론이 무슨 소리를 해도 거기에 귀를 기울일 생각은 없다. 영남 지역에 대한 생각도 마찬가지이다.[47]

나는 이 책의 후반부에 지역문제 해결을 위한 노무현의 '선한 의지와 악한 결과'를 다시 부연 설명할 것이다. 우리가 지금 분명히 알아야 할 것은 노무현이 대표하는 양비론은 호남 민중들이 지난 수십 년을 고통 받으며 투쟁해온 문제를 '허구'라고 말하고 있다는 사실이다. 호남 민중들은 영남패권주의라는 실체가 아닌 정치인들이 자신들의 개인적 영달을 위해 만들어낸 허수아비와 싸워온 것이다. 그래서 양비론자들의 해결책은 간단하다. 호남 민중들과 그들에 동조한 개혁세력들이 영남패권주의라는 풍차를 상대로 싸워온 돈키호테였다는 사실만 깨달으면 된다. 아주 쉽다. 그러나 그 쉬운 일이 왜 그렇게 잘 안 되는 것일까? 풍차가 실제로 돈키호테를 향해 공격하고 있기 때문이다. 아직 중세의 싸움이 계속되고 있는 것이다.

누가 과연 '시대착오'를 하고 있는지를 다투는 이 우스꽝스런 논쟁을 여기서 길게 할 수는 없다. 다만 지금 당장 우리가 반드시 주목해야 할 문제 중 하나는 이 양비론의 이해할 수 없는 영향력이다. 예컨대 90~91년 통합논의 당시 이기택이 이끈 꼬마민주당과의 통합논의 과정에서 보았듯이 왜 그들 몇 안 되는 양비론자들이 그토록 대단한 정치적 힘을 행사할 수 있었느냐는 의문이다. 말을 바꾸면 김대중의 평민당은 왜 그렇게 양비론자들이 필요했느냐는 의문이다. 실제로 신민주연합당(구평화민주당)과 민주당의 통합은 김대중과 이기택을 공동대표로 하되 다만 김대중을 법적 대표로 하는 방식으로 이루어졌으며, 동수의 집단지도체제, 그리고 당직은 6대4의 지분권을 행사하도록 했

---

47) 『인터넷 조선일보』, 2003년 8월 19일.

다. 각각 70과 5명의 의원이 소속한 정당의 합당이 이렇게 이루어졌다.

도대체 어떻게 이런 일이 가능했을까? 간단하다. 그 양비론의 논리가 영남패권주의 헤게모니하에서 일종의 정치적 정당성을 확보하고 있었기 때문이다. 예컨대 자본주의 법규범이 노동자든 자본가든 기존 질서에 도전할 수 없다는 양비론적 규범이면서 동시에 자본가의 지배체제를 유지시켜 주며 그 법의 정당성까지 확보해주는 것과 같다. 그들 양비론자 정치인들은 이런 메커니즘에 의해 자신들의 정치권력보다 훨씬 더 큰 이념적 정당성을 장악하고 있었다. 그래서 김대중은 그들이 필요했고 그들은 또한 최대한 자신들의 정치적 지분을 행사했던 것이다. 그런데 그들은 그 과분한 지분으로 어떤 정치적 행보를 했을까?

잘 알고 있듯이 김대중은 1992년의 대선에서 실패하고 정계은퇴를 선언한다. 그리고 민주당은 이기택이 장악한다. 문제는 1995년의 김대중의 복귀였다. 양비론 세력으로서는 있을 수 없는 일이었다. 결국 김대중은 민주당 내 지지세력을 규합하여 새정치국민회의를 창당한 뒤 독자출마하게 된다. 그리고 김대중을 반대하는 제2차 꼬마민주당은 1996년의 15대 총선에서 크게 실패한 뒤 조순을 내세워 16대 대선에 참여해 독자노선을 걷는 듯했으나 결국 이회창의 신한국당에 투항하게 된다. 제1차 꼬마민주당은 김영삼을 반대해 탄생했고, 제2차 꼬마민주당은 김대중을 반대해 등장했지만 결국 양비론은 '국민통합추진회의'라는 유령을 남기고 신한국당으로 귀향했다.

97대선과 게임의 법칙

　양비론의 또 다른 기수 유시민은 1997년 대선을 앞두고 『97대선 게임의 법칙』이라는 책을 썼다. 제목이 말하듯이 '주어진 조건'을 전제로, 주로 정치공학적인 입장에서 대선에 대해 이야기하고 있는 책이다. 내용인즉슨 '반김대중 정서(호남혐오증)'를 가진 유권자들이 김대중의 당선을 저지하기 위해 자기가 제일 좋아하는 후보를 젖혀두고 다른 후보에게 표를 주는 행위(합리적 기대와 전략적 투표행위)를 하고 있으므로, 이른바 DJP 필승론은 이론적·실증적으로 볼 때 승률이 0에 가까운 게임임을 인정하고, '제3후보'를 내세워 '승부를 미리 알 수 없는 싸움'인 대리전을 치르라고 충고하는 내용이다.
　나는 누구라도 유시민처럼 이러저러한 정치공학적(실증적) 분석(별로 정교하지도 않고 동의할 수도 없지만)을 하는 것은 얼마든지 있을 수 있는 일이라고 생각한다. 더군다나 어떤 당위적인 가치를 '주어진 조건' 속에서 이룰 수 없음을 고뇌하면서 차선의 고육지책을 위해 그런 것이라면 더욱 그렇다. 나는 1997년 대선을 앞둔 유시민이 그랬을 것이라고 지레 짐작했다. 그러나 그것이 아니었다. 유시민은 김대중이 반드시 출마 포기를 해야 하는 이유를 정치공학적으로 분석한 뒤 그 책을 이렇게 마무리한다.

　　내가 국민회의에 대해 '대리전'을 권유하는 것은 '누가 될지도 모르는 신한국당 후보'보다 김대중을 더 좋아하기 때문이 절대로 아니다. 내 개인적으로는 꼭 김대중을 찍어야 할 필요성이나 의무를 느끼지 못한다. 그러나 '승부를 미리 알 수 없는 싸움'이 되는 것은 이번 대선이 각계각층 국민의 이해와 생각을 반영하는 '정책선거'가 되는 데 필요한 전제조건이다. 그래서 나는 여기서 국민회의가 '제3후보'를 내세우는 것이 '전략적으로 합리적'일 뿐 아니라 우리나라 정치 발전을 위해서도 '더 좋은 일'이라고 생각한다는 점을 덧붙이고 싶다.[48]

그렇다면 유시민은 왜 1987년에 김대중의 비판적 지지자였을까? 김대중의 정책이 김영삼의 그것보다 더 자신의 정치적 성향에 부합했으므로? 그랬을 것이다. 그래서 일관되게 1997년에도 "각계각층 국민의 이해와 생각을 반영하는 '정책선거'"가 되기를 '당위적'으로 바랐을 것이다. 그런데 어떻게 이런 정치가 가능할까? 그가 보기에 김대중이 후퇴하면 된다. 그래서 그는 그 당위적 가치질서를 실현하기 위해 김대중이 후퇴해야 하는 이유를 정치공학적으로 분석한다. 그 분석 내용은 정책이 아닌 영남패권주의 질서다. 한 마디로 그는 영남패권주의 질서를 '있는 그대로' 분석한 다음 김대중이 후퇴하면 정책선거가 되기 때문에 그렇게 하는 것이 정치공학적으로 뿐만 아니라 '당위적'으로도 좋다는 것이다. 그렇게만 된다면 (그의 결론대로) 자신도 이제 과거와 달리 정책을 보고 신한국당에도 투표할 수 있다는 것이다.

그럴 듯한 언변이다. 그에 따르면 '(영남패권주의적) 감성'은 저항할 수 없다. 이는 단기적인 선거공학만을 전제로 하다면 충분히 인정할 수 있다. 그런데 그 처방은 김대중의 후퇴다. 이는 선거공학만을 전제로 할 때에도 인정할 수 없다. 지금 유시민의 주장은 김대중이 후퇴

---

48) 유시민, 『97대선 게임의 법칙』, 돌베개, 1997, 261쪽.

하면 영남패권주의적 정서가 사라진다는 것을 전제로 한 것이지만 절대로 그렇지 않다. 이는 2002년 즉 김대중 이후인 16대 대선, 17대 총선에서 충분히 입증되었다. 그는 영남패권주의의 본질에 무지하거나, 아니면 자신을 속이고 있거나, 그것도 아니라면 독자들을 속이고 있다. 그래서 다음과 같은 말이 튀어나온다.

> '전라도 혐오증' 또는 패권적·반사적 '지역주의'는 '반김대중 정서'의 한 측면에 불과하다.[49]

나는 이 문장이 얼떨결에 나온 표현 실수가 아닐까 한참을 생각했다. 왜냐하면 보통의 경우라면 "'반김대중 정서'는 '전라도 혐오증' 또는 패권적·반사적 '지역주의'의 한 측면에 불과하다"라고 말해야 할 것이기 때문이다. 그러나 문맥이 그것이 아니다. 유시민은 자신의 논리를 정당화하기 위해 '반김대중 정서'가 '전라도 혐오증' 또는 패권적·반사적 '지역주의'로부터 나왔다고 말하지 않고 '전라도 혐오증' 또는 패권적·반사적 '지역주의'가 '반김대중 정서'로부터 나오는 것이라고 거꾸로 말한 것이다. 그래야 김대중이 (어쨌거나) 모든 문제의 원인이고 그의 후퇴가 모든 문제의 해결이라는 자신의 주장이 합리화되기 때문이다. 결국 유시민은 김대중의 후퇴라는 당위명제를 미리 전제해 놓고 현실분석을 '게임의 법칙'이라는 그럴 듯한 이름으로 거기에 꿰맞춘 것이다. 그래서 이렇게 말했다.

---

49) 유시민, 『97대선 게임의 법칙』, 돌베개, 1997, 142쪽.

내가 말하려고 하는 것은 서울시장 선거의 진행 과정과 결과를 볼 때 조순 시장이 앞서 말한 제3후보의 조건을 골고루 갖추고 있다는 사실이다. 우선 김대중이 '조순을 통한 대리전'을 하기로 결정할 경우 '김대중 대통령'의 꿈은 영원히 사라져 버리지만, 김대중 지지자들이 전폭적으로 그 결정을 환영하리라는 것은 논란의 여지가 없다. 나는 이 유권자들이 여러 차례의 경험을 통해 김대중이 다시 출마해도 대통령이 되기는 어렵다는 것을 체득했으리라고 믿는다. 그리고 그들이 조순을 흔쾌히 받아들이리라는 것은 서울시장 선거에서 이미 검증된 사실로 볼 수 있다.[50]

다 좋다. 호남인들의 가슴을 찢는 정치공학도 좋고, 서울시장 후보 조순과 대통령 후보 조순을 대할 유권자들의 태도 차이를 모르는 것도 좋고, "김대중 지지자들이 전폭적으로 그 결정을 환영하리라는 것은 논란의 여지가 없다"고 말하는 자폐증적 망상도 좋다. 그러나 결정적인 문제가 있다!

그는 자신의 논리구조 속에서 김대중이 후퇴하면 "각계각층 국민의 이해와 생각을 반영하는 '정책선거'"가 될 것이기 때문에 정치공학적으로 뿐만 아니라 당위적으로도 그래야 한다고 주장했다. 그런데 김대중이 후퇴했음에도 불구하고 '김대중 지지자들'의 '전폭적 환영'이 있을 것이란 말은 도대체 무슨 의미인가? 왜 그는 애초에 주장한대로 이제는 김대중 지지자들도 김대중의 후퇴를 맞아 정책선거를 치러야 한다고 주장하지 않았을까? 둘 중 하나다. 김대중의 후퇴를 통해 정책

---

50) 유시민, 『97대선 게임의 법칙』, 돌베개, 1997, 211~212쪽.

선거로의 전환을 추구해야 한다는 당위론적 주장을 스스로 부정하고 있거나 아니면 실제로 정책선거가 되는 바람에 '김대중 지지자'들의 '전폭적 환영'이 없어지고 그의 정치공학적 분석이 엉터리였음을 증명하거나 둘 중 하나일 수밖에 없다.

반김대중 정서로의 귀향

이제 와서 무슨 '귀신 씨나락 까먹는 이야기'를 그렇게 열심히 하느냐고 웃는 독자들도 있겠지만 내가 과거 유시민의 정치공학을 집요하게 추적하는 이유가 있다. 그것은 유시민이 2003년 민주당의 분당 과정에서 민주당의 법통을 끊으라는 양비론의 요란한 기수로 나섰기 때문이다. 그리고 바로 그의 『97대선 게임의 법칙』 속에 이미 그가 호남인들을 어떻게 정치공학적 차원으로만 이용할 수 있다고 생각했는지 단초가 들어 있기 때문이다. 구체적으로 그는 이렇게 말했다.

> '대리전'에서 필요한 인물은 '김대중보다 나은 인물'이 아니다. 그는 다만 한 손으로는 김대중의 고정표를 남김없이 받아 챙기면서, 다른 한 손으로 '김대중이 싫어서 딴 데 가서 노는 야권표'를 끌어오기만 하면 된다. 이런 일을 해내야 할 '제3후보'는 '김대중 대신' 선거에 나가는 것이 아니라 '김대중과 함께' 선거에 나가는 것이다.[51]

김대중 없이 "김대중의 고정표를 남김없이 받아 챙기"면서 다른 표

---

51) 유시민, 『97대선 게임의 법칙』, 돌베개, 1997, 205~206쪽.

가 필요하다는 상상은 좀 늦긴 했지만 16대 대선에서 노무현에 의해 실제로 완벽하게 실현되었다. 그래서 이후의 논리가 중요하다. 자, 이제 그는 호남표에 대해 어떤 태도를 취하게 될까? 다시 둘 중 하나다. '김대중의 고정표(호남표)'는 당위적으로 정책선거를 한 결과이기 때문에 지역에 대해 신경 쓸 필요 없다고 주장하거나 아니면 정책선거가 되어야 하는데 호남표는 그렇지 못했으므로 이제 당위적으로 신경 쓸 필요가 없다고 말할 것이다. 이래야 유시민식 궤변의 논리에 맞다. 한마디로 호남표는 어떻게 하든 유시민의 정치공학을 위해 이용당한 뒤 다시 '지역 없는 정책'이라는 당위를 위해 희생되어야 하는 도구 이상의 역할을 할 수 없는 것이다. 우리는 노무현의 당선 이후 벌어진 민주당 분당 사태를 통해 논리적 상상이 아닌 실제 상황에서의 이 배신의 논리를 신물나도록 들은 바 있다.

양비론은 역사가 길다. 그리고 그에 동의하는 양비론 세력 역시 만만찮은 규모다. 그러나 양비론 정치인들의 행적은 한결같다. 직접적으로 영남패권주의에 투항하거나 아니면 적어도 이데올로기적으로 끊임없이 투항을 권유함으로써 영남패권주의 헤게모니를 해체하는데 걸림돌이 되어 왔다. 그러면서도 이데올로기적 정당성을 확보함으로써 강력한 지지를 받는다. 말하자면 그들은 '무릎 꿇고 반항하기' 전술로 원인에는 무관심하고 싸움은 보기 싫은 고상한 제3세력을 그럴 듯한 언변으로 현혹하다가 '아님 말고' 언제라도 영남패권주의적 질서에 투항함으로써 고통 없이 다른 기회를 찾는다. 내가 양비론에 조금의 동정 혹은 고마움도 표시할 수 없는 이유는 바로 이 때문이다.

김대중의 사상과 이념

위험한 김대중, 위험하지 않은 김대중

　김대중은 위험한 정치인이었을까? 이 질문은 김대중이 대통령 임기를 끝마치고 야인으로 있는 지금 다소 맥 빠진 질문이다. 그러나 김대중이 활동하던 시절, 심지어는 대통령 재임 시절에도 이 질문은 대단히 긴장감 있는 질문이었다. 김대중은 위험한 정치인인가라는 질문은 언제나 두 가지 의미를 지니고 있었다. 하나는 김대중이 영남패권주의 정권을 위협하는 인물인가라는 물음이었고 다른 하나는 그가 위험할 정도의 혁신적인 사상을 가지고 있는가라는 의문이었다.
　우선 결론부터 말하자면 당연히 김대중은 박정희, 전두환, 노태우의 영남파시즘 정권뿐만 아니라 완화된 의미의 영남패권주의 정권인 김영삼의 당선을 위협했던 '위험한' 정치인이었다. 그리고 그는 정권의 반대자라는 정치적 의미에서 볼 때 틀림없이 진보적으로, 심지어는

'빨갱이'로 보였을 것이다. 그러나 엄밀한 의미에서 그는 시대의 흐름에 따라 중도 좌파에서 중도 우파 정도로 이행해 간 정치인이라고 하는 것이 맞을 것이다. 그는 1987년에 스스로를 이렇게 평가한 적이 있다.

나는 기본적으로 자유경제 체제를 지지하니까 혁신주의자는 아니지요. 그러나 사회정의 등에 관심이 굉장히 많고, 소외층에 대해서 그분들의 고통을 같이 느끼는 면이 강합니다. 그분들이 인간다운 대접을 받아야 한다는 생각이 강하기 때문에 그런 의미에서는 상당히 사회 민주주의적인 생각을 가지고 있다고 봅니다. 그런 것을 종합해 보면 아마 미국 민주당의 리버럴리스트에 가까운 것이 아닌가 생각합니다.[52]

나는 실제로도 그가 단 한 번도 자신이 스스로 평가한 이러한 이념적 범주를 벗어난 적이 없다고 생각한다. 그는 적어도 이념적으로는 한때 남로당과 관계를 맺었던 박정희보다도 더 철저한 자본주의자임이 틀림없어 보인다. 그러나 적어도 자신이 활동하던, 박정희·전두환 때의 파시즘적 시대상황을 고려한다면 용기 있는 리버럴리스트였음도 분명해 보인다. 그는 1966년에 국회본회의 대정부 질의에서 쿠데타 정권을 향해 '감히' 이렇게 주장했다.

저는 통일에 대한 대비책으로서 마땅히 이 혁신정당을 육성해야 한다고 생각하는데 어떠한가? 우리는 앞으로 경우에 따라서는 공산주의하

---

52) 김대중, 「선의의 경쟁이 왜 나쁩니까」『신동아』1987년 8월」,「전집 4」, 중심서원, 1993, 251쪽.

고 같이 맞서서 싸워야 될 것으로 생각합니다. 누차 말하지만 우리 보수세력이 전부 모든 국민의 표를 긁어모을 수 있다면 다행이겠습니다. 그러나 세계의 조류와 국민의 사조는 그렇지 않아! 우리가 전체 중에서 가령 6할이 되었다고 할 것 같으면 혁신정당이 단 2할, 3할이라도 표를 거둬들이면 공산당의 표는 더욱 더욱 적어질 것입니다. 이것은 유럽제국이 다 입증하고 있습니다. …… 이와 같이 혁신노선이라는 것은 1864년 이래 100년을 두고 우리들 보수정객보다 앞서서 공산주의자와 투쟁해 온 그러한 역사를 가지고 있습니다. 이러한 사례가 분명하고 또 국제적인 현실이 그와 같은 데도 불구하고 정부가 끝까지 혁신정당에 대해서 이것을 사갈시하고, 마치 공산당의 아류같이 생각하는 이러한 사고방식은 자유주의 국시에도 어긋날 뿐만 아니라 결국 종래에는 공산주의자만을 이롭게 하는 그러한 졸렬한 시책이 된다고 생각합니다. 이 점에 대해서 정부 당국자가 혁신정당에 대한 확고한 소신을 밝혀 주시기 바랍니다.[53]

리버럴리스트 김대중

발언 당시로부터 40여 년이 흘렀다. 그리고 공산권은 붕괴됐다. 2005년의 독자들은 지금 이 발언이 어떻게 들리는가? 당시 '빨갱이 김대중'이 국회의원의 면책특권을 이용하여 위장된 통일전선 전술을 구사하고 있는 것으로 들리는가 아니면 시대상황에 굴하지 않는 리버럴리스트의 목소리로 들리는가?

그는 지금 공산주의자와 혁신정당의 연대가능성을 우려하지 않고

---

53) 김대중, 「통일논의를 용공으로 몰지 말라: 1966년 7월 1일, 국회본회의 대정부질의」, 『전집 3』, 중심서원, 1993, 45~46쪽.

있다. 오히려 보수정당과 혁신정당의 연대는 경험적으로도 자연스럽다고 주장하며 이 경우 국가를 위해서도 이득이기 때문에 혁신정당을 허용할 것을 제안하고 있다. 아마도 이러한 주장이 야기할 체제 차원의 논쟁은 이렇게 전개될 것이다. 공산주의와 투쟁하기 위해서 과도기적으로 상당한 수준의 (경우에 따라서는 독재까지도 감수하는) 자유의 제한이 불가피한가 아니면 바로 그 공산주의와 투쟁하기 위해서라도 자유로운 체제건설에 나서야 하는가라는 논쟁이다. 박정희는 전자를 주장했으며 김대중은 주저하지 않고 후자를 대변했다.

사실 시대가 제기한 이념적 논쟁은 끝났지만 상황적 논쟁은 끝난 것이 아니다. 우리는 9·11 이후 미국의 자국민에 대한 기본권 보장까지도 순식간에 야만적 수준으로 전락하는 것을 지켜보면서 과연 어떻게 하는 것이 진정으로 나라를 강하게 만드는 것인지를 생각하게 된다. 김대중은 일관된 신념이 있었다. 그것은 '민주국가(자본주의가 아니다)'가 공산주의와 싸우는 가장 큰 힘은 왜 싸우는가를 실감케 하는 민주적 가치라는 것이다. 그래서 이렇게 단호하게 주장한다.

> 그런데 만일 대한민국에 자유가 없이 독재를 해 가지고, 이래 가지고 국회는 문 닫아 놓고 열지 않고 신문은 정부가 쓰라는 것만 쓰고, 야당이 강연하면 돈 주고 광고도 못 내고 이런 식으로 한다고 할 것 같으면, 이렇게 해서 국민들이 무슨 말을 하려면 앞뒤 보고 해야 하고, 선거한다고 하면 부정선거해서 국민이 생각한 것하고 결과는 엉뚱하게 다르고, 이런 짓 한다면 이것이 무슨 공산당하고 싸우는 의미가 있느냐 이것이에요.[54]

박정희는 1971년 12월 6일 비상사태를 선언하고, 김대중은 1972년 3월 11일 이런 연설을 했다. 그런데 우리들 마음속의 논리적 입장 차이는 여전히 계속되고 있다. 김대중의 생각이 듣기에는 훌륭하지만 현실성이 없다고 느끼는 사람들은 여전히 박정희의 입장을 지지하는 사람들이다. 즉 이 사람들은 우리나라와 같은 상황에서는 나라의 발전은 독재를 통해서만 가능하다고 믿는 사람들이다. 그래서 이 사람들은 김대중은 '현실성 없이 과격한' 이념으로 선동정치를 했다고(어쩌면 지금까지도) 믿는 것이다. 말하자면 '위험한 김대중'은 분명히 독재정권이 만들어낸 공작정치의 소산이지만 김대중의 민주적 신념과 완전히 무관한 것만은 아니었다. 정확히 말하자면 그의 위험함은 나라가 어려울수록 민주적 가치를 지켜나가야 한다는 민주적 신념 그 자체였던 것이다.

나는 경우에 따라서는 우리 헌법이 예정하고 있는 특별한 상황도 있을 수 있다고 본다. 그러나 그렇게 장기간 동안 박정희식 독재가 불가피했다고는 절대로 믿지 않는다. 집권 기간 내내 700여 기의 핵무기로 무장한 3만8천~6만7천여 명의 미군을 주둔[55]시키고도 북한이 두려워 독재를 해야 한다는 박정희의 주장은 난센스다. 박정희는 영남패권주의적 장기집권을 위해 분단극복보다는 분단의식이 더 절실했던 인물이다. 나는 이런 점에서 시대상황이 냉혹할수록 민주적 가치들은 실현가능하고 또 실현해야만 한다는 김대중의 신념에 동의한다. 그리

---

54) 김대중, 「변화하는 세계와 한반도: 1972년 3월 11일, 서울 수운회관」, 『전집 3』, 중심서원, 1993, 74쪽.
55) 김일영·조성렬, 『주한미군: 역사, 쟁점, 전망』, 한울, 2003, 90~91·113~114쪽 참조.

고 김대중도 이런 신념에 일생 동안 변화가 없었다고 믿는다. 1991년 소련이 붕괴한 후에도 그는 자본주의와 공산주의를 대립항으로 놓고 공산주의가 자본주의에 패배했다는 일반적 명제에 이렇게 반박한다.

저는 사회주의가 자본주의에 졌다고 보지는 않습니다. 민주주의를 하지 않는 사회주의, 민주주의를 하지 않는 공산주의가 진 것이고, 어떤 것은 스스로 붕괴한 것이라고 봅니다. 아시다시피 19세기 중엽부터 자본주의에 대한 안티테제로서 사회주의가 등장했습니다. 1848년에 '공산당 선언'이 발표된 것으로 알고 있는데, 그 후 150년 동안 자본주의와 사회주의는 다같이 민주주의를 하면 성공을 하고, 민주주의를 안 한 자본주의와 사회주의는 다 실패를 했습니다. 가령 민주주의를 안 한 자본주의의 실패는 히틀러의 독점자본주의, 일본 군국주의하의 독점자본주의입니다. 그리고 민주주의를 한 자본주의는 아시다시피 서구사회에서 성공했습니다. 심지어 독일이나 일본도 제2차 세계대전 이후 민주주의를 하면서 자본주의로 성공을 했습니다. 민주주의를 한 사회주의는 스웨덴이 대표적인 케이스인데, 대단한 성공을 거두었습니다. 그런데 민주주의를 안 하는 사회주의, 말하자면 동구라파에서는 패배했습니다. 그러면 왜 민주주의를 하면 성공하고, 민주주의를 안 하면 패배했을까요? 제일 큰 이유는 민주주의를 하게 되면 민주주의가 갖고 있는 메커니즘을 통해 자기모순을 스스로 해결할 수 있는 자정능력이 생기기 때문입니다.[56]

---

56) 김대중, 「나의 사상을 말한다: 1992년 1월, 정운영 교수와」, 『전집 4』, 중심서원, 1993, 323~324쪽.

김대중은 레닌식 공산주의가 수정주의를 일종의 진화된 자본주의 정도로 간주한다는 사실은 염두에 두고 있지 않다. 즉 공산주의는 이론상 계급간 이해관계의 다양성을 지양하며 따라서 이해관계의 다양성을 전제로 하는 민주주의가 고사한다는 레닌의 주장을 염두에 두고 있지 않다. 따라서 수정주의는 민주주의를 한 공산주의, 동구식 공산주의는 민주주의를 안 한 공산주의라는 분류는 김대중식 분류법이다.

　　그럼에도 불구하고 중요한 논점이 있다. 김대중은 모든 자본주의, 심지어는 공산주의를 핑계 대며 횡행한 파시즘까지 나서서 공산주의 붕괴에 승리의 자긍심을 가질 필요는 없다는 사실을 깨우쳐주고 있다. 한 마디로 그는 약간의 이념적 스펙트럼의 차이에 긴장하지 않고 민주주의의 힘을 신뢰했다. 그리고 때로 그가 위험스럽게 보였던 것도 자신이 신뢰하는 민주주의를 직접 행동으로 실천했기 때문이다. 먼 훗날인 2000년, 그가 노벨상위원회로부터 민주주의와 인권 그리고 북한과의 평화와 화해에 기여한 공로를 평가받은 것은 어쩌면 당연한 일이었다.

　　문제는 시대였다. 오늘날 공산주의 정권을 상상하는 것과 당시 현존하는 공산 정권과 평화공존을 말하는 것은 본질이 다르다. 더군다나 그것이 하나의 단일국가가 외교적인 차원에서 평화공존을 말하는 것이 아니라 통일의 전단계로서 평화공존을 말하고 있다면 얘기가 많이 다르다. 그러나 김대중의 상상 속에서는 시대변화에 따라 체제도 수렴 가능하기 때문에 장기적인 차원에서 북한과의 3단계 통일이 가능하다고 주장한 것으로 보인다. 물론 공산주의 체제가 어떤 변화를 겪었는지는 우리가 잘 알고 있다. 결과는 체제의 수렴보다는 공산주의 체제의 붕괴와 자본주의로의 역이행이었다. 어쨌든 김대중은 체제의 붕괴를 상정하지 않고 이렇게 말했다.

나는 통일문제에 있어서 공산주의를 절멸시키고 우리만이 남는 통일은 있을 수 없다고 생각해 왔습니다. 동시에 우리가 공산주의자들에게 숙청을 반대로 당하는 것은 더욱 그렇다고 봅니다. 통일은 양쪽이 비로소 안심하고 평화공존이 가능한 경우에만 된다고 봅니다. 또한 그 과정에 있어서는 연방제 같은 과도적인 형태도 검토되어야 할 것입니다.[57]

통일논의와 용공분자라는 신기루

1970년대의 박정희가 보기에 이는 용납하기 힘든 위험한 주장이었을 것이다. 박정희식 논리에 의하면 공산주의는 분명히 공존의 대상이 아니라 (자신의 독재체제를 바탕으로) 싸워 이겨 절멸시켜야 할 대상이었다. 물론 그도 마치 김대중의 제안을 뒤따르듯 통일을 장기집권 책략에 이용하며 북한과의 대화 제스처를 한 것이 사실이지만 내적으로 공산주의는 두말이 필요 없는 오직 절멸의 대상일 뿐이었다. 그런데 누군가가 공산주의를 절멸시킬 수는 없으며 평화적으로 교류하고 공존해야 한다고 주장한다면 어떻게 들렸을까? 박정희의 눈에 김대중이 위험한 인물로 보였다면 김대중의 눈에 박정희는 정치를 모르는 답답한 군인이었을 뿐이다. 유신이 선포된 후인 1973년, 김대중은 박정희에 대해 이런 평가를 한다.

---

57) 김대중, 「통제받지 않는 권력은 악이다: 1972년 8월 11일, 김동길 교수와」, 『전집 4』, 중심서원, 1993, 39쪽.

조금 전에도 박 정권에게는 힘이 전부라는 군인적인 체질이 강하다고 하셨는데, 군대의 발상은 적(敵)만 있지 라이벌(좋은 적수)이라는 것이 없습니다. 적이라는 것은 죽여 버리지 않으면 안 된다는 사고방식입니다. 언론도 야당도 모두 이를 철저하게 짓밟지 않고는 성이 차지 않는 것이 박 정권의 특징이 되어 버리고 말았습니다.[58]

시대는 변했다. 공산주의 체제는 수렴이 아닌 붕괴로 끝났다. 이 점에서 박정희가 옳았다. 그러나 변한 상황을 전제하고 말한다면 김대중은 수십 년을 위험스럽게 앞서갔다. 심지어는 수십 년이 지나고 공산권이 완전히 붕괴된 상황에서도 공산주의는 민주주의를 전제로 한 자본주의를 통해서만 극복할 수 있다고 주장한 김대중의 신념을 따라가지 못하는 사람들도 있다. 이들과 김대중의 차이는 정치를 승패로 보느냐 아니면 끊임없는 타협으로 보느냐의 차이이기도 하지만 근본적으로는 대중에 대한 신뢰와 민주주의에 대한 자신감이다. 자신감 없이는 절대로 김대중과 같은 태도는 나올 수 없다.

우리의 정치 환경에서 김대중은 분명히 평균적인 사고를 뛰어넘는, 따라서 독재를 정당화하고자 하는 정권으로서는 참을 수 없을 정도로 위험해 보이는 진보적인 정치인이었다. 물론 그와 같은 정치인이 갑자기 하늘에서 뚝 떨어진 것은 아니다. 그는 우리나라 리버럴리스트의 전통을 잇는 대정치인이었다. 그런데 여기서 한 가지 궁금한 점이 있다. 영남패권주의가 본격적으로 시작된 박정희 정권하에서 등장하

---

58) 김대중, 「한국 민주화에의 길: 1973년 7월 13일, 일본에서 『세계』지 야스에 료스케 편집장과」, 『전집 4』, 중심서원, 1993, 65쪽.

여 대중의 지지를 받는 진보적인 정치인으로 성장한 김대중은 왜 하필 호남 출신이었을까? 나는 이것이 우연이 아니라고 본다.

박정희 정권이 만약 지역차별 정권이 아니었다면 대중의 지지를 받는 진보적인 정치인이 나올 수 있는 확률은 인구비례를 따를 것이다. 그러나 지역차별적 상황이라면 얘기가 다르다. 이 경우 진보정치인이 차별 지역에서 나올 확률이 훨씬 높아지는 것은 당연하다. 물론 김대중보다 진보적인 정치인은 어디에서든 나올 수는 있다. 그러나 호남은 자신들의 입장을 표현할, 그리고 그 입장이 어느 정도는 허용되고 실현가능한 진보적인 정치인이 반드시 필요했을 것이다. 그래서 만약 김대중이 아니었다고 해도 김대중보다 덜 유능한 혹은 더 유능한 정치인 누군가가 김대중의 역할을 담지하며 호남에서 반드시 성장했을 것이다.

그런데 여기서 내가 정치인의 진보성과 출신 지역의 상호관련성을 캐물으며 불필요해 보이는 역사적 가정을 진지하게 하는 데는 이유가 있다. 그것은 이 가정이 (앞에서 언급했던) '지역문제에 책임 있는 김대중'이라는 집요한 논쟁과 다시 관련돼 있기 때문이다. 내 입장은 상식에 기초하고 있다. 그것은 정치인 김대중이 지역감정을 만든 것이 아니라 호남차별이 있었기 때문에 그 차별에 저항하는 '상대적으로' 진보적인 정치인이 호남에서 나올 가능성이 가장 높았다는 것이다. 그리고 그 정치인이 바로 김대중이었다는 사실이다.

우리는 김대중이 (어떤 이유에서건) 입버릇처럼 "죄는 미워하되 사람은 용서할 수 있다"고 주장했다는 사실을 잘 알고 있다. 그런 김대중이 다음과 같은 발언으로 정치적 분노를 표출한 것을 어떻게 이해해야 할까? 다음은 3당 합당이 있고 난 후인 1990년 11월의 정기국회 대표 연설 중 일부다.

> 박정희 씨의 최대의 죄악, 영원히 역사에 용서받지 못할 죄악, 결코 정당화될 수 없는 죄악은 이 지방색의 조성입니다. 그런데 전두환·노태우 양 정권은 이것을 계승하고, 너무나 유감스럽게도 노태우 정권하에서는 이것이 더욱 강화되어 가고 있습니다. 노 정권은 영호남 대립을 이제는 호남 대 비호남 대립으로 끌고 가고 있고, 심지어 전라도에 가서는 전북과 전남의 대립을 조장해서 이른바 홀로서기 운동을 지금 추진하고 있습니다. 또 과거에 경상도 정권이라 하더니 신문을 보니까 어느새 경상도 중에서도 일부인 TK 정권으로 바뀌가는 이러한 일을 하고 있습니다.[59]

물론 누구라도 충분히 할 수 있는 발언이다. 그러나 이것이 호남에서 절대적 지지를 받는 정치인의 입에서 나온다면 느낌이 분명히 다를 것이다. 만약 다르지 않다면 그것은 영남패권주의 정권이 아니다. 사실 더 정확하고 절박하게 말해 문자 그대로 우리나라의 정권투쟁이 '호남/영남(반호남)'의 구도로 돼 있었던 것이 사실이라면 호남 출신 이외의 정치인이 호남소외를 대변할 이유도 없다. 그러므로 차별계급, 차별민족, 차별종교, 차별성, 그리고 차별지역에서 그들의 지지를 받으며 차별에 저항하는 운동가가 주로 태어난다는 것은 당연한 일이다. 그리고 그 모든 차별에 저항하는 것은 진보이념이 아니면 불가능하다.

---

59) 김대중, 「국민정치 시대와 발상의 전환: 1990년 11월 23일, 제151회 정기국회 대표연설」, 『전집 1』, 중심서원, 1993, 259쪽.

한 마디로 정권에 대항하는 호남의 진보정치인, 그래서 위험했던 김대중은 영남패권주의 역사의 당연한 산물이었다.

여기 한 가지 의문이 더 있다. 과연 "공화당 국회의원 열이 안 되고, 공화당 국회의원 스물이 안 되어도 김대중이 하나는 기어이 잡아라!"[60]는 1967년 총선에서의 박정희의 놀라운 선견지명(?)과 그 후로도 충실히 지속된 영남패권주의 정권의 박정희 유지계승은 김대중이 허용할 수 없는 진보를 주장했기 때문이었을까, 아니면 영남패권주의 정권을 넘보는 호남 정치인이기 때문이었을까? 김대중은 "공화당 정부는 전라도에서 이제 겨우 한 사람 국회의원으로 커 가는 나를 그대로 볼 수가 없어서 …… 김대중이라는 나무에 톱질을 하고 도끼질하는 이것이 오늘의 목포 선거의 진상"[61]이라고 호소한 바 있다. 김대중의 주장에 힘을 실어주는 역사적 에피소드는 계속된다.

광주학살 이후인 1980년 7월 10일 전두환의 보좌관이 된 당시 보안사의 고위장교가 중앙정보부에 감금돼 있던 김대중을 찾아와 "경쟁지역 사이의 긴장을 누그러뜨려야 할 필요"와 "점점 용공적이 되어가고 있다는 우리 학생들을 감화시키기 위하여" 김대중의 협력을 얻고자 관대하게 다루려 한다면서 전두환에 대한 적극적인 반대를 포기하는 데 동의하면 봐주마고 약속했다는 것이다. 다음은 김대중이 밝힌 두 사람 사이에 오고간 대화다.

---

60) 김대중, 「유달산의 넋이여: 1967년 6월 4일, 제7대 국회의원 선거 합동 정견 발표회」, 『전집 11』, 중심서원, 1993, 28쪽.
61) 김대중, 위의 책, 29쪽.

전두환측 고위장교: 당신한테는 두 가지 길밖에 없다. 죽느냐, 살아남느냐. 우리에게 협력하면 당신은 살아남을 것이다. 그러지 않으면 당신은 틀림없이 죽는다. 우리가 요구하는 것은 당신이 대통령 될 생각을 깨끗이 버리라는 것뿐이다.

　　김대중: 당신들은 나를 용공분자로 고발해 놓고서 이제는 우리 학생들에게 용공분자가 되지 말라고 설득할 것을 요구하고 있다. 용공분자가 어떻게 용공적인 학생들을 용공분자가 되지 말라고 설득할 수 있겠는가![62]

　나는 그 전두환측 고위장교가 '용공분자 김대중의 전향강연' 따위를 염두에 두고 이런 제안을 했다고는 생각되지 않는다. 정권은 알고 있는 것이다. 그가 진정으로 위험한 것은 영남패권주의 파쇼 정권을 위협하기 때문이지 상대적으로 진보적인 그의 이념을 감당 못해 그를 매장하려는 것은 아니었다는 점을 스스로 자인하고 있었던 것이다.

김대중의 색깔은 두려움의 대상이 아니었다

　이런 사실은 정권만 알고 있었던 것이 아니었다. '김대중 죽이기'에 앞장섰던 모든 영남패권주의자들이 다 알고 있었다. 그것은 김대중이 1992년 대선에서 낙선한 뒤 '드디어' 정계은퇴를 선언하던 그 순간 분명하게 확인된다. 김대중은 정계를 은퇴하는 순간 지금까지는 꿈도 꿀 수 없었던 영웅 대접을 받는다. 다음은 우리나라의 민주 역사를 압

---

[62] 김대중, 「한국의 상황에 관한 김대중의 생각: 1983년 초, 『World policy Journal』」, 『전집 4』, 중심서원, 1993, 108~109쪽.

살하고 김대중을 처형하려 했던 내란죄의 수괴 전두환을 그렇게 찬양했던 『조선일보』의 당시 사설이다.

> 생각하면 야당 지도자 김대중 씨의 궤적은 파란만장한 것이었다. 제1공화국에서 지금에 이르기까지 그는 반독재 투쟁의 상징이자 기수의 한 사람이었다. 특히 제3공화국과 유신 5공기에 그는 박 대통령과 전 대통령으로 상징되는 권위주의 탄압체제의 가장 치열한 적수였다. …… 어떤 사람은 세속적인 승자가 됨으로써 역사에 기여하기도 하지만 또 어떤 사람은 세속적으로는 승부에 지는 것에 의해서도 역사에 기여한다. 비록 이번 대선 경쟁에서 계표상으로 뒤졌다 해도 그것이 김대중 씨의 민주발전과 야당 성장에의 공적과 기여를 가리는 일은 되지 못한다.[63]

입은 비뚤어졌어도 말은 맞는 말이다. 그러나 그 말을 곰곰이 씹어볼 필요는 있다. 『조선일보』를 비롯하여 김대중을 의심하고 적대했던 모든 매체들이 표변하여 이제 와서 떠나는 김대중을 향해 왜 이런 후한 평가를 내렸을까? 간단하다. 자신들이야말로 "승부에 지는 것에 의해서도 역사에 기여"할 생각은 추호도 없었기 때문이다. 그만큼 이기는 일이 중요했던 것이다. 이제 패자 김대중이 쓸모가 있다면 자신들의 현실 권력을 위해 김대중 지지자들이 부담되지 않도록 만드는 것이다. 지금 『조선일보』는 1980년 김대중을 회유하기 위해 찾아온 전두환 측 고위장교의 입장과 다른 것이 전혀 없다. '떠나라! 권력은 우리의

---

[63] 「사설」, 『인터넷 조선일보』, 1992년 12월 20일.

것이고, 명예는 너희의 것이다. 죽은 명예는 너희에게 줄 테니 산 권력을 위해 우리에게 부담주지 말고 떠나라!' 이것이 그들의 메시지였다. 씁쓸한 경험이었지만 반김대중주의자들이 지금까지 김대중을 진심으로 위험한 인물로 의심하지는 않았다는 사실을 확인시켜준 정말 화려한 장례식이었다.

  결론은 이런 것이다. 김대중은 차별 지역 호남이 낳을 수밖에 없었던 진보적 정치인이었다. 그러나 그가 진정으로 위험시된 것은 그의 '상대적으로' 진보적인 이념, 특별히 통일지향 이념 때문이라기보다는 영남패권주의에 도전하는 호남 정치인이었다는 사실에 있었다. 물론 이것은 필연적으로 불가분의 관계에 있는 것이지만 영남패권주의자들의 초점은 그의 출신 지역에 훨씬 민감했다고 보는 편이 정직한 관찰일 것이다. 그래서 그의 진보적 성향이 더욱 문제가 된 것으로 보인다. 어쨌거나 김대중은 영남패권주의 정권을 위협할수록 위험한 인물이었고 영남패권주의 정권으로부터 멀리 떨어져 나올수록 위험하지 않은 훌륭한 정치인으로 평가되었다. 즉 위험한 김대중이라는 문제는 그의 출신 지역 문제가 그의 이념적 문제를 압도했다. 그러므로 단순히 출신 지역과 무관한 역사적 '레드 콤플렉스'로만 김대중 문제를 해석하려는 것은 솔직하지 않은 위선적 시각이다.

이른바 '3김 정치' 와 DJP 연합

'3김' 이라는 위선적 언어

'3김' 이란 김대중, 김영삼, 김종필을 공통의 성씨라는 인연을 강조하여 함께 묶어 지칭하는 영남패권주의 정치 용어다. 이 시대를 풍미했던 이른바 '3김 (정치)' 이란 용어는 미묘한 용어임이 분명하다. 그것은 한편으로 한국의 정치담론을 지배하는 위선적 의도를 교묘하게 반영하면서 다른 한편으로는 그 위선을 스스로가 가차 없이 폭로하고 있는 대표적인 언어 이데올로기다.

우선 그것이 위선적이라는 것은 3김 즉 김대중, 김영삼, 김종필을 그들의 정치적 이력과 관계없이 하나의 카테고리로 묶을 수 있다는 이데올로기적 발상 때문이다. 끊임없이 영남패권주의 파쇼 정권에 탄압받으며 민주적 가치와 생존을 모색했던 김대중, 3당 합당을 감행하여 민주투사의 탈을 벗어 던지고 영남패권주의 파쇼 정권에 투항하여 자신의 정치적 본색을 드러낸 김영삼, 박정희의 영남패권주의 파쇼 정권에 복무했지만 결국 이용만 당하고 박정희의 **적자인 전두환** 신영남패권주의 군부로부터 축출당해 재기를 꿈꾸던 김종필, **이**들은 모두 '3김'이라는 용어로 함께 묶인다.

이렇게 영남패권주의 파쇼 정권의 탄압자 혹은 투항자와 피탄압자를 정치적 의미로 함께 묶는다는 것은 분명히 의도적이다. 그 의도란 '영남패권주의=반영남패권주의', '패권적 지역주의=저항적 지역주의' 혹은 '반민주=민주' 라는 가치맹목적인 허무주의를 은밀하게 강요하는 것이다. 이 카테고리 안에서는 모든 정치 행위가 집권을 위한 본능적 행위일 뿐 아무런 가치판단의 차이가 없다. 심할 경우 그것은 정치 일반에 대한 혐오감을 불러일으키는 역할을 하기도 한다.

그런데 그것은 아주 공평하게 가치맹목적 역할만을 하고 있는 것이 아니다. 그것은 저항적 지역주의 역시 패권적 지역주의와 가치판단이라는 측면에서 다를 것이 하나도 없다는 것을 국민을 상대로 은연중에 세뇌시킴으로써 저항적 지역주의의 이념적 정당성과 우월성을 효과적으로 박탈하는 선전수단이기도 하다. 즉 이 '3김 정치'라는 용어에서 가장 이득을 보는 자는 김영삼이며 가장 피해를 보는 자는 김대중이다. 한 마디로 의도를 갖고 있으면서 그 의도를 감추며 은밀하게 기능하고 있다는 면에서 이것은 위선적이다.

그러나 다른 한편 이 용어는 우리나라 정치담론의 위선을 스스로가 적나라하게 폭로한다. 우리나라 정치담론의 위선이란 우리나라의 현대 정치사를 본질에 대한 분석 없이 그저 '민주/반민주' 혹은 '계급/계급'이라는 기준으로 상상적으로 재단하는 것을 말한다. 이 기준에서는 아무리 훑어봐도 지역은커녕 영남패권주의라는 개념조차 존재하지 않는다. 물론 '민주/반민주'라는 개념틀에서 패권적 지역주의를 반민주의 범주에 그리고 저항적 지역주의를 민주의 범주에 넣을 수도 있을 것이다. 하지만 적어도 '민주/반민주'라는 개념틀에서는 김영삼의 3당 합당은 영남패권주의의 본질로 설명되기보다는 민주주의에 대한 갑작스런(?) 배신행위로만 설명될 뿐이다.

나는 우리나라의 정치담론이 '있는 것(존재)'과 '있어야 할 것(당위)'을 구분하지 못하는 초보적인 논리의 실수를 상시적으로 반복하는 것을 본다. 즉 우리나라의 정치담론은 정치발전이 정책대결, 말을 바꾸면 '민주/반민주' 혹은 '계급/계급'의 대립구도가 되어야 함(당위)에도 불구하고 실제로는 '지역/지역' 투쟁 구도가 압도해 왔다(존재)고 설명하는 대신 정책대결이 되어야 한다(당위)는 주장을 위해 현실까지도 '지역/지역' 투쟁의 역사가 아닌 '민주/반민주' 혹은 '계급/계급' 투쟁의 역사였다(존재)고 주장하는 논리적 혼란으로 점철돼 있다는 말이다.

그런데 흥미롭게도 가치판단의 물타기를 위해 사용되는 이 3김이라는 용어가 우리나라의 현대 정치사가 '민주/반민주' 혹은 '계급/계급' 투쟁의 역사가 아니라는 강력한 고백을 한다. 즉 우리나라의 현대 정치사는 어쨌든 지역 대표성을 내재하는 이 '3김 정치'라는 용어에 의해서 무엇보다 '패권적 지역주의/저항적 지역주의'의 대립과 투쟁의 역사였다는 사실을 은밀하게 폭로하는 것이다.

DJP 연합에 대하여

나는 이 가치맹목적인 3김이라는 용어가 DJP 연합 구상을 계기로 특별한 의미를 갖고 회자된 데에는 나름대로 이유는 있다고 본다. 김영삼의 3당 합당과 김대중의 DJP 연합이 근원적으로 무엇이 다르냐는 정당성 차원의 이의제기가 있을 가능성은 충분하기 때문이다. 물론 합당과 연합은 구별해야 한다는 일반적인 반론은 언제라도 가능하다. 합당은 정당간의 차이를 해소하는 일회적이고 특별한 사건이고 연합은 정당간의 차이를 전제로 정책연대나 권력분점을 시도하는 일상적인 정치 행태다. 한 마디로 합당은 차이가 없으므로 발생하고 연합은 차이가 있으므로 가능한 것이다. 그러므로 3당 합당과 DJP 연합을 동일시하려는 것은 일차적으로 부당한 논리다.

그러나 사실은 김영삼의 3당 합당과 '비교 없이' DJP 연합의 정당성에 대해 공격을 하는 경우가 더 문제다. 어떻게 수구적인 김종필과의 정치적 연대가 가능하냐는 '순수 혹은 순수를 가장한' 공격이다. 여기서 이들을 상대로 중국에서의 국공합작이나, 히틀러와 스탈린의 불가침조약도 경우에 따라서는 가능하다는 논리는 오히려 오해만 불러일으킬 것이다. 그러므로 우선 이에 대한 '순수한' 반박을 위해서는 관점의 차이부터 확인해둘 필요가 있다.

무엇보다 이 DJP 연합에 대한 순수한 비판은 '민주/반민주' 혹은 적어도 '중도보수/수구보수'의 차원에서의 문제제기다. 당연히 이 차원에서는 지역투쟁의 정당성은 존재하지 않는다. 그러나 DJP 연합은 기본적으로 '영남패권주의/반영남패권주의'의 투쟁을 목적으로 일어난 현상이었다. 그러므로 이 논쟁의 본질은 우리 정치구도를 '민주/반민주' 혹은 '계급/계급' 투쟁 구도가 압도적이라고 보는 사람들과 '영남패권주의/반영남패권주의' 구도가 압도적이라고 보는 사람들의 정당성의 대립이다. 손호철은 전자를 대변한다. 그는 『3김을 넘어서』라는 책을 통해 DJP 연합을 단호하게 비판한다.

> 지역등권론은 기존의 지역차별 구도를 전제로 하여 '기존영토'라도 챙기자는 의미에서 기본적으로 '방어적 지역주의'이다. 그러나 동시에 지역주의를 직접 호소하고 나선 것은 민주당 자신이라는 점에서 '공격적인 공세'이다. 민주당이 일각에서 비판하듯이 지역주의의 또 다른 수혜자가 아니라 피해자이고 진정으로 지역주의의 타파를 원했다면, 지역등권론이라는 새로운 지역주의 전략이 아니라 전북을 잃더라도 부산을 이기는 선거전략을 택했어야 했다.[64]

우선 손호철은 지역등권론이 기존의 지역차별 구도를 "전제로" 한다는 사실이 불만이다. '있는 것'을 전제로 정치적 투쟁의 대안이 나온다는 사실을 부정하는 그가 성직자나 윤리학자가 아닌 정치학자라는 사실이 놀랍다. 나는 손호철의 당위론적 주장, 즉 "새로운 정치를 위해 필요한 것 중 가장 핵심적인 것은 분단의 결과물인 보수우익 일변도의 '반쪽정치'를 벗어나 정치를 좌우의 날개가 균형을 이루는 '진보 대 보수'의 균열도구로 재편하는 것"이라는 누구나 염원(?)하는 상식적 주장에 기본적으로 동의한다. 그러나 '진보 대 보수'라는 그의 '당위'가 '패권적 지역 대 저항적 지역'으로 '존재'하는 현상을 백지화하면서 "전북을 잃더라도 부산을 이기는 선거전략을 택했어야 했

---

64) 손호철, 『3김을 넘어서』, 푸른숲, 1997, 131쪽.

다"라는 공허한 당위주장만을 반복한다면 그는 지금 설교를 하자는 것이지 사회과학을 논하자는 것이 아니다. 논의의 근원으로 들어가 보자.

손호철은 "역사적으로 현대 한국정치의 특징은 한 마디로 민주·반민주의 투쟁이다"라고 자신 있게 규정한다. 그런데 곧이어 "한 마디로 한국정치는 모든 권력이 3김에게 있고 3김에게서 나오는 '3김 공화국'에 불과하며, '3김의 지역분할 독재'에 불과하다"고 진단한다. 그렇다면 '3김의 지역분할 독재' 체제가 '민주·반민주의 투쟁'의 역사를 견인했다는 말일 것이다. 이상하지 않는가? 지역분할 독재체제의 역사가 민주·반민주 투쟁의 역사라니? 손호철은 자신도 모르게 '민주화의 추동력이 된 지역투쟁'이라는, 자신이 부정하고 싶은 역사적 진실을 발견하고 만 것이다.

물론 나는 손호철이 유행가 가사까지 동원하여 주장하는 진의를 존중하여 양김에 의해 추동되어 온 "한국정치의 빛과 그림자" 현상으로 감안하여 들어줄 수도 있다. 그러나 시각을 한번 바꾸어 생각해보기 바란다. '3김의 지역분할 독재'와 패권적·저항적 지역투쟁의 역사가 '있는 그대로의 역사'이고, 민주·반민주 투쟁의 역사는 '있어야 할 당위'의 역사가 아니었을까 하는 의심 말이다. 조심해야 한다. 있어야 할 역사로 역사를 기술하기 위해 있었던 역사를 감추기 시작한다면 그것은 위선의 역사가 된다.

우리가 '있는 것'과 '있어야 할 것'을 구별하지 못하고 사회를 진단하기 시작한다면 그 혼란스런 논리의 좌충우돌은 걷잡을 수가 없게 된다. 아마도 이 논리적 혼란(관념론적 혼란)의 하이라이트는 '있어야 할 세상'을 만들기 위한 방식에 있을 것이다. 그것은 우리에게 '있어야 할 세상을 위해서는 있는 것들의 대립과 지양을 통해서 고차원의 통합이 일어난다'고 말하지 않고 '있는 것들의 해체를 통해서만 있어야 할 세상이 온다'라고 주장한다. 예컨대 손호철은 이렇게 주장한다.

이제 문제는 호남문제로 집약되는 지역차별주의, 나아가 이에 근거한 지역할거주의를 어떻게 극복할 것인가 하는 해법이다. 이에 대한 수평적 정권교체론의 해답은 '역지역연합', 즉 호남의 '저항적 지역주의'와 충청의 '반사적 지역주의', TK의 (과거의 지역패권주의에 대한) '향수적 지역주의'를 결합시킨 지역연합에 의해 '지역간 정권교체'를 이루고 이를 통해 '지역등권'을 실현하는 것이다. 즉 이는 '지역등권'이라는 구호 아래 현재의 지역주의와 지역할거적 정치구도, 지역정당 체제를 인정하고 이 지역주의를 이용하여 지역간 정권교체를 실현하여 지역등권을 이룬다는, 일종의 모순을 극도로 심화시켜 모순을 해소(수평적 정권교체론의 표현으로는 "지역주의를 극대화시켜 지역주의를 끝장낼 변증법적 반전")하는 방안이다. 반면에 이에 대한 대안으로 고려할 수 있는 것은 지역등권론을 내세우는 대신 지역주의의 해체를 통해 그 효과면에서 실질적으로 지역등권을 실현하는 방식이다.[65]

지역주의의 해체를 통해서 지역주의를 해결한다니 도대체 무슨 뜻인가? 지역주의를 해체하지 못해 지역투쟁을 강화하겠다는 주장에 대해 지역주의 해체라는 당위적 '결과'를 지역주의 해체의 대안으로 제

---

65) 손호철, 『3김을 넘어서』, 푸른숲, 1997, 181~182쪽.

시하는 불가사의한 논리가 전개되고 있다. 그의 '지역주의 해체'라는 대안은 궁극적으로 이런 것이다.

> 이를 위해 일반대중 수준의 차별을 발본적으로 개선할 수 있도록 미국의 사회적 약자 고용촉진법(Affirmative Act)과 같이 각종 취업, 승진 등 지역별 할당제, 지역균형 발전전략 등을 도입하도록 노력하는 등 근본적인 정책적 대안을 개발, 실시해야 한다. 이 같은 일반대중 수준의 지역차별을 근절하는 방식을 골간으로 한 지역주의의 해체를 통한 지역차별의 극복이 아니라 정치권의 수준에서 지역주의를 강화, 이용하여 지역차별과 지역주의를 깬다는 것은 정말 위험천만한 주관적 처방이다.[66]

"근본적인 정책적 대안을 개발, 실시해야 한다"? 누가? 영남패권주의 정권이? 아니면 시민사회의 역량으로? 영남패권주의 헤게모니가 지배하는 시민사회의 역량으로? 손호철의 바로 그런 정책들을 실시하기 위해 반영남패권주의 연합으로 '호남 정권은 안 된다는 금기를 깨고' 반드시 정권을 잡아야 한다는 주장에 대해 손호철은 집권 후의 정책적 결과를 훈시하는 것을 대안이라며 제시하고 있다. 그리고 반영남패권주의 연합을 지역주의를 "이용"하는 것으로 매도하고 있다. 그럼 소외 지역이 소외 지역끼리 단결해야지 전국 단위의 취미생활을 중심으로 단결해야 한단 말인가? 그는 지금 어이없게도 소외 지역은 소외 지역 문제를 해결하기 '위해' 정권을 잡아서는 '안 된다'고 설교하고

---

66) 손호철, 『3김을 넘어서』, 푸른숲, 1997, 188쪽.

있는 것이다.

호남의 정신분열과 자기모멸?

　핵심은 이것이다. 손호철은 영남패권주의 역사와 헤게모니에는 전혀 놀라지 않고 그 역사와 사회에서 본격적으로 발생하는 정권 차원의 지역적 저항에는 뜬구름 잡는 당위론을 들이밀며 소스라치게 놀라고 있다는 사실이다. 급기야는 지역등권론에 동의하는 호남여론을 보고 "호남의 '정신분열'과 '자기모멸'"을 우려한다. 그러나 결과적으로 1997년 대선에서 지역등권론이 성공했음에도 불구하고 호남은 정신분열을 겪지도 않았고 자기모멸을 겪지도 않았다. 그 반대였다. 나는 오히려 자신의 관념에 맞지 않는 세상의 모든 일을 이해하지 못해 놀라고 상심하는 손호철의 '정신분열'과 '자기모멸'을 우려한다. 그러나 어쩌랴. 이론이 세상을 설명해야지 세상이 이론을 설명할 수는 없지 않는가?

　손호철은 강준만의 『김대중 죽이기』라는 책에도 무척 놀란 것으로 보인다. 지역등권론에 대한 호들갑스런 반대에서 본 바와 같이 그가 생각하기에 지역문제는 있는 것을 있다고 인정하지 않는 것이, 즉 드러내어 고민하지 않는 것이 유일한 해결책이기 때문이다. 그의 지역문제의 '드러냄'에 대한 불쾌감이 어느 정도인지 들어보자.

　『김대중 죽이기』는 한국언론의 문제점을 폭로하고 지역문제를 쟁점화시킨 일정한 기여에도 불구하고 그 해법을 위해 깊은 고민과 지혜를 필요로 하는 엄청난 아픔의 '호남문제'를 상업적 선정주의로 희화화함으로써 득보다 실이 컸다는 것이 나의 판단이다. 즉 그 책이 강 교수의 명성과 인세수입에는 도움이 됐는지 모르지만 강 교수의 의도와는 달리 DJ에 대한 개인들의 기존의 호·불호 감정을 더욱 강하시키고 양극화시켰을 뿐 호남문제의 해결에는 별로 도움이 되지 않았다고 생각한다.[67]

손호철은 있는 것을 있는 그대로 드러내기 시작한 강준만의 대중적 호소를 "상업적 선정주의로 희화화"했다고 공격한다. "상업적 선정주의"라는 말은 무슨 비난인지 대충 이해가 가는데 "희화화"는 또 무슨 뜻의 비난인지 잘 모르겠다. 어쨌든 손호철은 부정하고 있지만 나는 『김대중 죽이기』의 "상업적 선정주의"는 《모래시계》의 "상업적 선정주의"만큼이나 호남문제의 해결에 큰 도움이 됐다고 본다.

물론 강준만의 책에 무슨 획기적인 해법이 담겨 있는 것은 아니었다. 그러나 그 드러냄 자체만으로 이미 해결을 위한 일보임이 분명하다. 드러내지 않고 비밀스럽게 해법을 모색하는 것이 훨씬 도움이 된다는 발상은 그것이 설령 선의라 할지라도 결국 비밀스럽게 현존하는 패권적 질서를 위해 복무할 뿐이다. 아주 간단하게 검증할 수 있다. 영남패권주의자들이 드러내고 폭로하는 것을 더 싫어하는지 아니면 은밀하게 해결하자는 제안을 더 싫어하는지를 살펴보면 된다. 나는 지금까지 은밀하게 해결된 패권적 지배관계의 역사를 들어본 적이 없다. 위선의 역사는 무엇보다도 폭로하는 것이 문제해결의 시작이다.

나는 손호철이 호남을 향해 자신의 애정을 표시하는 것을 여러 군

---

[67] 손호철, 『3김을 넘어서』, 푸른숲, 1997, 147쪽.

데서 읽었다. 그럼에도 불구하고 그는 자기 주장의 진정성이 받아들여지지 않을지도 모른다는 억울한 심정도 표시하고 있다. 다음 글은 우리나라의 사회심리학적 토대가 어떻게 구성돼 있는지를 적나라하게 표현해주고 있다.

나는 글을 쓰면서 내가 호남 출신이 아니라는 사실이 너무도 애석했고 분노스러웠다. 내가 호남 출신이었다면 나의 글이 "너는 제3자라 몰라"라는 비판으로 간단히 묵살당하지 않고 더 설득력을 가질 수 있을 것이기 때문이다(이와 관련, 14대 총선의 결과, 특히 전국연합의 DJ와의 정책연합을 비판한 민주화교수협의회에서의 나의 발제에 대해 평소 존경하는 오랜 친구이자 '합리적인 호남주의자' 로 자타가 공인하는 호남 출신의 한 친구까지도 "네 주장은 논리적으로 맞고 학문적으로는 옳다. 그러나 논리로 반박할 수 없으나 너의 주장에 동의할 수 없다. 지역문제는 이제 gene(유전자)에 들어가 있는 것 같다"는 논평을 했을 때의 충격이 아직도 생생하다). 그러나 동시에 내가 그 엄청난 자기모멸과 자기분열을 겪으면서도 '미워도 다시 한 번'을 하지 않아도 되는, 그렇다고 TK류의 '가해자' 도 아닌, 서울(옛날에는 경기도 시흥) 출신이라는 것이 너무나 다행스럽기도 했다는 것이 솔직한 나의 이기적인 생각이었음을 실토한다.[68]

나는 손호철의 호남에 대한 진정성을 믿는다. 그러나 손호철은 다음 발언을 하고 있는 김대중과 이런 발언을 듣고 있는 호남인들의 심

---

68) 손호철, 『3김을 넘어서』, 푸른숲, 1997, 192~193쪽.

정은 죽었다 깨어나도 이해하지 못할 것이다.

> 정운영: 만약 김 대표가 다른 지방에서 태어났다면 자신의 포부를 펴기에 좀더 수월했으리라고 생각해 본 적이 있습니까?
> 김대중: 예, 있습니다.[69]

비호남 출신인 손호철은 자신의 호남에 대한 발언의 진정성을 의심받지 않기 위해서 자신이 호남 출신이었으면 하는 상상을 하고 있고, 정작 호남 출신인 김대중은 자신의 정치적 포부의 진정성을 의심받지 않기 위해서 호남 출신이 아니었으면 하는 상상을 해본 적이 있다고 말하고 있다. 바로 그 차이다. 손호철이 아무리 애정과 진정성을 가지고 호남을 이해하려고 해도 호남인이라면 누구나 겪었을 '그 더러운 느낌'을 직접 경험해보지는 못했을 것이다. 손호철의 호남 친구가 "지역문제는 이제 gene(유전자)에 들어가 있는 것 같다"고 말했을 때 그는 아마도 그 느낌을 말하고 싶었을 것이다. 앞으로 '그 더러운 느낌'과 투쟁심은 실제로 유전자에 들어가 쌓일지도 모른다. 손호철이 아무리 DJ와 호남은 별개라고 설득시키려 해도 '그 더러운 느낌'을 호남과 DJ가 공유하는 한 별개가 아닌 것이다. 차라리 그 시간에 영남 패권주의 정권을 지지한 사람들에게 전두환과 영남은 별개라는 것을 설득하는 것이 훨씬 승산도 있고 보람 있는 일일 것이다.

---

69) 김대중, 「나의 사상을 말한다: 1992년 1월, 정운영 교수와」, 『전집 4』, 중심서원, 1993, 329쪽.

다시, 87년 대선에 대하여

이와 관련하여 반드시 확인해둘 일이 있다. 손호철을 비롯한 지배 논리는 '지역주의의 전면화'의 책임을 1987년의 양김의 분열로 보고 있다는 사실이다. 그래야 모든 것을 역사와 구조의 문제가 아닌 개인의 책임으로 몰아갈 수 있기 때문이다. 다음 발언은 누구를 향해 자화자찬하고 있는지는 모르겠지만 " '구슬도 꿰어야 보물'이며 전문가가 되기 위해 필요한 것은 단순한 정보가 아니라 이 같은 정보를 처리할 수 있는 학문적, 이론적 '내공'이다"라고 설파한 손호철의 '내공'이다.

이 같은 (지역주의의-필자 주) 전면화의 결정적 계기는 87년 대선에서의 야권분열, 보다 정확히 표현하자면 정치권의 민주화세력을 대변하는 양김의 분열이었다.[70]

나는 앞에서 이 문제를 언급했다. 양김은 87년에 이미 동일한 민주화세력의 대변자가 아니었다. 적어도 호남은 그렇게 생각할 수밖에 없었다. 김대중이 후보사퇴를 못한 것은 그럴 수밖에 없는 문제였다. 그는 엄청난 압박을 받고 있었다.[71] 이 압박의 근원은 1987년 12월이 아니라 1980년 5월이다. 손호철이 이 문제를 이해하지 못하는 한 다시 한 번 그는 호남사람이 아니라는 사실을 재차 확인할 수밖에 없을 것이다. 다음과 같은 발언은 (설령 그가 노동자라 할지라도) 절대로 호남

---

70) 손호철, 「3김을 넘어서」, 푸른숲, 1997, 167쪽.
71) 김대중, 「올바른 정책, 올바른 선택: 1987년 10월 5일, 민통련 본부」, 「전집 5」, 중심서원, 1993, 25~34쪽.

인의 입에서는 쉽게 나오지 않을 성질의 것이다. 그러나 손호철은 자신의 진보적 성향을 자랑이라도 하듯 대수롭지 않게 이런 발언을 한다.

> 이번 폭거(1996년 신한국당에 의한 노동법 날치기 통과-필자 주)로 역사적 평가에 있어서 YS 정권은 노태우 정권보다 못했던 것으로 평가받을지 모른다. 노태우 정권은 토지공개념이라는 엄청난 경제개혁에 북방외교라도 했다. YS는 전두환, 노태우라는 전직 대통령을 구속하는 등 과거청산을 했다고는 하지만 그것이 '과거'의, 5·18에 죽어간 '불과(?)' 200여 명의 목숨과 관련된 문제라면 이번 조치는 우리의 '현재와 미래'에 관한 것이고 모든 월급쟁이들과 그 가족들의 목숨이 걸린 문제이기 때문이다.[72]

나는 지금 그의 발언의 진의를 왜곡하려는 것이 아니다. 또한 1996년의 노동법 날치기 통과와 과거청산 문제 어느 쪽이 더 중요한지를 따져 묻자는 것이 아니다. 비교할 수 있는 성질의 것인지조차 잘 모르겠다. 다만 그의 안이한 시각을 확인하고 싶은 것뿐이다. 그는 과거청산문제, 즉 광주문제가 '불과(?)' 200여 명의 목숨과 관련된 '과거'의 문제일 뿐이라고 확신하는 듯하다. 그래서 그는 상상하지 못하는 것이다. 왜 2004년까지도, 그리고 아마 앞으로도 오랫동안 광주와 호남에서 한나라당이 득표할 수 없는지 이해할 수 없는 것이다. 이것이 1987년의 양김 분열 때문이라고 생각하는 한 그는 지역문제의 본질을 전혀

---

[72] 손호철, 『3김을 넘어서』, 푸른숲, 1997, 52쪽.

이해하지 못하는 것이다.

자신이 호남 출신이 아님을 애석해하고 분노한 손호철을 위로하기 위해 말하자면 그의 발언이 '간단히 묵살당하고 설득력을 가질 수 없는 이유'는 결국 그가 호남 출신이 아니기 때문이 아니라 사태의 본질을 전혀 이해하지 못하는 정치학자의 발언이기 때문이다. 다만 나는 손호철의 주장 중 지역문제와 관련하여 유념해야 할 대단히 중요한 한 가지 주장은 있다고 본다. 그것은 지역등권론에 대한 다음과 같은 경고다.

> 지역주의에 의한 정당구조하에서는 저항적 지역주의 정당이 집권하면 패권적 지역주의가 되고 나머지 정당이 새로운 저항적 지역주의가 된다는 점에서 패권적 지역주의의 순환, 즉 '순환적 패권적 지역주의'가 될 따름이다. 어떠한 이념도 그 성격이 고정되어 있지 않으며 그것이 어느 수준에 오르면 그 뿌리와 문제의식과는 별개로 자체논리에 의해 흘러가게 마련이다.[73]

손호철의 주장이 대립을 전제하지 않는 무반성적 지양이 문제라면 지역등권론은 손호철이 경고하고 있는 대로 '지역/지역' 대립의 탈출구가 문제다. 지역등권론은 손호철의 관념론적 해결책을 받아들이지 않는 만큼 어쨌든 그 해결책을 현실적으로 제시해야만 한다. 다시 후술하겠지만 유일한 해결책은 (역사의 진화가 그래왔듯이) 어떤 지역이

---

73) 손호철, 『3김을 넘어서』, 푸른숲, 1997, 183쪽.

라도 더 이상 '선한 마음 때문이 아니라 정치현실적으로' 패권을 추구하래야 할 수 없는 극한 상태에 도달하여 그것을 지양하는 법과 제도를 만드는 것뿐이다. 극한상태까지 도달하지 않고도 모두가 이해할 수 있으면 좋겠지만 그렇지 않다면 계속 갈 수밖에 없다. 손호철식 기도만 하고 있을 수는 없는 노릇이다. 그래서 나는 DJP 연합을 반대하며 비아냥 섞인 한탄조의 구호를 내뱉었던 손호철 자신의 발언을 비아냥은 빼고 진지한 목소리로 그대로 되돌려주려 한다.

썩자, 썩자, 그리고 계속 능욕당하자. 그때만이 새로운 정치는 꽃필 것이다.[74]

---

74) 손호철, 『3김을 넘어서』, 푸른숲, 1997, 133쪽.

영남패권: 폭력으로부터 헤게모니로

김대중과 박정희의 지역적 필연

한국 현대 정치사에서 지역주의가 본격적으로 등장하기 시작한 무렵은 1971년 대선 기간이라고 말해진다. 실제로 신민당은 대선이 끝나고, "쌀에 뉘가 섞이면 안 되듯이 경상도 후보 이외의 표가 경상도의 표 속에 섞이면 안 된다"는 이효상의 발언과 "경상도 사람이 경상도 후보 안 찍으면 미친놈"이라는 이만섭의 발언을 문제삼았으며 이 발언은 지금도 더러 지역주의의 현대적 효시로써 회자되고 있다.

그런데 왜 그 무렵일까? 그것이 오직 영남의 박정희와 호남의 김대중이 대선에서 우연히 맞붙게 된 때문일까? 그런 발언들이 없었다면 지역주의는 없었을까? 우리는 드러난 현상과 그 현상을 만들어내는 본질을 구별할 수 있어야 한다. 그 구별이 없으면 우리는 허구한 날 이효상과 그 무리들의 정신상태, 박정희와 김대중이라는 지역적 우연,

그 장단에 놀아난 백성들의 민주의식만 원망하고 있어야 한다. 그러나 그것들은 사태의 본질을 설명하는 현상일 뿐이다.

박정희는 1961년 쿠데타로 집권했다. 그러나 딱히 그를 지지하는 혹은 지지할 수 있는 세력은 당연히 존재하지 않았다. 개발독재를 하기 시작하면서 노동자들의 지지를 기대할 수도 없었을 것이고, 그렇다고 미국과 군부와 자본과 반공 이데올로기만으로 억압적 통치를 계속하기도 힘들었을 것이다. 정통성 없는 정권으로 출발한 박정희가 유일하게 생각할 수 있는 자발적 지지기반이란 지역이었을 것이다. 지역을 분리하고 차별하는 전략은 그의 정신상태가 불건전해서 생긴 역사적 우연이 아니라 쿠데타 정권을 유지하기 위한 하나의 전략으로 채택된 것이다. 이는 히틀러가 유대인을 분리하고 차별하는 전략을 채택한 것과 다를 것이 없다. 그리고 그는 성공했다.

그러므로 지역문제를 오직 '정치인들의 지역주의적 언설로부터 시작된 것'이라는 진단을 고수할 경우 그것은 원인을 왜곡한 것일 뿐만 아니라 해결책을 왜곡시킴으로써 (의도가 아닐지라도) 지역문제를 악화시키는 역할을 한다. 요는 '지역주의는 지역민의 자발적 지지를 목적으로 시작된 것'이기 때문에 지역민의 자발적 지지가 있(었)다는 사실을 왜곡 없이 인정함으로써만 지역문제의 본질(해결책)에 접근할 수 있다는 말이다. 그리고 그 자발적 지지는 단순히 선전·선동의 결과가 아니라 지지할 만한, 즉 혜택을 보고 있다는 분명한 이유를 가지고 있었을 것이다.

박정희 시대의 투표 성향이 말해주는 것

다음은 1963년부터 1967년을 거쳐 1971년에 이르는 기간의 박정희에 대한 영호남 지역의 투표성향이다.

영호남 지역의 박정희 후보에 대한 투표성향 (단위는 %)

	1963년 5대 대선	1967년 6대 대선	1971년 7대 대선
경 북	50.6	60.7	72.7
부 산	45.6	62.0	54.5
경 남	56.9	65.6	70.8
전 남	52.5	42.0	32.1
전 북	44.1	39.7	33.9

* 출처: 『선거 및 국민투표 통계집』, 중앙선거관리위원회, 1996.

아주 의미심장한 내용이 담겨 있다. 쿠데타 직후인 1963년의 박정희에 대한 투표성향은 영호남을 거의 구분할 수 없다. 사실 그때 박정희가 호남에서 승리한 15만 표 차이가 곧 자신이 전국에서 승리한 표 차이였다. 그러나 4년 후인 1967년의 투표성향은 대선 후보가 호남인이 아니었음에도 불구하고 이미 영호남의 차이가 드러나기 시작한다. 그리고 1971년에 가서는 더 큰 지역적 투표성향의 차이를 보이고 있다. 이를 어떻게 해석해야 할까?

분명한 사실은 1967년의 대선에서 박정희에 대한 영남의 지지율이 큰 폭 상승하고 호남에서는 거꾸로 큰 폭 하락하는 경향을 보이고 있다는 점이다. 즉 1971년의 영호남 투표성향이 호남 출신 김대중 후보의 등장으로 갑자기 요동친 것이 아니라 그간 박정희가 자행한 영호남 차별정책 때문에 대선 투표와 대선 후보선출 과정에서 지역적 의지가 '점차' 강도 높게 반영된 것으로 볼 수밖에 없다는 것이다. 1971년 대선 기간에 있었던 지역주의 발언들은 그런 발언들이 먹혀들어 갈 토대가 이미 형성됐음을 나타내주는 상징적인 현상이었던 것이다.

결국 박정희는 적어도 형식적으로는 민주적인 선거를 치르면서 영남패권주의 정권을 유지하려 했지만 그런 노력도 1971년을 기점으로 불가능하다는 것을 깨닫는다. 자신과 경쟁했던 김대중은 1971년의 투표결과에 승복하지 않았다. 김대중은 선거 직후 94만여 표 차이(53.2% 대 45.3%)를 인정치 않고 200만 표 이상의 부정이 있었을 것이라고 주장했다. 실제로 얼마나 많은 선거부정이 있었는지를 확인할 수는 없는 일이지만 분명한 것은 박정희 정권은 이제 동의를 바탕으로 하는 정상적인 집권을 포기하고 유신헌법이라는 폭력적 지배를 공공연히 선포하게 됐다는 사실이다.

그러나 나는 박정희의 유신 정권이 아무리 폭력적이고 영남패권주의적 본질을 가지고 있었다고 해도 1980년 5월 전두환의 야만적인 광주학살이 없었다면 지역문제는 지금과는 전혀 다른 차원의 문제였으리라고 확신한다. 전두환이 광주학살을 통해 정권을 찬탈하고 영남인들이 그 수괴를 지역적인 이유로 일체감을 느끼며 받아들이기 시작했을 때 지역문제는 이제 지역차별이냐 아니냐 하는 박정희식 차원을 떠나 같은 민족으로 같은 의식을 공유하며 공존이 가능하느냐 하는 근원적 의문을 가지고 대립하기 시작했다. 이 문제를 잘 이해해야 한다. 이 문제의 해결 없이는, 즉 전두환에 대한 공통의 역사적 공감대가 없이는 지역문제는 절대로 해결되지 않을 것이다. 제아무리 지역균형발전이 있어도 해결되지 않을 것이다. 1980년 전두환의 광주학살은 영남패권주의 군사파쇼세력에 의한 폭력지배 체제의 절정이었다.

영남패권주의 정권은 1980년 이후로도 김영삼을 포섭하여 17년 동안 유지된다. 폭력의 강도는 1980년을 정점으로 다시 완화되어 갔지만 이 폭력지배의 와중에서도 정권이 반대자들에게 느끼는 거부감은 출신 지역에 따라 격이 달랐다. 김대중 같은 거물 정치인이 아니더라도 그랬다. 그러나 그것은 한편으로 당연했을지도 모른다. 지역적 소외감을 느끼는 강도가 다르고, 그 분노가 다른 것이라면, 영남패권주의 정권이 느끼는 체감 위험도도 상대적으로 당연히 달랐을 것이기 때문이다. 유시민은 자신이 운동권 시절 경험했던 쑥스러웠던 일화를 다음과 같이 소개하고 있다.

내가 '광주 사람들의 문제'에 대해 진지하게 그리고 심각하게 생각해 보기 시작한 것은 대학 1학년이던 1978년, 야학 기금 마련을 위한 일일찻집 티켓을 판 죄로 생전 처음 학교 앞 '하얀 집(관악경찰서 서울대 분실)'에 잡혀갔을 때였는데, 대공과 형사의 첫 질문이 "너 광주일고 출신이지"였기 때문이다. 순전히 거짓말로 둘러대고서도 사흘만에 훈방될 수 있었던 것은 아마도 내가 대구 출신이어서 그랬을 것이다. 광주 사람들은 이른바 'TK의 자부심과 의리'가 어떤 것인지 잘 모를 것이다. 물론 경상도 사람들이 다른 동네 사람들보다 특별히 의리가 있다거나 제대로 된 정치적 자부심을 지녔다는 말이 결코 아니다. 다만 그들이 주관적으로 경상도가 '조국 근대화 사업'을 주도했다는 자부심을 가졌고 자기네가 특별히 의리 있는 집단인 것처럼 믿고 싶어하고 또 믿고 있다는 이야기일 뿐이다. 80년 5월에 계엄사 합수부에 잡혀갔을 때도, 나는 그 'TK의 의리'라는 것 덕분에 약간의 '혜택'을 받았다. "경상도 놈이 그런다"고 처음에는 덤으로 주먹질을 하기도 했지만, 부산 출신 국장은 내 진술의 허점을 설렁설렁 넘겨주었고 나중에는 사무실 청소를 하게 하는 등 여러 가지 '호의(?)'를 베풀어 주기도 했다.[75]

광주 출생에 광주일고 출신인 나는 물론 'TK의 자부심과 의리'가 어떤 것인지 잘 모른다. 그러나 그 'TK의 자부심과 의리'가 바로 영남패권주의라는 사실은 잘 알고 있다. 그것은 단지 과거에 김대중을 옭아매고자 했던 특수 계층의 지배 이데올로기가 아니었다. 그것은 지금도 상층으로부터 하층에 이르기까지 우리의 일상을 지배하고 있는 이데올로기다. 그리고 이제 그것은 미래를 지배하기 위해 역사 이데올로기를 꿈꾸고 있다.

재벌: 영남패권주의의 물적 토대

우리는 폭력적 권력으로서의 영남패권주의 정권이 아주 힘이 셌다는 것은 잘 알고 있다. 그러나 1997년의 김대중에 의한 정권교체 이후에도 영남패권주의를 말하는 이유는 잘 이해하지 못한다. 이는 영남패권주의를 단순히 정권, 그것도 정권에서 고위(핵심) 공직자의 출신 지역 분포가 어떤가를 기준으로만 이해하기 때문이다. 정치권력 차원의

---

75) 유시민, 『97대선 게임의 법칙』, 돌베개, 1997, 106~107쪽.

영남패권주의는 물론 중요하다. 그리고 그 정권으로부터 각각의 지역이 얼마나 누적적으로 차별을 받았고 또 혜택을 받았느냐를 계산하는 것도 대단히 중요하다. 그러나 자본주의 국가에서 수십 년의 개발독재 기간 동안 형성된, 말하자면 '원시적 축적기간' 동안 형성된 영남자본(독점재벌)의 지배구조는 보다 본질적인 것이다. 다음은 『한겨레21』이 보도한 기사다.

국내 3대 재벌그룹(삼성·LG·현대-필자 주)의 임원직은 서울과 영남 인맥의 인사들이 장악하고 있는 것으로 나타났다. 또 영남과 호남간의 차이가 크게 났고, 서울과 지방의 격차도 심각한 것으로 드러났다. 3대 재벌그룹의 올해 임원 승진 인사의 규모는 900명에 육박했는데, 이 중 출신 고교가 파악된 768명 중 325명(42%)이 서울 지역 고교 출신인 것으로 조사됐다. 부산을 포함한 영남 지역 고교 출신은 259명으로 전체의 34%에 이른 반면, 호남 지역은 55명으로 7%에 불과했다.[76]

기사는 "영·호남의 인구비율은 2000년을 기준으로 10(영남) 대 7(호남)에 불과하다"는 것과 창업주와 관련하여 "삼성그룹은 이병철 회장이 경남 의령 출신이고, LG는 구씨 일가의 고향이 경남 진양이다"라는 사실을 보충설명하고 있다. 그러나 그 기사는 42%의 서울 출신 가계의 근원이 어느 쪽인지 까지는 밝히지 않고 있다. 누구나 짐작은 하고 있지만 확실한 근거를 가지고 말할 수는 없는 그 변수까지 포

---

[76] 『한겨레21』, 2004년 3월 4일, 제498호, 21쪽.

함한다면 문제는 더 심각해질 것이라고 확신한다. 그런데 더욱 주목해야 할 사실은 창업주가 영남 출신이 아니라 강원 출신인 정주영의 현대 경우다. 왜 창업주가 영남과는 무관한 현대 역시 영남 출신의 재벌 지배라는 큰 흐름과 일치하는 경향을 보이고 있는 것일까?

현대는 고립무원의 세계에서 독야청청 생존해가고 있는 것이 아니다. 재벌은 권력이 필요하면 권력과 정치적 커넥션을 맺어야 하고 시장 내에서 다른 재벌과 경쟁하고 타협하려면 또한 사회적 커넥션을 맺어야 한다. 경제관계를 지배하는 것이 영남인맥이라면 창업주의 개인적 의지와는 상관없이 그 영남패권주의 경제권력 관계에 포섭될 수밖에 없는 것이다. 이런 의미에서 재벌기업에 종속 당하는 중소기업은 다시 창업주의 출생지와 무관하게 영남패권주의 경제권력 관계에 포섭될 수밖에 없다. 한 마디로 다지역 재벌은 다국적 기업이 그렇듯이 자국 내에서 영남패권주의 경제권력 관계를 끊임없이 확대재생산해가는 것이다.

그러므로 김대중에 의한 단 한 번의 정권교체로 이제는 영남패권주의 질서가 척결되었다고 주장(혹은 이제는 영남패권주의 질서가 무너졌으므로 그만하라고 주장)하는 것은 자본주의 질서 내에서 민주노동당이 한 번 집권하면 자본주의 질서가 일거에 사라진다고 주장하는 것만큼이나 어이없는 주장이다. 극단적으로 말해 공산주의 혁명이 일어난다 해도 기존의 영남패권주의 경제권력 관계를 그런 식으로 일거에 해체하는 작업은 불가능하다. 카우츠키에 반대하여 프롤레타리아독재를 주장했던 레닌의 다음 주장은 그만한 사연이 있어서 나온 말이다.

만일 중심부에서의 성공적인 봉기나, 혹은 군대에서의 반란이 있는 경우에는 착취자를 단번에 패퇴시킬 수 있다. 그러나 대단히 드물고 특수한 경우를 제외하고서는 착취자를 단번에 분쇄할 수는 없다. …… 혁명 이후 오랜 시간 동안 착취자들은 불가피하게도 엄청난 실제적 이익을 계속해서 유지한다. 즉 그들은 여전히 화폐를 소유하고 있으며 (화폐를 한꺼번에 모두 없애는 것은 불가능하므로), 약간의 동산-때로는 꽤 상당한 양의-을 소유하고 또한 그들은 여전히 다양한 연줄들, 조직과 경영의 습관들, 경영의 모든 "비밀(관례, 방법, 수단 및 가능성)"에 관한 지식, 고등교육, (부르주아처럼 생각하고 생활하는) 고위 전문인사와의 긴밀한 연결, 전쟁기술에 있어서의 비교도 할 수 없을 정도의 엄청난 경험(이것은 매우 중요하다) 등을 보유하고 있다.[77]

레닌도 어려웠던 구체제의 청산인데 하물며 우리의 처지에서 그 어려움이란 두말이 필요 없을 것이다. 영남패권은 정치권력 차원에서만 보더라도 1961년부터 1997년까지다. 1910년부터 1945년까지의 일제 36년의 폭력적 지배기간과 거의 동일한 기간이다. 일제의 권력이 물러나고도 우리는 그 잔재를 청산하지 못해 지금도 고통을 받고 있다. 영남패권이라고 해서 다를 것이 없다. 더군다나 영남패권은 정치권력 차원에서도 완전히 물러난다는 것은 있을 수 없는 일이다. 이것은 절대로 안이하게 판단할 일이 아니다. 같은 민족이므로 오늘이라도, 아니면 내일이라도 마음만 바꿔먹으면 당장 해결할 수 있다고 생

---

77) 블라디미르 일리치 레닌, 『프롤레타리아 혁명과 배신자 카우츠키』, 소나무, 1988, 44~45쪽.

각하는 것은 순진한 오산이다. 인정하고 싶지 않은 현실이라 할지라도 정확히 두 눈 똑바로 뜨고 확인해야 한다.

폭력으로부터 헤게모니로

한편 영남패권주의 질서는 영남패권주의 이데올로기를 낳는다. 그것은 영남패권주의 질서가 지역패권주의 질서라는 사실 자체를 숨기며 설령 그것을 인식한다 할지라도 그 질서가 모두에게 이로운 질서라는 허위의식을 심는 역할을 한다. 예컨대 지식인층에서 역사를 영남패권주의 역사로 기술하는 것을 상상하지 못하는 것은 전자일 것이며, 영남패권주의 질서만이 즉 극우반공독재 질서만이 모두에게 이로운 유일한 대안이라고 생각하게 만든 것은 후자일 것이다. 그래서 이런 이데올로기를 바탕으로 영남패권주의 질서에 자발적으로 동의하는 수준에까지 이른다면 그것은 이제 사회적 수준의 헤게모니로 완성되는 것이다.

물론 영남패권주의도 1997년의 정권교체와 냉전구조의 해체라는 시대의 흐름에 따라 상당히 큰 변화를 맞고 있기는 하다. '김대중 죽이기'는 '김대중 콤플렉스'로 대체되고 있으며 냉전 이데올로기는 햇볕정책에 대한 호오(好惡)로 대체되고 있다. 그러나 오히려 문제는 아주 낮은 수준의 사회적 이데올로기다. 대표적인 것은 영남패권주의 질서를 합리화하기 위해 가공해 냈던 호남인들의 인성과 관련된 편견이다.

우리는 "누구는 지배하고 또 누구는 지배당해야 된다는 것은 단지 필요할 뿐만 아니라 편의(便宜)한 것이므로 그들은 타고날 때부터 어떤 자는 복종하도록 또한 어떤 자는 지배하도록 되어 있는 것"이라며 노예제를 정당화했던 아리스토텔레스를 잘 알고 있다. 결과를 원인으로 바꿔버린 고대 노예제의 이런 야만적 논리는 지금도 계속되고 있다. 이탈리아인들이 미국에서 그러했듯이 고향에서 내몰린 호남인들이 서울에서 폭력조직을 형성한 '결과'를 가지고, 또 가장 좋은 환경에 사는 고위층의 치부형 범죄발생률이 가장 높은 것과 같이 가장 열악한 환경에 사는 호남인들의 생존형 범죄발생률이 가장 높다는 '결과'를 가지고 영남패권주의자들은 호남인들이 그렇게 태어났다며 호남인들의 인성을 공격하는 '원인'으로 삼는 것이다.

가슴 아픈 일은 이런 고대적 이데올로기에 저항하는 것이 폭력적 야만에 저항하기보다 훨씬 힘들다는 사실이다. 폭력적 야만은 그것이 부당하다는 것을 그 폭력의 행사자와 피해자 모두가 잘 알고 있다. 비록 겉으로 인정치 않을지라도 속으로는 하나의 공감대가 존재한다. 이런 면에서 전두환과 광주시민 사이에도 '전두환은 학살자'라는 하나의 공감대(?)가 있다. 그러나 이데올로기는 그것이 아니다. 그것은 궁극적으로 영남인들 뿐만 아니라 비영남인들을 포함한(심지어는 호남인들 자신마저도 포함한) 전체 사회의식의 동의를 바탕으로 지배한다. 말하자면 이는 폭력적 지배와는 정반대로 '호남인들은 문제가 있다'는 공감대를 가해자와 피해자 사이에 형성시키는 헤게모니로 완성되는 것이다.

강준만은 『전라도 죽이기』라는 책에서 하나의 사례를 소개한다. 나는 영남은 물론이고 다른 지역에서 이와 비슷한 사례가 있었다는 말을 들어본 적이 없다. 다음은 영남패권주의 이데올로기가 어떻게 우리들의 의식을 지배하고 있는지를 말해주는 '눈물 없이는 들을 수 없는'

반인권적 운동 사례다.

한때 조규하 전남 도지사는 '이미지 한 차원 높이기 운동'까지 전개했다. 조규하 씨는 이렇게 말했다.

"개땅쇠란 별명이 지금도 통용되고 있다. 우리는 인정하고 싶지 않지만 사실이다. 이 지역 출신자들의 취업이 무척 어렵다. 전경련에 있을 때 재벌회장이나 기획조정실장 등에게 부탁하면 드러내놓고 말은 않지만 뭔가 꺼리는 듯한 분위기가 느껴진다."

"기업이 전남이 조성한 공단에 입주를 꺼리는 이유 중의 하나가 부정적인 이미지 때문입니다. 전남에 살고 있는 우리는 모르지만 타 지역민은 전남을 머리에 뿔난 사람이 살고 있는 곳으로 착각하고 있을 정도입니다."

그래서 그는 두 가지 방법을 제시했다. 상대방이 전라도 사람들에 대해 잘못 알고 있는 게 있으면 "인내와 성의를 갖고 그렇지 않음을 설명"하고 또 행동으로 보이자는 것이다. 아울러 잘못해온 게 있다면 그것을 솔직히 인정하고 이제부터라도 하나씩 고쳐나가자는 주장이다.[78]

이 이미지 개선운동이 전라도 이미지의 개선효과를 높였는지 아니면 김대중의 집권이 전라도 이미지 개선효과를 높였는지 계량할 수는 없다. 그러나 나는 후자라고 확신한다. 나는 궁극적으로 이데올로기는 이차적이라고 생각한다. 가장 중요한 것은 호남인들의 물질적 환경이

---

78) 강준만, 『전라도 죽이기』, 개마고원, 1995, 339~340쪽.

다. 권력과 이데올로기는 그 다음이다. 물론 권력이 장기간 물질적 환경을 지배해온 우리나라와 같은 조건에서는 권력은 상상하는 것보다 훨씬 더 중요한 것일 수도 있다. 어쨌든 이미지는 그 조건과 환경이 개선되면 개선되게 돼 있다. 그런 의미에서 나는 아래에 인용하고 있는 강준만의 '천사의 자세'라는 해결책에 동의하지 못한다.

> 내가 강조하는 전라도 사람들의 투쟁은 그런 게 아니다. 호남차별에 대해 정중하고 당당하게 대응하라는 것이지, 친구의 아내가 김대중 씨에게 표를 던지지 않았다 해서 '사돈 삼을 수 없는 집' 운운하는 식의 저급한 행동을 보여서는 안 된다는 것이다. 다른 지역 사람들이 아무리 악마적인 호남차별을 하더라도 악마를 이기는 건 천사의 자세이지 또 다른 악마가 되어야 하는 건 아니다.[79]

나는 강준만의 선의를 충분히 이해한다. 아마 지역문제의 악화를 더 걱정하고 있을 것이다. 그러나 나는 강준만의 해법에 동의할 수 없다. 나는 강준만의 희망과는 다르게 어떤 선의로도 악마를 완전히 이길 수는 없다고 본다. 하느님도 악마를 완전히 이기지 못하는데 현실의 우리가 무슨 수로 천사의 자세를 견지하며 "악마적인 호남차별"을 완전히 이길 수 있겠는가? 나의 소박한 희망은 그들 "악마적인 호남차별" 세력과의 평화공존이다. 그들이 그 공존의 질서 속에서 힘을 잃어 자신들의 악마적 본성을 억제할 수밖에 없게 되거나 아니면 스스로 반

---

79) 강준만, 『전라도 죽이기』, 개마고원, 1995, 367쪽.

성을 하게 되거나 그것은 그들이 알아서 선택할 일이다.

그러기 위해서는 '악마적인 힘'이 필요하다. 그들의 방식대로 그들을 지배하기 위해서가 아니라 그들의 방식을 지양하기 위해서 그렇다는 것이다. 그 '악마적인 힘'은 물질적 환경을 '공평하게' 누릴 수 있도록 도움을 줄 것이다. 물론 물질적 환경이 모든 것은 아니다. 예컨대 유대인들의 물질적 환경이 지배적이라고 해서 그 이미지까지 자동적으로 지배적인 것은 아닐 것이다. 그러나 역사의 경험은 물질적 환경의 중요성을 새삼 느끼게 한다.

이런 이유에서 나는 '노예가 주인에게 무시당하는 것을 타파하기 위해 노예의 이미지 개선운동으로 문제를 해결하자'는 식의 주장에 동의할 수 없다. 더군다나 '천사의 자세'를 견지하라는 것은 좋은 충고이기는 하지만 역사적 현실성이 없다고 생각한다. 나는 노예는 노예제가 타파됨으로써만 그 노예의 이미지를 비로소 개선할 수 있었다고 철석같이 믿고 있다. 그런 대접을 받아 마땅한 집안이라면 '사돈 삼지 않을 각오'도 다져야 한다. 나는 김대중의 집권에 기회주의적으로 순응하는 "악마적인 호남차별"주의자들을 보면서 그와 같은 방식만이 유일한 해결책임을 분명히 확인했다.

제3장 김대중 정권 5년의 공과

햇볕정책과 남북정상회담

햇볕정책은 누구나 할 수 있는 정책이었을까

김대중은 1998년 2월 25일부터 2003년 2월 24일까지 집권했다. 그는 이 기간 중 나름대로 많은 일을 했지만 무엇보다도 햇볕정책으로 기억되기를 바랄 것이다.

2000년, 반세기가 넘어서야 이루어진 남북정상간의 최초의 만남을 하나의 이벤트로만 생각하는 사람들에게는 김대중은 그 이벤트의 운 좋은 주인공 이상의 의미는 없을 것이다. 말하자면 그 이벤트는 김영삼이 할 수도 있었던(실제로 거의 할 뻔했다) 사건이며, 노태우가 행운의 주인공이 될 수도 있었던 하나의 특별한 사건일 뿐이라는 것이다. 그러나 그 이벤트가 단순히 남북정상이 만나서 악수하고, 기자들 앞에서 사진 찍고, 밥 먹고 하는 일 이상의 의미가 있다면 얘기가 좀 다르다. 남북정상간의 만남이 우리 민족을 위한 하나의 이정표를 만드는 의미가 있었다면 김영삼이나 노태우의 만남과 김대중의 만남이 의미가 다를 수도 있다는 말이다.

물론 시대의 흐름은 누구도 거스르지 못한다. 남북간의 어떤 만남도 1991년 소련의 붕괴라는 역사적 흐름의 범주 내에서의 만남이 될 수밖에 없다. 그러나 어쩌면 바로 그 때문에 더욱더 김대중의 햇볕정책은 역사적 의미를 띄고 있는 것이다. 간단히 말해 우리는 김대중의 햇볕정책에 의한 통일을 추구하거나 아니면 독일식의 흡수통일을 밀고 나가거나 둘 중 하나를 택할 수밖에 없는 역사적 갈림길에 서 있던 것이다. 이 결정적 시점에서 김대중은 확고한 신념을 가지고 햇볕정책을 선택했다.

김대중은 5년의 집권 후 이미 역사의 뒤안길로 물러났다. 그러나 우리는 아주 어렵게 그가 제시한 햇볕정책을 하나의 선물로 받은 셈이다. 말하자면 햇볕정책은 김대중 덕분에 정책 시장에서 흡수통일 정책을 뒤로 밀어내고 확실하게 주도권을 선점할 수 있었던 것이다. 그래서 앞으로 어떤 경우라도 햇볕정책이 흡수통일 정책을 밀어내기 위해 안간힘을 써야 하는 것이 아니라 흡수통일 정책이 햇볕정책을 밀어내기 위해서 반발해야 하는 형국이 된 것이다. 이제는 노벨평화상의 세속적 권위까지 합세하여 햇볕정책을 지원하고 있다. 이것이 바로 김영삼이나 노태우가 할 수 없었던 김대중의 업적이다.

김대중의 햇볕정책은 결코 즉흥적인 것이 아니었다. 조금 과장해서 말한다면 그는 햇볕정책을 위해서 수십 년을 노력해왔고, 바로 햇볕정책을 위해서 그 미묘한 시기까지 집권을 기다려야 했던 것이 아닌가 싶을 정도로 천착해왔다. 1991년 소련붕괴의 결정적 계기가 된 8월의 쿠데타 실패 직전에 김대중은 이런 인터뷰를 했었다.

> 그런데 제가 통일문제에 관해서 말하고 싶은 건요, 언제나 머릿속에 있었던 것이 바로 서독입니다. 이 말은 북한을 흡수통일하겠다는 얘기가 아닙니다. 동독이 악법을 가지고 독재한다고 해서 서독이 공산당에 대항하기 위해 독재정치를 했습니까? 공산당과 싸운다면서 공산당 흉내를 내면 우리가 그들보다 나은 게 뭐가 있습니까? 심지어 서독에선 공산당을 합법화시켜 마음대로 하라고 하지 않았습니까? 공산주의 서적 읽고 싶으면 읽고, 선전하고 싶으면 하고, 또 선거에 나오고 싶으면 마음대로 나오게 하잖아요? 이렇게 자신 있는 태도를 취하니까 공산당은 힘을 못 쓰는 것입니다. 공산당에게 이기려면 이솝우화에 나오는 것처럼 따뜻한 햇빛으로 망토를 벗겨야지 매서운 북풍을 갖고는 벗길 수가 없다는 거예요. 서독이 바로 햇빛을 갖고 있었던 겁니다. 강세로 나갈 때는 오히려 공산당이 선수예요. 북풍에 의존해선 결코 망토를 벗기지 못한다는 얘깁니다.[80]

통일에 대한 열망과 국가보안법

김대중이 말하는 자신감도 당연히 경제력과 총체적인 국력의 우위를 바탕으로 해서만 생겨날 것이다. 1970년대 초반의 남북대화가 미·중의 화해무드 속에서 강요된 것이긴 하지만 공교롭게도 바로 그때가 남한이 그 동안의 열세를 극복하고 북한과 소득수준이 엇비슷해진 때였다. 어쨌든 김대중의 발언을 어떤 식으로 논박하든 1991년 이

---

[80] 김대중, 「나의 통일정책을 말한다: 1991년 『월간 조선』 7월호 인터뷰」, 『전집 3』, 중심서원, 1993, 253쪽.

후 상황만을 놓고 말한다면 대한민국 정부의 자신감 부족은 지금도 그렇지만 이해할 수 없을 정도였다. 대표적인 사례가 국가보안법이다. 같은 인터뷰에서 김대중은 이렇게 주장했다.

> 국가보안법은 북한을 반국가단체로 규정하고 있습니다. 반국가단체는 범죄단체로서 처벌·말살 대상의 단체인데, 거기하고 만나 웃고 악수한다는 게 말이나 돼요? 전부 걸립니다. 우리는 국가보안법을 무조건 폐지하자는 게 아닙니다. '민주제도 수호법'으로 대체하자는 겁니다. …… 북한이 아무리 우리나라에 우호적으로 나와도 국가보안법이 있는 이상 북한은 반국가단체입니다. 법대로 하면 대화도, 공존도, 유엔 동시가입도 있을 수 없는 일입니다. …… 그래서 지난번 국가보안법 개정 때 우리는 최소한도의 대안으로서 이렇게 말했습니다. 북한이 대한민국을 부정하고 적대시하면 반국가단체고, 그렇지 않으면 반국가단체가 아닌 것으로 하자고 했어요. 그런데 지금 북한이 유엔에 가입한다고 하지 않습니까? 사실상 인정한 거나 다름없게 되어 이제는 북한을 반국가단체라고 하기 어렵게 되었습니다. 한치 앞을 내다보지 못한 겁니다.[81]

정확히 말하자면 국가보안법 자체가 북한을 반국가단체로 '직접' 규정하고 있지는 않다. 판례해석상 그렇게 적용되고 있을 뿐이다. 물론 국가보안법이 북한을 직접 반국가단체로 규정하는 것보다는 이렇게 하는 것이 국내외의 마음에 들지 않는 결사체를 모두 반국가단체로

---

81) 김대중, 「나의 통일정책을 말한다: 1991년 『월간 조선』 7월호 인터뷰」, 『전집 3』, 중심서원, 1993, 256~257쪽.

몰아넣기는 훨씬 용이할 것이다. 어쨌거나 문제는 '모순'이다. 김대중은 지금 국가보안법만을 강조하여 북한과의 평화공존을 어렵게 하는 법이라는 사실을 적시하고 있지만 간단치가 않다. 이 경우 문제의 국가보안법이 위헌법률이라는 사실을 주장할 수 있어야 하는데 우리나라 헌법 자체가 모순적으로 돼 있기 때문이다.

조금 전문적인 법리일 수 있지만, 헌법 제3조는 "대한민국의 영토는 한반도와 그 부속도서로 한다"고 규정하고 있으면서 '동시에' 바로 제4조에서 "대한민국은 통일을 지향하며, 자유민주적 기본질서에 입각한 평화적 통일정책을 수립하고 이를 추진한다"고 규정하고 있다. 말하자면 헌법 자체가 북한을 한편에서는 '반국가'로 다른 한편에서는 함께 "만나 웃고 악수"하면서 평화통일을 위해 노력해야만 하는 정상적인 '국가'로 모순적으로 규정하고 있는 것이다. 이와 관련하여 절묘하게도 1992년의 '남북 사이의 화해와 불가침 및 교류·협력에 관한 합의서'는 남북관계를 "나라와 나라 사이의 관계가 아닌 통일을 지향하는 과정에서 잠정적으로 형성되는 특수관계"라고 규정한 바 있다. 그리고 우리나라의 헌법재판소도 이 모순적 관계를 그대로 받아들이고 있다.

나는 지금 여기서 이 모순적 관계의 법리를 논하려는 것이 아니다. 이 법적 모순의 근원에 놓여 있는 정치적 힘 관계의 모순을 말하려는 것이다. 김대중 정권 역시 국가보안법을 폐지하지도 못했고 대체하지도 못했다. 김영삼 정권 때는 더 기가 막힌 일이 벌어진다. 1994년 남북정상회담을 일주일 남겨 놓은 시점에서 김일성이 사망하고 국회에서는 조문을 가니 못 가니 하며 한참 시끄러웠다. 국가를 대표하여 국가의 운명을 논할 상대로는 인정하지만 그 상대가 사망했을 때는 의례적인 조문을 가는 것조차 불순한 일로 치부하는 모순 속에 살고 있는 것이다. 이런 상황 속에서 자신의 지지세력의 뜻을 따를 수밖에 없는 김영삼이 김일성을 만났다 한들 밥 먹고 사진 찍는 일 말고 명확히 합의할 수 있는 정책방향이 어떤 것이었을까? 참고로 남북정상회담 일보직전에 물러나야 했던 김영삼은 퇴임 후 이렇게 본색을 드러낸 바 있다.

> 8일 상도동 집에서 열린 김영삼 전 대통령의 내외신 기자 회견 내용은 자신의 시국관만이 유일무이한 '애국관'이라고 주장한 '정치 궤변의 완결판'으로 해석되기에 충분했다. 그는 이 날 국내외의 압도적 지지 속에 진행되고 있는 남북 화해·협력 움직임을 무턱대고 비난했다. 김대중 대통령이 김정일 위원장에게 속아 나라를 '대혼란'으로 빠뜨리고 있다고 주장하기도 했다. …… 이런 위기 상황에서 민주주의를 지키고 국민들에게 '희망과 용기'를 심어주기 위해 조만간 '민주주의 수호 국민 총궐기 대회'를 열 예정이며, 그에 앞서 '김정일의 반민족적 범죄 행위를 규탄하고 고발하는 2천만 서명운동'을 전개하겠다고, 앞으로 정치 재개 일정도 밝혔다. …… 그는 자신의 이런 활동이 정치 재개로 비치는 것을 우려한 듯 "나의 행동은 나라를 구하기 위한 '구국 행동'일 뿐 정치 세력화와는 거리가 멀다"고 애써 부인했다.[82]

---

82) 『인터넷 한겨레』, 2000년 9월 8일.

나는 사실 김대중이 왜 그렇게 통일문제에 집착해 왔는지 그것이 궁금했다. 분단 후 세월은 흘렀고, 정치인 역시 뜬구름 잡는 일처럼 막연한 통일은 시간의 흐름에 맡겨 놓고 얼마든지 다른 일에 자신의 정치적 관심을 집중시킬 수도 있었을 것이다. 그러나 김대중은 정치인으로서 한순간도 통일문제에 대한 관심을 놓지 않았다. 그저 의례적인 관심이 아니었다. 1991년 이후에는 현실적인 느낌이라도 드는 문제였지만 1991년 이전은 정치적으로 엄청난 불이익을 감수하기까지 해야 하는 문제였다. 실제로 그가 통일문제에 대한 관심만 적었더라도 '빨갱이 타령'의 빌미를 주는 일은 훨씬 적었을 것이다. 그런데 그것이 바로 집착의 이유였다. 김대중은 이렇게 말했다.

통일을 목표로 삼지 않는 민주 회복은 국민의 소망에 부응하는 민주주의일 수가 없다. 또한 그런 정부는 국민의 통일열망을 억누르기 시작할 것이므로 독재적으로 되어 갈 것이다. 민주주의를 부르짖는 사람들은 한국국민이 그토록 열망하는 통일과업에 충분히 헌신하지 않고는 스스로를 민주적이라고 부를 자격이 없다. 민주회복과 통일은 똑같이 중요하다. 그러나 예정표를 만든다면 민주회복이 통일보다 우선해야 한다. 민주주의가 없이는 평화적인 민주통일도 생각할 수 없기 때문이다. 독재자들이 통일에 대한 관심을 아무리 큰소리로 선언한다 해도 독재정권을 유지하기 위해서는 분단과 긴장이 필요하기 때문에 그들은 결코 이 국가적 목표에 헌신할 수 없다. 따라서 통일은 한반도에 있는 두 독재정권의 기득권과는 정면으로 대립된다.[83]

그는 자신의 정치이력을 통해 "한반도에서 통일은 독재와 완전히 모순되는 것"이라고 온몸으로 절감했던 것이다. 그런데 위의 인용문에는 한 가지 쟁점이 더 담겨 있다. 김대중은 '선민주 후통일'이라는 입장을 분명히 천명하고 있다. 사실 급진적인 경향으로는 남한만의 민중혁명을 전제로 한 '선민주 후통일'이나 남북한간의 계급타협을 전제로 한 '선통일 후민주'론도 있었다. 그러나 그는 제도권 내의 현실 정치인이었다. 그는 분명한 목소리로 "두 독재정권의 기득권"을 모두 부정하는 자유민주주의를 전제로 한 '선민주 후통일'을 말한 것이다.

김대중과 박정희의 대북관

우리가 기억해야 하는 쟁점은 박정희의 독재는 북한을 절멸시키겠다는 반공정책과 뗄 수 없는 관계에 있었고 김대중은 바로 그렇기 때문에 민주화를 위해서라도 북한과의 평화공존이 전제되지 않으면 안 된다고 판단한 것이다. 사실상 70년대 박정희와 김대중의 노선 충돌은 바로 이 입장 차이가 본질이었다. 그리고 이 노선투쟁에 있어서 시대변화는 김대중 편이었지만 상황논리는 여전히 박정희 편이었다.

나는 개인적으로 1991년 이전까지 있었던 모든 통일 논의는 그 자체가 다소 공상적인 측면이 있을 수밖에 없었다고 본다. 사실 현실의 장벽에 부딪칠 수밖에 없는 재야가 아무리 나아가 봐야 '금지된 민간교류의 금기 깨기'라는 낭만적 실천 이상은 불가능했으며, 또 당국은 당국대로 자본주의와 공산주의라는 현실적으로 공존할 수 없는 이질

---

83) 김대중, 「기로에 선 한국의 운명: 전망과 제안: 1984년 4월, '행동하는 양심'」, 『전집 1』, 중심서원, 1993, 183쪽.

적인 제도를 이론적으로만 조화시킨 상상적 통일론으로 자족할 수밖에 없었다. 물론 상황이 아무리 냉혹했다 할지라도 긴장완화와 평화공존 나아가 평화교류 정도는 노력 여하에 따라서는 얼마든지 가능했을 것이다. 동서독의 경우가 그것을 입증한다. 그러나 박정희와 김일성은 그럴 수 없었다. 왜 그럴 수 없었을까?

박정희와 김일성이 만들어낸 적대관계의 영구화는 단순히 전쟁 경험이라는 특수성으로만 설명할 수는 없다고 본다. 전쟁 후 평화를 향한 노력이야말로 인류가 경험한 역사의 필연적인 경과이기 때문이다. 따라서 이런 상황논리를 의심하기 시작하면 얼마든지 음모론적 역발상도 나올 수 있다. 즉 박정희와 김일성은 이데올로기 경쟁에서 이기기 위해 독재를 한 것이 아니라 독재를 위해 이데올로기를 한껏 이용했다는 주장이 그것이다. 기본적으로 김대중의 박정희 비판, 즉 "한반도에 있는 두 독재정권의 기득권"이라는 표현은 분명히 이런 맥락과 관련 있는 비판이다. 실제로 그는 "1972년 유신 남북이 짜고 해 가지고 남쪽은 박정희 영구집권 체제를 갖추고 북쪽은 김일성이가 그때까지 수상하다가 주석이 되지 않았습니까? 이렇게 해서 양쪽이 다 자기 정권 강화에 악용했어요. 그런 일이 아니라고 어떻게 보증합니까?"라고 비판한 적도 있다.

물론 이런 비판이 상황논리를 무시한 결과론적 과장이라고 생각할 수도 있겠지만 박정희가 평화공존 노력 더군다나 평화통일 따위에는 전혀 관심이 없었다는 것은 분명한 일이다. 김대중은 박정희 정권이 미·중 화해에 의해 어쩔 수 없이 시작되었던 남북대화 과정에서도 한순간도 진심으로 평화공존을 생각해본 적이 없었다는 것을 짐작케 하는 에피소드를 이렇게 전했다.

그들이 진심으로 통일의 길을 찾으려고 하는 것이 아님을 증명하는 적절한 에피소드가 있습니다. 작년 12월 말에 김종필 총리가 트루먼 전 대통령의 국장 때문에 워싱턴으로 가서, 한국대사관에서 한국의 미국 주재 기자를 모아 놓고 저녁식사를 했을 때의 일인데 김종필 총리가 입을 열어 '북괴놈들' '북괴놈들' 하고 격렬하게 북쪽을 비난할 대로 비난했습니다. 그러나 그때는 '통일주체 국민회의'의 선거를 하고, 통일을 위한다는 명목 아래 헌법 개정을 하고 있던 중이었으므로 기자들은 놀란 나머지, 어째서 저런 말을 하는 것이냐고 동석하고 있던 문교부 장관에게 물었던 모양입니다. 문교부 장관은 저것이 진실입니다. 그러면 현재 통일을 떠들어대고 있는 것은 무슨 뜻이냐고 물었더니, '그것은 거짓말이고, 이것이 진짜'라고 말했습니다. 나는 그 기자들로부터 워싱턴에서 그 이야기를 들었습니다. 미국에서 돌아오는 길에 일본에 들른 김종필 씨는 민단본부로 가서 통일 따위는 꿈에도 생각지 말라고 훈화하고 있습니다.[84]

김대중은 통일이 '서로 나눔'이라는 공통분모가 없이는 결코 도달할 수 없는 길이라는 사실을 분명히 알고 있었다. 예컨대 통일이 현재와 같은 경제력 차이가 있음을 감안한다면 상호 이해관계의 일치, 즉 이기적 필요에 의해서만 이루어질 수 있을 것이라고 기대하기는 대단히 힘들 것이다. 그것은 적어도 헌법 전문이 예정하고 있듯이 "정의 ·

---

84) 김대중, 「한국 민주화에의 길: 1973년 7월 13일, 일본에서 『세계』지 야스에 료스케 편집장과」, 『전집 4』, 중심서원, 1993, 69~70쪽.

인도와 동포애"라는 정신 없이는 도달하기 힘든 지난한 길일 것이다. 그래서 그는 아주 극단적으로 이렇게 기득권 세력을 비판했었다.

> 독재정권이 통일을 얼마나 악용하느냐는 박정희 씨가 유신을 선포할 때, 만일 유신을 인정하지 않으면 통일을 원치 않는 것으로 인정하겠다고 했으면서도 유신이 실행되고 난 뒤에 전혀 통일논의를 하지 않았습니다. 전두환, 노태우 역시 마찬가지입니다. 독재정권은, 첫째 남한 내에서도 남과 어울리지 않고 자기네 소수끼리만 어울리고, 부귀영화를 누리고, 모든 권력을 독점하고 배타적으로 사는 사람인데, 하물며 체제와 사상이 다른 공산주의자와 공존하면서 같이 통일로 가겠다는 것은 전혀 기대할 수 없습니다.[85]

김대중이 말하는 독재정권의 주체는 누구인가? 영남패권주의자들이다. 그들이 통일문제에 관심이 없을 것이란 것은 논리로써 충분히 짐작할 수 있는 일이다. 그 통일이 박정희의 경우처럼 무력으로 공산주의자들을 절멸시키고 패권의 영역을 확대하는 것이라면 얼마든지 환영할 것이다. 그리고 실제로 그러한 패권확대를 추구했다. 그러나 그 통일이 단순히 경제적 교환관계 속에서 상호이익을 실현하기 위한 통일도 아니고 이제는 오히려 자신들의 기득권을 나눠줘야 하는 반갑지 않은 상황이 됐다면 그들이 통일을 적극적으로 원치 않을 것이란 것은 분명한 일이다. 여기서부터 우리는 다시 영남패권주의와 통일의

---

85) 김대중, 「평화통일로 가는 길: 1989년 6월 20일」, 『전집 3』, 중심서원, 1993, 227쪽.

관계라는 어려운 숙제에 봉착한다.

나는 영남패권주의자들인 기득권층의 경우에 햇볕정책에 의한 통일논의 자체를 반가워하지 않을 것이란 상상은 쉽게 할 수 있다. 그런데 일반 민중의 한 사람일 뿐인 영남인들은 햇볕정책을 어떻게 생각하고 있을까? 의미심장하게도 영남 지역의 햇볕정책 지지율이 호남 지역보다 훨씬 낮게 나온다. 이를 어떻게 해석해야 할까? 물론 햇볕정책을 지지하지 않는다고 해서 무슨 역사의 반동은 아니다. 그러나 햇볕정책이 흡수통일 정책이나 통일 회피론보다는 훨씬 진보적인 정책인 것만은 분명하다. 따라서 영남은 어떤 이유로든 이제 통일정책에 있어서도 다분히 보수적인 정책의 지지자로 등장하고 있음이 분명하다. 그리고 어쨌든 이러한 현상이 영남패권주의의 한 힘이 되고 있음도 분명하다.

노무현 정권의 대북송금특별법

우리는 김대중이 노무현 정권 들어서자마자 시행됐던 대북송금특별법에 크게 낙담했던 사실을 잘 알고 있다. 노무현은 한나라당이 주도한 이 특별법에 거부권을 행사하지 않았다. 왜 그랬을까? 나는 이것이 단순히 법적 절차를 명확히 함으로써 앞으로의 대북관계에서 발생할 수도 있는 금전거래를 절도 있게 하기 위한 것이었다고 믿고 싶다. 그러나 만에 하나 많은 사람들이 의심하고 있는 대로 이것이 김대중 정부에 반감을 갖고 있는 영남의 호감을 얻기 위한 목적이 개입된 것이라면 대단히 슬픈 일이다.

실제로 한나라당을 중심으로 하는 보수세력은 '대북 퍼주기'라는 선정적인 구호까지 만들어 내 끊임없이 햇볕정책을 압박하며 엄격한 상호주의로의 전환을 모색해왔다. 대북지원을 단순히 대내적인 차원의 사회보장적 의미로 접근할 수는 없는 일이겠지만 그렇다고 대북지원을 엄격한 상호주의로 몰아가려는 태도는 분명히 "정의·인도와 동포애"라는 헌법정신을 외면하는 일이다. 특별히 우려할 만한 사실은 통일문제에 대한 접근조차도 지역적 격차가 드러나고 있다는 사실이다. 이것이 박정희 정권으로부터의 긴 이력을 가진 이데올로기의 대립 때문이든 지역적인 물적 토대의 차이에서 비롯된 문제이든 통일과 관련해서도 영남패권주의를 분석해야만 하는 상황인 것이다. 이 상황을 타파하지 못한다면 통일 이후에도 영남패권주의적 지역문제는 계속될 가능성이 있다. 그것이 문제다.

전두환과의 만찬

나는 그것이 알고 싶었다. 자신을 죽이려 했으며 수없이 많은 양민을 학살한 파시스트 살인자와 개인적으로 대면하는 느낌은 어떤 것일까? 그도 애완견을 키울 줄 알고 자신의 손자들을 귀여워 할 줄도 아는 평범한 인간의 모습을 하고 있을 것이기 때문에 더욱 궁금했다. 그 살인자와 만나 구역질을 느끼지 않고 얘기할 수 있을까? 그의 모습에서 그에게 야만적으로 학살당한 사람들의 원한을 느끼지 않고 평온한 마음으로 이야기를 나눌 수 있을까?

'대의제적 공간'을 위한 처세술

내 궁금증은 간단히 풀어졌다. 김대중은 전두환과의 만남에서 죽은 자들의 원한을 느꼈는지는 모르겠지만 구역질은 느끼지 않았음이 분명하다. 김대중은 1992년에 있었던 한 인터뷰에서 자신과 전두환과의 우연한 만남을 이렇게 설명했다.

> 정운영: 며칠 전 어떤 행사에서 김 대표가 전두환 씨와 악수를 하면서 파안대소하는 큰 사진이 어느 신문에 실렸습니다. 우리네 생각으로는 그저 따귀를 한 대 올려붙였어야 마땅한데, 그 평화로운(?) 사진을 보고는 여러 사람이 적지 않게 곤혹스런 느낌을 받았습니다. 그게 정치인지 아니면 김 대표의 품성인지, 글쎄 어떻게 해석해야 되겠습니까?
>
> 김대중: 저도 착잡한 심정을 느꼈는데, 평소부터 죄는 미워해도 사람은 미워하지 않는다고 말해 왔습니다. 나쁜 제도에 대해서는 철저하게 반대하고 목숨을 걸고라도 싸우지만 사람을 미워한 일은 없어요. 그렇기 때문에 전두환 씨에 대해서도 인간으로서 미워한 적은 없어요. 그가 한 정치에 대해서는 반대하고, 앞으로도 영원히 반대하지만, 인간으로서 만났는데 그렇게 기분 나쁘게 대할 것은 없다는 생각이었지요. 그때 들어가면서 앞에 있는 분들과 쭉 악수를 하면서 갔는데, 전두한 씨가 와 있는지는 몰랐어요. 그래서 돌연히 만나서 순간적으로 웃고 악수를 했는데, 평소부터의 제 생각이 그렇게 표현된 것 같습니다.[86]

김대중의 "평소부터의 제 생각"이란 도대체 어떤 생각이기에 그렇게 '파안대소'로 표현됐을까? 이 인터뷰보다 조금 이른 시기에 있었던 또 다른 유사한 인터뷰를 인용한다.

---

86) 김대중, 「나의 사상을 말한다: 1992년 1월, 정운영 교수와」, 『전집 4』, 중심서원, 1993, 306~307쪽.

진심으로 말합니다만 저는 성격적으로 남을 미워하지 못하는 사람입니다. 박정희 씨나 전두환 씨 등 참 많은 사람으로부터 온갖 박해를 당해 왔지만 그래도 저는 그들을 미워하지 않습니다. 그러나 옳지 않은 정치에 있어서는 절대 타협하지 않습니다. 이건 목숨 걸어요. 전두환 씨만 해도 그래요, 지난 80년 그대로 두면 제가 대통령이 될 것 같으니까 전혀 터무니없는 걸 조작해서 저를 죽이려고 한 것 아닙니까? 그런데 제가 생각해도 우스워요. 88년 올림픽 직후 전두환, 이순자 체포하라고 그 아우성치고 하다못해 우리 당사도 학생, 노동자, 유가족, 광주시민 등이 10여 차례나 기습 점거했지만 그때마다 그분들을 피하지 않고 만나 기꺼이 그 문제를 해결했습니다. 구속해서는 안 된다고 말입니다.[87]

김대중은 우스웠는지 모르겠지만 나는 그 일이 지금도 하나도 우습지 않다. 지금까지 김대중은 '전두환에 대한 정치보복 불가'를 강조할 때마다 늘 자신의 탄압 경험을 말하곤 했다. 솔직하게 말하자면 자신이 탄압받은 경험을 늘 '앞세워' 말했다. 보다 더 솔직하게 말한다면 자신이 탄압받은 경험은 뒤로 젖혀놓고 학살당한 광주시민과 '전두환에 대한 정치보복 불가'가 어떤 관계에 있는지 말하는 것을 거의 들어 본 적이 없다. 인용한 두 인터뷰를 자세히 읽어보기 바란다. 모두 개인적 경험으로 충만해 있다. 김대중은 왜 자신의 개인적 경험보다는 광주 희생자의 정치적 대변자임을 강조하지 않는 것일까? 왜 광주의 집단적 경험을 개인적 경험으로 대체하고 단절시키려 하는 것일까?

---

87) 김대중, 「갈등 큰 시대일수록 진실한 문학작품이 나온다: 1991년, 『우리문학』 윤채한 발행인과」, 『전집 4』, 중심서원, 1993, 298쪽.

위 인용문에서 전두환은 "그가 한 정치"와 "옳지 않은 정치"로만 표현되고 있다. 거기에 자신의 개인적 탄압 경험이 강조되고 '정치보복'을 해서는 안 된다는 논리로 이어진다. 물론 이 인용문의 행간 어딘가에 학살당한 광주시민과 상처받은 수많은 영혼들의 자리가 분명히 있겠지만 유감스럽게도 그것은 나의 눈에는 잘 '드러나지' 않는다. 왜 이런 느낌이 드는 것일까? 김대중에게 하소연하러 당사로 찾아가 농성을 벌였던 사람들이 죽었다 살아난 김대중의 개인적 경험과 정치적 탄압이 분하고 억울해 찾아갔을까 아니면 광주의 영혼과 이 땅의 정의 실현을 위해서 찾아갔던 것일까? 나는 지금도 '나는 용서를 할 테니까 당신들은 용서를 못하겠거든 용서하지 말라'며 "그 문제를 해결"했던 김대중의 말이 귓전에 어른거린다.

나도 진심으로 말하지만 "성격적으로 남을 미워하지 못하는 사람"이라는 김대중의 말은 믿는다. 그러나 그의 성품에서 나오는 개인적 행위가 아닌 의도를 가진 정치적 행위들은 나름대로 해석할 수밖에 없다. 결론부터 말한다면 김대중은 운신의 폭을 넓히기를 원했다고 볼 수밖에 없다. 즉 자신과 광주를 개인적 경험을 앞세워 단절시킴으로써 광주가 원치 않는 정치적 타협을 모색할 수 있는 '대의제적 공간'을 확보하려 한 것이라고 볼 수밖에 없다. 말하자면 김대중은 좋은 의미든 나쁜 의미든 그렇게 '타고난 정치인'이었다.

정치적 적대세력과의 끊임없는 타협

김대중은 광주학살 소식을 사건이 발생하고 56일째 되는 날 중앙정보부의 지하실에서 쿠데타의 주역 중 한 사람이 회유와 협박을 한

후 넣어 준 한 뭉치의 신문을 보고 처음 알았다고 말했다. 그는 그 신문을 보고 "너무도 큰 충격 때문에 쓰러지고 말았으며, 의사의 응급치료를 받아야 할 정도에 이르렀"다고 회상했다.

그런 그가 1992년의 인터뷰에서 광주문제가 미결인 이유를 "누가 발포지령을 내렸는가"를 밝히지 못해서라고 말했다. 이 말대로라면 그는 21일의 발포지령은 18~19일의 야만적인 학살만행의 연장선상에 있다는 사실을 완전히 무시한 것이다. 1998년의 광주청문회도 거의 발포지령에 맞추어져 있었다. 만약 실제로 그런 입장이라면 전두환의 발포책임은 4·19 당시 이승만의 발포책임과 크게 다르지 않을 것이다. 광주문제를 18~19일 시작된 학살만행 책임이 아닌 21일의 발포책임으로 변이시키는 것은 용서할 수 없는 반인도적 범죄를 과잉진압이라는 정치적 책임문제로 변이시키는 것이다.

김대중은 광주 소식을 처음으로 안 그 순간의 충격과 함께 "그 다음 순간 나는 백번을 죽어도 광주에서 죽은 사람들을 생각하여 나는 결코 저들과 타협할 수 없다고 생각했"다고 말했다. 그러나 그가 말하는 타협거부란 그들의 요구대로 "정치에서 손을 떼겠다"는 타협을 하지 않겠다는 의미였을 뿐이다. 이런 의미가 아닌 한 사실 그는 끊임없이 영남패권주의 세력과 타협을 모색해왔다.

추적해보자. 김대중이 처해 있는 어려운 상황을 고려한다면 대통령 당선 전에 진심으로 전두환에 대한 정치보복 불가 입장을 기회 있을 때마다 강조했던 것은 이해가 간다. 김대중이 대통령이 되면 동네 통반장까지 전라도 사람들로 바뀌고 '영남사람인 우리는 모두 죽는다'고 선동하는 상황에서 어떻게 정치보복이라는 발언을 입에 담을 수 있겠는가? 불법적인 탄압으로서의 정치보복과 과거의 잘못에 대한 합법적인 정의 실현은 구별해야 한다는 말조차 꺼내지 못한 것도 이해가 간다. 그러나 나의 불만은 대한민국의 영남패권주의 역사는 김대중을 포함해 우리 모두 '정치보복'과 '법적 정의'의 구별조차 불가능하게 만들었다는 사실에 있다.

　김대중의 대통령 당선 이후에는 뭐가 좀 달라질 수 있었을까? 하나도 달라진 것이 없다. 그는 당선자 시절 전두환·노태우의 사면에 동의하는 것으로 정치활동을 시작했다. 그리고 대통령 취임식에 전두환·노태우를 전직 대통령의 자격으로 초대했다. 이는 "성격적으로 남을 미워하지 못하는 사람"이라는 변명과는 아무 상관없는 정치적 행위다. "성격적으로 남을 미워하지 못하는 사람"이라고 해서 반드시 취임식장에 내란죄의 수괴였던 전두환과 그 일당인 노태우를 초대해야 할 이유는 없기 때문이다. 초대하지 않는다고 해서 정치보복이 되는 것도 아니다. 그것은 분명히 '전직 대통령의 예우에 관한 법률'을 정면에서 위반한 정치적 행위였다.

　거기서 그치지 않았다. 김대중은 임기 내내 때마다 전두환·노태우를 청와대로 초대하여 만찬을 가졌다. 김대중은 왜 그래야만 했을까? 김대중을 그렇게 하게 만드는 힘의 근원은 무엇일까? 간단히 말한다. 성격 때문이 아니다. 영남패권주의 세력 때문이다. 그는 영남패권주의 세력과 타협하기를 원했다. 우리는 김대중의 이 난해한 태도를 이해하기 위해 또 다른 질문을 던져야만 한다. 김대중은 영남패권주의 세력과만 타협하기를 원했을까? 아니다. 그는 모든 정치적 적대세력과 끊임없이 타협을 추구해왔다. 그의 정치이력을 한 마디로 특징짓는다면 그는 알려진 바와는 정반대로 '타협의 정치인'이었다. 자신이 옳다고 믿는 바를 끈질기게 추구하면서도 끊임없이 자신의 적대세력과 타협하기를 원했다. 이는 그의 정치적 발언들을 직접 들어보는 것이 훨씬 효과적이다.

신념에는 강경, 타협에는 온건

우선 김대중은 미·중 수교라는 세계정세의 변화에 즈음하여 1972년 3월 11일 대 중국과의 관계를 이렇게 말한다.

여러분! 보십시오. 미국 같은 그런 나라가, 세계의 1등 국가, 가장 강한 나라의 대통령이 그렇게 미워하고 그렇게 멸시하던 중공에 가서 모택동이를 만나고 주은래를 만나! 이것을 우리가 배워야 한다 이거예요. 세계의 국민을 살리고 자기 나라의 이익을 위해서는 어제까지 원수로 삼던 사람도 찾아가는데, 하물며 같은 국내에서 야당의 대통령 후보가 얘기하는 것도 무조건 무엇이든지 반대하고, 얼빠지고, 머리가 돌았고, 이런 식으로 비난한다는 것은 나라를 위하는 길이 아니다 이거예요.[88]

그의 발언 속엔 '원수/이익'이라는 딜레마가 들어 있다. 그리고 이 딜레마 앞에서 고민 없이 실용주의적 접근 태도가 해답임을 강조하고 있다. 원수라 할지라도 이익을 위해서는 타협해야 한다는 것이다. 정치인 김대중의 타협은 예수와 같은 사랑 때문이 아니다. 이익 때문이

---

88) 김대중, 「변화하는 세계와 한반도: 1972년 3월 11일, 수운회관」, 『전집 3』, 중심서원, 1993, 62쪽.

다. 김대중이 보기에 그것이 바로 정치다. 이런 맥락에서 그는 (앞에서도 인용했지만) 1972년의 한 인터뷰에서 대 북한 관계에 대하여 이렇게 말했다.

> 나는 통일문제에 있어서 공산주의를 절멸시키고 우리만이 남는 통일은 있을 수 없다고 생각해 왔습니다. 동시에 우리가 공산주의자들에게 숙청을 반대로 당하는 것은 더욱 그렇다고 봅니다. 통일은 양쪽이 비로소 안심하고 평화공존이 가능한 경우에만 된다고 봅니다. 또한 그 과정에 있어서는 연방제 같은 과도적인 형태도 검토되어야 할 것입니다.[89]

그는 철저하게 공산주의를 반대한다. 그러나 다시 철저하게 그 공산주의를 절멸의 대상으로 보지 않는다. 이런 태도가 적대세력에 대한 절멸을 가능케 하는 힘의 부족에서 나오는 것인지 아니면 그럴 힘이 있더라도 자제해야 한다는 것인지는 불분명하다. 그러나 적어도 그는 적대세력간 세력균형의 조건하에서 그 현실을 인정하는데 조금도 주저함이 없다. 김대중은 1980년의 군법정에서는 놀랍게도 다음과 같은 최후진술을 한다.

> 이 나라에는 분명히 전(全) 대통령을 중심으로 한 유신세력이 있는 반면, 민주주의를 지향하는 다수의 민주세력이 존재하고 있다. 그 어느 한 쪽 세력도 다른 세력을 억누르고서는 이 나라를 이끌고 갈 수 없다고 나는

---

[89] 김대중, 「통제받지 않는 권력은 악이다: 1972년 8월 11일, 김동길 교수와」, 『전집 4』, 중심서원, 1993, 39쪽.

확신한다. 우리 국민은 이미 민주주의를 해야 하고 또 할 수 있는 능력을 갖고 있다. 우리는 두 번 다시 불행이 없게 하기 위해서는 이 양대 세력이 서로 대화하고 토론하고 관용해야 한다. 이것만이 공산주의에 이길 수 있는 길이다.[90]

모든 것이 분명해졌다. 김대중은 자신이 민주주의를 지향하는 세력임을 분명히 하고 있다. 그러므로 민주세력을 억누르고서는 이 나라를 이끌고 갈 수 없다는 주장이 나올 것은 당연히 예상할 수 있다. 그런데 그는 그런 식으로 말하지 않았다. "그 어느 한쪽 세력(예컨대 민주세력-필자 주)도 다른 세력(예컨대 유신세력-필자 주)을 억누르고서는 이 나라를 이끌고 갈 수 없다"고 말했다. 이 발언이 단순히 법정에 서서 사형언도를 모면하기 위한 타협적 발언이었을까? 이후의 정치행보는 그것이 결코 빈말이 아니었음을 말해준다. 그는 1986년 8월에 민주화추진협의회 공동의장으로서 이런 성명을 발표한다.

김영삼 씨가 정부와의 타협에 기꺼이 응한다는 말을 듣는 반면에, 나는 타협을 꺼리는 강경파로 자주 묘사되어 왔다. 이것은 우리 두 사람의 입장을 매우 부정확하게 설명한 것이다. 정부는 우리를 분열시키려고 우리 입장을 왜곡해 왔다. 내가 작년 초에 미국에서 돌아온 뒤, 김영삼 씨와 나는 악화되어 가는 정치적 위기를 대화로 해결하자고 전두환 대통령에게 촉구해 왔다. 비타협적인 쪽은 바로 전두환 씨다. 그는 우리의 대화요구를

---

90) 김대중, 「김대중 사건 법정 최후진술: 1980년 11월 9일, 군법정」, 『전집 1』, 중심서원, 1993, 51쪽.

계속 거부했다.[91]

그는 사실 자신의 신념을 지킨다는 의미에서 강경파였으나 언제라도 적대세력과 타협할 의사가 있었다는 의미에서 온건파였다. 자신의 표현을 직접 빌려 말한다면 그는 정치인으로서 "서생적 문제의식과 상인적 현실감각을 적절히 조화"시킨다는 분명한 입장이 있었다. 그러나 이러한 태도는 자칫 적대세력으로부터는 완고한 투사로 우호세력으로부터는 기회주의자로 몰리는 억울함도 있었을 것이다. 실제로 그는 자신이 대통령이 되어서도 박정희 기념관을 건립하는데 정부가 지원하도록 하려다 큰 반대에 부닥친 일도 있었다. 『조선일보』와도 타협하기를 바랐지만 결국 실패했다. 어쨌든 그의 타협의 정치는 그의 일생에 있어서 일관된 것이었다. 전두환과의 만찬은 결코 우연이 아니었다.

단죄 없는 부끄러운 역사

이쯤에서 궁금한 것이 있다. 그의 정치세계에서 '이익과는 무관하게 반드시 그렇게 하지 않으면 안 되는 법적·도덕적 당위'는 어디쯤 존재하는 것일까? 우리는 단순히 이해관계의 충돌만이 문제인 두 세력 사이에는 타협의 정치만큼 필요하고 절실한 것은 없다는 것을 잘 안다. 그래서 사람들은 상생정치를 요구한다. 그러나 두 세력이 단순한 이해관계의 대립이 아니라 공존이 불가능한 적대세력이라면 어떨까? 예컨대 식민지 해방 후 친일세력과 타협의 정치를 펼 수 있을까?

---

91) 김대중,「민주주의는 대화를 요구한다: 1986년 8월 31일, 서울」,『전집 1』, 중심서원, 1993, 199쪽.

아니면 민주주의를 위협하는 파시즘세력과도 타협할 수 있을까? 김대중에게 공존과 타협의 한계는 있었던 것일까?

나는 김대중에게서 그 한계가 분명히 있다고 주장하는 직접적인 발언을 듣지는 못했다. 다만 그는 적대세력의 잘못된 점을 지적하며 극단적으로는 용서할 수 없다고까지 말한다. 예컨대 그는 "이승만 씨는 자기의 이익을 위하여 독립운동가를 전부 배제하고 친일파들을 중심으로 하여 정권을 세웠습니다. 민족 정통성을 파괴한 것입니다"라고 비판한다. 또, "박정희 씨의 최대의 죄악, 영원히 역사에 용서받지 못할 죄악, 결코 정당화될 수 없는 죄악은 이 지방색의 조성입니다"라고 비판한다. 그러나 그는 그들 정치세력과 분명한 선을 그어야 한다고는 말하지 않았다. 오히려 그는 이렇게 말했다.

> 저는 우리 민족이 3·1운동, 8·15해방, 4·19, 10·26, 그 어느 때도 독립과 민주화의 목적만 추구했지 정치적 보복은 결코 하지 않았다는 사실에서 큰 교훈과 용기를 얻고 있습니다. 여러분이 아시는 대로 저는 역대의 독재정권으로부터 특히 전두환 정권으로부터 가혹한 박해를 받아 왔습니다. 그러나 저는 전두환 씨를 포함한 그 누구에 대해서도 증오를 품지 않고 있으며, 보복을 꿈꾸고 있지 않다는 것을 제가 믿는 하느님의 이름으로 고백합니다.[92]

김대중은 "죄는 미워하되 사람은 용서할 수 있다(미워하지 말라)"는

---

92) 김대중, 「자유와 정의 그리고 통일의 희망: 1988년 6월 29일, 제142회 임시국회 대표연설」, 『전집 1』, 중심서원, 1993, 233~234쪽.

경구를 신념으로 충실히 실천하려는 듯하다. 그러나 문제는 죄와 사람이 분리될 수 없다는 사실로부터 발생한다. 예컨대 법정은 죄를 묻는 것이지 사람 그 자체를 미워하려는 것이 아니다. 그럼에도 불구하고 사람을 죄와 분리할 수 없기 때문에 죄를 짓는 사람을 그 죄의 범주 내에서 처벌할 수밖에 없다. 따라서 그 경구는 죄를 묻는 이외에 그 죄의 바깥에 있는 인격 그 자체를 통째로 단죄하지 말라는 의미일 것이다. 그런데 김대중의 발언은 다음과 같은 어려움을 야기한다.

우선 김대중의 발언은 '죄는 미워하되 사람은 용서하라'는 의미가 아니라 '정치적 죄는 그 자체를 묻지 않는 것이 상책이다'라는 의미로 들린다는 것이다. 왜냐하면 위 인용문에 나오는 것처럼 그가 말하는 '정치적 보복'의 관념에는 사실상 범죄에 해당하는 과거의 모든 정치적 행위가 포함되는 것으로 들리기 때문이다. 실제로 나는 그 역사적 사건들에서 김대중이 처벌을 해야만 하는 정치적 범죄행위와 그렇지 않은 정치적 행위를 명확히 구분하는 것을 들어본 적이 없다. 이러한 태도는 다음과 같은 정치적 효과를 낳을 수밖에 없다.

김대중의 주장처럼 과거의 모든 정치적 범죄행위까지 '사람은 용서할 수 있다'는 모토하에 그 '사람' 속으로 도피할 수 있는 도피처를 마련해준다면 그것이 앞으로의 역사에 부작용을 미칠 수 있다. 더군다나 이 경우 그 범죄인들이 반성의 기회조차 갖지 못할 가능성이 크다. 반성은 외부의 평가에 의존하는 경향도 크기 때문이다. 그리고 이런 식으로 사태가 진행된다면 그 범죄인의 정치적 행위를 옹호하는 세력조차도 반성의 기회를 갖기는커녕 '정의는 곧 힘이다'라는 적반하장의 교훈을 얻어 끊임없이 그 범죄적 행위를 반복할 기회를 찾게 될 수 있다.

　김대중은 "우리 민족이 3·1운동, 8·15해방, 4·19, 10·26, 그 어느 때도 독립과 민주화의 목적만 추구했지 정치적 보복은 결코 하지 않았다는 사실에서 큰 교훈과 용기를 얻고 있"다고 말했지만 그것은 모두 반동세력에 의해 반격당한 역사다. 그 반격을 극복하기 위해 우리는 더 많은 피를 흘려야 했고 넓은 의미에서 말한다면 지금도 우리는 역사의 잘못을 단죄하지 못한 역사적 후유증을 앓고 있다. 마찬가지다. 김대중 역시 전두환과의 만찬을 통해 정치적 안정을 얻는 데는 도움이 됐을지 모르겠지만 단죄 없는 역사라는 오류의 한 페이지를 장식한 것만은 틀림없는 사실이다.

　나도 김대중의 타협의 정치가 강조하는 대로 영남패권주의 세력 그 자체를 절멸시키려는 생각은 불가능할 뿐만 아니라 잘못된 것이라고 생각한다. 그러나 세력간의 타협도 게임의 원칙이 있어야 한다. 이 원칙이 세워지지 않으면 타협 그 자체가 불가능하게 된다. 즉 야만으로 떨어진다. 이것이 역사다. 그런데 김대중은 전두환과의 만찬을 통해 '사람을 용서하기 위해 죄까지 미워하지 않는' 장면을 연출하고 말았다. 역사는 그 대가를 반드시 요구할 것이다.

민주주의와 시장경제

당선 직후의 과제들

　김대중은 대통령 당선이 확정된 '그 날 밤'을 거의 뜬눈으로 지새고 이른 아침 일산의 자택 뜰에 모인 지지자들 앞에 나와 이렇게 첫 당선소감을 발표했다. "이번 승리는 단순한 정권교체가 아니라 경제일변도 정책, 민주주의를 소홀히 하던 정책이 경제와 민주주의를 똑같이 중시하는 정책으로 변화하게 됐음을 의미한다." 민주주의와 시장경제의 병행발전! 수십 년간 정치인으로서 얼마나 강조하고 싶었던 소신이었을까? 그것은 말할 것도 없이 자신의 젊은 인생을 기꺼이 바쳐 투쟁했던 박정희의 개발독재에 대한 안티테제이기도 했다. 물론 김대중이 당선되었던 1997년 말은 박정희의 개발독재가 아니라 그 후유증이 만들어낸 IMF 체제를 여하히 극복할 수 있느냐가 절체절명의 과제였던 위기의 순간이었다. 그 위기의 순간에도 그는 민주주의를 말하고 있었다. 그의 지론을 염두에 두고 말한다면 그는 어쩌면 우리의 경제체제가 위기를 맞이한 것도 '민주주의 없는 시장경제' 때문이었다고 믿고 있었는지 모른다. 사실 김대중의 말이 아니더라도 정경유착, 특혜와 문어발식 재벌경제, 관치금융, 노동 적대적 경영방식, 이윤을 무시한 공격적 시장쟁탈전 등등은 누구나 지적하는 비민주적 현상들이다.

그러나 다른 측면에서 박정희식의 폭력적 개발독재가 아닌 '아시아적 가치'라고 일컬어지는 유교적 문화가 만들어내는 비민주적 요소는 어떻게 접근해야 할까? 그것은 시장경제에 긍정적 영향을 미치는 걸까, 아니면 오히려 부정적 영향을 미치는 걸까? 『Foreign Affairs』 1994년 3·4월호는 싱가포르의 리콴유와의 인터뷰를 「문화는 숙명이다」라는 제목으로 게재했으며 김대중은 그 인터뷰 기사에 대한 반박논문 「문화는 숙명인가」라는 글을 같은 잡지 동년 11·12월호에 투고했다. 그 주장과 반박을 들어보자. 먼저 리콴유는 "민주와 개인의 권리에 대한 관념"에 대한 질문을 받고 이렇게 말했다.

우리 의미론(semantics)에 관한 공론(空論)은 하지 맙시다. 중국 정부의 시스템은 바뀔 것입니다. 한국, 대만, 베트남에서도 마찬가지지요. 싱가포르에서 역시 변하고 있습니다. 하지만 결코 미국이나 영국, 프랑스나 독일의 시스템과 똑같이 되지는 않을 것입니다. 우리 모두가 무엇을 모색하고 있을까요? 바로 우리의 필요를 만족시켜 주며, 억압하지 않으면서 우리의 기회를 극대화시켜 주기 때문에 우리에게 편안한 정부의 형태(form)입니다. 한 사람이 한 표만 행사할 것인지, 아니면 어떤 사람은 한 표, 또 어떤 사람은 두 표를 행사할 것인지, 이런 형태를 모두 결정해야 합

니다. 난 도무지 일인일표(一人一票)가 최선이라는 것을 지적으로 납득할 수가 없어요.[93]

우리는 일인일표제에 대한 리콴유의 지적 회의가 아니더라도 "우리의 필요를 만족"시켜 주는 "우리에게 편안한 정부의 형태"라는 함축적 표현에서 그의 사상적 면모가 대체로 어떤 것인지를 충분히 짐작할 수 있다. 물론 그는 경제적 부분만 따로 평가하는 것이 허용된다면 어려운 조건 속에서 싱가포르를 도약시킨 보기 드문 유능한 정치인이다. 그러나 바로 그 때문에 아시아에서는 경제적 성공을 위해서는 언제나 민주주의적 가치를 그만큼 후퇴시켜야 하는가라는 원초적 논쟁을 제공하는 당사자이기도 하다. 정도의 차이는 있겠지만 김대중이 보기에는 리콴유의 논리는 박정희식 개발독재 논리의 연장선상에 있는 것으로 보였음이 분명하다. 김대중은 위 논문에서 아시아에서의 민주주의에 관한 전통과 실태를 기술한 뒤 이렇게 반박한다.

> 보다 폭넓은 다수의 이익을 도모하는 사회경제적 민주주의는 주로 2차 대전 이후에 실시되기 시작했다. 따라서 우리는 국가 내에서뿐만 아니라 저개발국가들을 포함한 모든 국가간에도 자유와 번영과 정의를 도모하는 새로운 민주주의, 즉 전지구적 민주주의를 창출해야만 한다. 급격한 산업화로부터 야기되는 사회적 교란에 대해 서구의 문화를 희생양으로 삼기보다는 아시아 사회의 전통적 장점을 찾아내어 그것이 어떻게 더 나은 민

---

93) 리콴유, 쟈카리아, 「문화는 숙명이다: 리콴유와의 대담」, 『아시아적 가치』, 전통과현대, 1999, 34~35쪽.

주주의를 만들어낼 수 있는가를 고찰하는 것이 보다 더 합당한 일일 것이다.[94]

김대중은 민주주의를 "보다 폭넓은 다수의 이익을 도모"하는 일과 관련지어 말하고 있다. 이것은 역사적으로 논쟁을 유발시키는 고전적 쟁점을 포함하고 있는 문제다. 우리가 만약 민주주의를 단순히 억압적 권력에 대한 기본권적 통제라는 차원에만 한정시켜 말한다면 민주주의와 시장경제는 대립이 있을 수 없다. 그러나 그 민중적 의사를 결집하는 형식 자체가 이미 민주주의의 본질을 이루는 이상 그 민중적 의사로 시장을 제어하려 한다면 시장경제는 분명히 민주주의와 대립하는 측면이 있다. 장하준은 이 모순을 이렇게 표현한다.

우리나라의 많은 주류 개혁론자들은 시장 원리의 확대가 경쟁 심화를 통해 기득권을 파괴하므로 '민주적'인 것이라고 생각하지만, 시장에서의 평등과 민주주의적 의미에서의 평등은 엄연히 다른 것이다. 선진국의 경우 20세기 초까지만 해도 대부분의 시장주의자들이 민주주의의 확대는 -실제로 그렇게 되었듯이- 누진소득세 제도의 도입, 국유화 등 '반(反)시장적'인 제도의 도입으로 이어질 것이라며 현대 민주주의의 최소 요건인 1인1표제 도입까지 반대한 사실은, 시장주의와 민주주의가 엄연히 다른 것임을 보여 주는 좋은 예라 할 것이다.[95]

---

94) 김대중, 「문화는 숙명인가」, 『아시아적 가치』, 전통과현대, 1999, 61쪽.
95) 장하준, 『개혁의 덫』, 부키, 2004, 250~251쪽.

민주주의 없는 시장경제, 그 체험적 고민

나는 김대중이 굳이 '민주주의와 시장경제의 병행발전' 테제를 내세운 것은 그가 '민주주의 없는 시장경제'의 폐해를 뼈저리게 체험했기 때문이라고 생각한다. 그리고 그것은 두말 할 필요 없이 우리 국민 모두의 역사적이고 현실적인 체험을 함축한 명제였다. 나중의 일이었지만 김대중은 자신의 당선도 그 명제의 실현에 대한 시대적 요구의 표출로 읽은 셈이다. 문제는 민주주의와 시장경제가 상호대립적인 면이 있지만 또한 그것은 상호의존적일 수밖에 없다는 사실에 대한 공감대다. 김대중은 이 모순은 결국 어떤 경우에도 참여의 확대에 의한 합리적 의사결정으로 발전시켜 나갈 수밖에 없다고 생각했다. 그는 자신의 구상을 이렇게 취임사에 담았다.

저는 우리가 겪고 있는 오늘의 위기는 민주주의와 시장경제를 병행해서 실천함으로써 극복할 수 있다고 확신합니다. …… 벤처기업은 새로운 세기의 꽃입니다. 이를 적극 육성하여 고부가가치의 제품을 만들어 경제를 비약적으로 발전시켜야 합니다. 벤처기업은 많은 일자리를 창출해서 실업문제를 해소하는데도 크게 이바지할 것입니다. …… 새 정부는 우리의 자라나는 세대가 지식정보사회의 주역이 되도록 힘쓰겠습니다. 초등학교부터 컴퓨터를 가르치고 대학입시에서도 컴퓨터 과목을 선택할 수 있도록 하겠습니다. 세계에서 컴퓨터를 가장 잘 쓰는 나라를 만들어 정보대국의 토대를 튼튼히 닦아나가겠습니다.

결과적으로 김대중 집권 5년의 경제적 성과를 특징짓는 내용들은 이미 취임사에 예언돼 있다. 김대중은 위 취임사 중 적어도 "정보대국의 토대를 튼튼히 닦아나가겠"다는 약속만은 틀림없이 지켰다. 2004년 한국을 방문한 '자바의 아버지' 제임스 고슬링이 "한국은 초고속 인터넷 접속률이 가장 높고, 이는 소프트웨어 업계에 엄청난 기회가 있다는 것을 의미한다"며 "인프라가 갖춰지지 않은 곳에서는 상상도 할 수 없는 아이디어들을 한국에서는 실험할 수 있다"고 부러워할 정도로 천지개벽했다. 박정희의 경부고속도로 건설은 높이 평가하면서 김대중의 정보고속도로 건설은 인색하게 평가하는 우리들도 한 번쯤은 되짚어 볼 필요가 있다. 김대중의 정보화 사업에 대한 열의는 순전히 우연이었을까?

정보화 혁명과 민주주의

나는 그가 누구보다도 정보화의 필요성을 절감한 인물이었다고 믿는다. 그래서 나는 이렇게 묻는 것이 공평하다고 생각한다. 김대중은 무슨 이유로 그렇게 정보화 사업이 필요하다고 생각했을까? 믿기 힘들겠지만 민주주의에 대한 열망 때문이었다. 그의 민주주의에 대한 열망은 단순히 자신의 정치적 야망을 달성하기 위한 수사가 아니었다. 그것은 누구도 따라가기 힘든 그의 신념이었다. 김대중의 '민주주의와 시장경제의 병행발전' 논리의 가장 절묘한 현실적 성공은 바로 정보화 사회의 실천에서 빛을 발했다. 대통령의 꿈은 문자 그대로 꿈이었을 1994년 당시 김대중은 『Foreign Affairs』에 실린 논문에서 이런 말을 했다.

아시아 국가들의 경제가 자본과 농업집약적인 산업체제에서 정보와 기술집약적인 체제로 변해가고 있다. 전문가들에 의하면 이 같은 새로운 세계 경제질서 아래서 성공하기 위해서는 자유가 보장되어 정보가 물 흐르듯이 막힘 없이 흐를 수 있어야 하며, 창의력이 자유롭게 발휘되어야만 한다. 그것은 민주적 사회에서만 가능한 것이다. 따라서 민주주의를 실행하는 방법 외엔 아시아에서는 그 어떤 실질적 대안도 없다. 민주주의는 이제 치열한 경쟁의 시대로 접어든 세계 경제질서에서 살아남기 위한 생존의 문제이기 때문이다. 또 한편 세계경제의 변화는 보다 큰 규모의 손쉬운 정보의 흐름을 촉진했으며, 그것은 곧 아시아의 민주화 과정에 도움을 주어왔다.[96]

나는 김대중이 만들어낸 이 정보화의 토대가 우리의 '민주주의와 시장경제의 병행발전' 역사에 되돌릴 수 없는 혁명을 일으켰다고 믿는다. 2002년에 일어났던 인터넷 혁명은 분명히 정보화 사회를 전제로 하지 않고는 상상할 수 없는 일이었다. 그것은 대중들의 참여를 봇물처럼 터뜨렸다. 월드컵 길거리 응원, 미선과 효순을 위한 반미 촛불시위, 노사모의 선거참여는 물론이고 인터넷 미디어와 정치 웹진의 부흥 같은 현상은 전 세계의 관심을 끌기에 충분한 세계 최초의 획기적인 방식의 대중참여 정치의 탄생이었다. 그런 의미에서 '노무현의 탄생은 김대중의 음모'라는 시중 우스개가 단순한 농담만은 아니었다.

이 정보화를 통한 민주화는 앞으로 우리나라 지역문제의 해결에도

---

96) 김대중, 「문화는 숙명인가」, 『아시아적 가치』, 전통과현대, 1999, 59~60쪽.

큰 도움을 줄 것이다. 지금까지는 폐쇄적이고 독점적인 지식과 정보 유통 속에서 어떤 불공평도 의제를 만들 수 있는 길이 없었다. 그만큼 영남패권주의 이데올로기와 싸우기가 힘들었다는 말이다. 그러나 이미 인터넷에서는 과거에는 상상도 못한 저항의 논리가 형성되고 있다. 그리고 정치인들의 위선과 부정한 경력들도 낱낱이 들춰내며 참여를 왜곡하는 정치를 고발하고 있다. 정보화가 가능케 한 이런 인터넷 민주주의 혁명의 대세는 이제 누구도 되돌릴 수 없는 세계 최첨단의 우리의 정치 현실이 되었다.

김대중의 경제정책 중 특징적인 또 하나의 현상은 벤처기업에 대한 지원이었다. 초고속 인터넷망을 초고속으로 구축한 것은 우리가 미국의 현실을 능가하는 모험을 했지만 벤처기업 지원전략은 미국적 현실에서 많은 것을 따라 배웠을 것이다. 사실 벤처기업 지원은 정책적인 측면에서 어떤 정부라도 생각했음직한 시대적 흐름인 것은 분명했지만 김대중의 열정은 각별한 데가 있었다. 나는 벤처기업에 대한 김대중의 열정도 결국 그의 1960년대부터의 신념인 중소기업 육성철학과 깊은 연관이 있다고 믿는다. 젊은 김대중은 제6대 국회의원으로서 재벌을 위한 '원시적 축적기간' 이었던 1960년대를 이렇게 열정적으로 보냈었다.

전국에서 중소기업은 지금 폐문도산(閉門倒産)이 속출하고 있습니다. 우리나라 전체 기업수의 9할 8푼을 점령하고 부가가치의 약 6할을 생산하고 있는 중소기업은 날로 도산당하고 있습니다. 이 나라의 지금 5개년 계획의 경제건설이라는 것은 이와 같이 농민과 노동자와 중소기업자·

봉급자, 모든 국민대중의 희생의 시체 위에 '불도저'로 밀고 가면서 몇 개 대재벌의 공장이 굴뚝과 같이 우뚝우뚝 서 가고 있는 것입니다.[97]

그렇다면 시장경제와 병행발전을 약속했던 김대중의 민주주의는 노동과 복지분야에서는 어떤 결과를 맺었을까? 결과적으로 말한다면 그는 자신이 스스로를 평가한대로 급진주의자가 아님을 증명했다. 김대중의 복지 정책방향은 기본적으로 앤서니 기든스가 "사회정책은 사회적 결속을 증진시키고, 상호의존적인 연결망을 조성하고, 사람들이 스스로를 돌보기 위해 자신들의 능력을 최대화할 수 있도록 고안되어야 한다"[98]고 강조한 것과 같은 '생산적 복지' 관념을 지향했다. '그 결과' 진보정당인 민주노동당은 김대중 정권이 3년을 넘긴 후의 상황을 '총체적 실패'라고 규정했다. 예컨대 이런 식이다.

이런 양상이 나타난 것은 결코 경제불황 탓이 아니다. 지난 3년 동안 경제는 19.7%, 정부예산은 32.6%, 재벌 재산은 40.3%나 늘지 않았는가 말이다. 민중의 삶이 피폐해진 것은 'IMF 탓'이 아니라, 김대중 정권의 일관되고 완고한 신자유주의 정책 때문이다. 실업대책 예산을 99%나 '과감히' 삭감하고, '기초생활보장'이라는 허울 아래 사회복지 예산은 축소시키면서도, 부실한 자본가들에게는 149조나 되는 공적자금을 뭉텅이로 갖다 바치는데 민중의 삶이 피폐해지지 않을래야 않을 수 없는 것이다.[99]

---

97) 김대중, 「특정 재벌 밀수사건에 관한 질문: 1966년 9월 22일, 제58회 제14차 본회의」, 『전집 13』, 중심서원, 1993, 79쪽.
98) 앤서니 기든스, 『현대사회학』, 을유문화사, 2003, 309쪽.
99) 민주노동당정책위원회, 『김대중 정부 3년 평가와 대안』, 이후, 2001, 25쪽.

나는 김대중의 집권기간 동안 자신의 정책결과와 관련해 'IMF 탓' 뿐만 아니라 누구의 탓을 하는 것을 단 한 번도 들어본 적이 없다. 탄핵소추안이 상정돼 있는 상태에서 기자회견을 하면서 "경제파탄이 제 책임은 아니다"라며 동의를 구하던 노무현의 모습과는 매우 대비되는 대목이다. 어쨌든 민주노동당의 진단대로 민중의 삶이 피폐해졌다면 그것이 'IMF 탓'이 아니라는 데는 김대중도 흔쾌히 동의할 것 같다.

다만 위 인용문에서 제시된 수치는 약간 선동적인 데가 있다. 참고로 사회보장 및 복지예산은 김대중 정부가 편성권을 가졌던 1999년 6조1천억 원대에서 2003년에는 11조5천억 원대로 늘었으며, 1990년대 정부예산 대비 6%를 조금 넘던 것이 1999년 7.3%, 2000년 9.1%, 2001년 10.8%, 2002년 9.7%, 2003년에는 10.1%로 크게 늘었다. 그리고 재벌재산뿐만 아니라 주택 등을 소유한 중산층들의 경우에는 부동산 가격의 진정에 따라 개인재산도 상당 폭 상승이 있었을 것으로 생각된다. 물론 IMF 이후 중산층의 위기가 있었던 것도 잘 알려진 사실이다. 그런 점에서 나는 위 인용문의 취지는 대체로 이해할 수 있다. 그렇다면 결국 문제는 민주노동당이 강력하게 주장하는 대로 김대중 정부가 신자유주의 물결에 저항할 수 있었느냐의 문제로 귀착된다.

나는 불가능했다고 생각한다. 경제주권을 완전히 박탈당한 상태에서 미국이 주도하는 신자유주의 세계질서에 독불장군처럼 저항하는 것이 가능한 대안이었을까? 상식적인 판단을 할 수밖에 없다. 아니 그보다 김대중이란 인물의 개인적 특성을 고려하건대 설령 그런 선택이 가능했다 할지라도 그는 그렇게 하지 않았을 것이다. 내가 판단하는 김대중은 어떤 경우에도 세상의 물결을 홀로 거슬러 배척하여 승리하려고 하기보다는 언제나 그 물결과 타협하면서 합리적 대안을 가지고 극복하려는 생각을 가진 사람이다. 그의 방식대로 말한다면 이는 '신자유주의가 좋고 싫고의 문제가 아닌 것'이다. 어쨌든 그는 임기를 마쳤고 다음과 같은 성적표를 받았다.

IMF 경제위기 극복 성적표

IMF 경제위기 전후의 GDP성장률

	1997	1998	1999	2000	2001	2002
%	4.7	-6.9	9.5	8.5	3.8	7.0

출처: 통계청: http://kosis.nso.go.kr

IMF 경제위기 전후의 소득불균등 정도

	97.1/4	98.1/4	99.1/4	00.1/4	01.1/4	02.1/4
상위20%/하위20%	4.81	5.52	5.85	5.56	5.76	5.40

출처: 통계청, 도시근로자가구 가계수지 동향, 각 연도: 이태수, 「IMF 5년, 20대 80의 사회」, 『김대중 정부 5년 평가와 노무현 정부 개혁과제』, 한울, 2003, 84쪽에서 재인용.

표에 나타나듯이 성장률은 성공적이었지만 소득불균등은 악화되었다. 물론 이러한 불균등은 재정정책의 혜택 등을 고려해 종합적으로 판단할 일이지만 IMF시대의 극복이 남긴 후유증을 어느 정도는 드러내고 있다고 보여진다. 이런 사실관계를 근거로 종합적으로 말한다면 김대중 정부의 경제정책 평가는 다음과 같은 진단이 비교적 공정한 것으로 보인다.

기본적으로 김대중 정부는 과거 정부보다는 빈곤층에 대해서나 서민층의 생활안정에 친화적인 입장을 보였던 것은 사실이지만 엄밀히 보자면 경제정책에 있어서 신자유주의를 채택한 가운데 보완적인 측면에서 복지정책을 구사하였기 때문에 근본적으로 소득분배를 개선하기 어려웠다.[100]

바로 그 보완적인 정책의 핵심이 '기초생활 보장제'의 시행이다. 이 제도는 문자 그대로 '최소한'의 기초생활만을 보장하는 것이기 때문에 센세이셔널한 관심을 끌 수 있는 복지제도는 아니다. 그러나 바로 그 최소한의 인간다운 생활에 대한 제도적 보장이 확립되었다는 사실은 노동자들의 임금을 끌어올리는 것보다 더 다급하고 중요한 일일 수 있다. 이 말뜻을 왜곡해서는 안 된다. 최저생활의 보장이란 우리 사회의 도덕적 수준을 가늠하는 기준이다. 왜 김대중은 이 기준을 중산층 수준으로 끌어올리지 못했냐며 폄훼할 일이 아니다. 그것은 우리 역사의 숙제이지 김대중의 숙제가 아니다. 이 제도가 제대로만 뿌리를 내린다면 우리 복지 역사에 획기적인 제도가 될 것이다.

김대중은 사실 우리나라의 무너진 경제를 일으켜 세우는데 급급해 하면서도 나름대로 최선을 다해 기초를 다지려 했다. 그것만으로도 그는 기대 받았던 만큼의 위기극복 임무를 충분히 마쳤다고 평가해도 된다. 독재권력이 아니면 경제발전이 불가능하다고 생각했던 박정희가

---

[100] 이태수, 「IMF 5년, 20대 80의 사회」, 『김대중 정부 5년 평가와 노무현 정부 개혁과제』, 한울, 2003, 85쪽.

되살아나 그 임무를 맡았다 해도 김대중에게 주어진 그 아슬아슬한 민주적 권력만으로 그만큼 하기도 결코 쉽지 않았을 것이다. 이제 그 결과를 반성하고 굳건히 다지며 합리적 제도로 발전시켜나가는 것은 우리들에게 남겨진 몫이다.

도덕성과 부패문제

김대중은 1971년 유명한 '장충단 공원 대통령 선거유세'에서 박정희 정권의 부패문제에 대해 이렇게 맹렬히 질타했다.

오늘날 박 정권 사람들은 마치 부정부패는 박정희 씨는 아무런 책임이 없는 것처럼 얘기를 해요. …… 한 가정에서 아버지 밑에 아들 형제가 전부 나쁜 짓을 하는 데 아버지가 책임이 없습니까. 말도 안 되는 소리요. 뿐만 아니라, 이 나라에 '5·16 장학회'라는 게 있어요. …… 재산이 500억이요. …… '문화방송(文化放送)'을 가지고, 영남대학(嶺南大學)을 가지고, 부산일보(釜山日報)를 가지고 있어요. 많은 신문들을 가지고 있어요. 여기는 말만 장학회라 해가지고 갖은 축재를 다하고 있어. …… 금년도 장학사업이 2천400만 원, 1억 원의 정기예금밖에 되지 않는다, 이 말야. 이렇게 폭리를 취하고 있는데 이 500억의 재산을 가진 '5·16장학회'가 누구 것이냐? 박정희 대통령 개인 것이란 사실이 그 사정을 아는 사람들의 얘기야. 또한 지금 이 나라에서 부정선거한 돈, 부패하게 긁어모은 정치자금, 이런 것은 전부 박정희 씨 개인 수중으로 들어가 가지고 다시 국민에게 돌아가. 선거에 쓰여지고 있어. 이 나라 부정부패를 그렇게 해 놓고도 손을 못 댄 이유가 어디 있는 거요.[101]

자식들의 비리문제

그러나 김대중은 2002년 집권 말 자식들의 비리문제로 다음과 같은 대국민 사과문을 발표하지 않을 수 없었다.

존경하는 국민여러분. 저는 지금 고개를 들 수 없는 심정으로 국민여러분 앞에 섰습니다. 국민 여러분의 성원으로 대통령에 당선된 이후 저는 자식들이나 주변의 일로 걱정을 끼치는 일이 없도록 하겠다고 여러 차례 국민 여러분 앞에 약속드렸습니다. 그러나 결국 저는 국민 여러분과의 약속을 지키지 못했습니다. 지난 몇 달 동안 저는 자식들을 제대로 돌보지 못한 책임을 통절하게 느껴왔으며, 저를 성원해주신 국민 여러분께 마음의 상처를 드린 데 대해 부끄럽고 죄송한 심정으로 살아왔습니다. 제 평생 많은 어려움을 겪었지만, 이처럼 참담한 일이 있으리라고는 생각조차 못했습니다. 이는 모두가 저의 부족함과 불찰에서 비롯된 일입니다. 거듭 죄송한 말씀을 드립니다. 또한 제 자식들은 법의 규정에 따라 엄정한 처벌을 받게 될 것입니다.[102]

---

101) 김대중,「여러분! 청와대에서 만납시다: 1971년 4월 18일, 장충단공원 · 대통령 선거 유세」,『전집 11』, 중심서원, 1993, 67~68쪽.

김대중은 자식들의 비리문제에 대해 변명의 여지가 없다. 굳이 변명을 하자면 전 정권들의 천문학적 액수의 비리에 비해 '십분의 일' 밖에 되지 않는다는 유명한 노무현식 변명은 가능하리라 본다. 그러나 나의 관심은 이런 변명이 말이 되느냐 안 되느냐 따위의 언쟁이 아니다. 우리는 김대중은 왜 자식들의 비리를 사전에 예방하지 못했을까 하는 근원적 의문에 관심을 기울여야 한다. 적어도 이 의문에 대한 나름대로의 해답을 얻지 못한다면 김대중 가의 부패가 우리에게 보다 더 나은 사회를 위한 교훈이 될 기회를 놓치게 될 것이기 때문이다.

내가 여기서 애초에 김대중 가의 부패문제를 전 정권의 구체적 인물들과 '비교'하는 차원에서 설명(아마도 구차한 옹호로 들릴 것이다)하려 하지 않는 이유는 그런 방식은 문제의 차원을 '개인적 도덕성'의 차원으로 이끌어 갈 가능성이 있기 때문이다. 즉 이 경우 내가 어떤 방식의 논증을 하더라도 궁극적으로 부패의 문제는 부패구조의 개선 문제라기보다는 개인의 도덕성 진화가 일차적이라는 결론으로 이끌 것이기 때문이다. 이는 잘해야 영남패권주의 이데올로기 속에서 김대중 '만'의 부도덕을 과장하는 선정적인 주장에 맞서 김대중이 적어도 그들 '보다'는 도덕적이었다는 감성적 반박 이외에는 나올 말이 거의 없을 것이다. 그러나 나는 개인의 도덕성의 강약에 집착하기보다는 그 도덕성을 약화시키거나 혹은 강화시키는 구조의 문제에 더 관심을 기울여야 한다고 생각한다.

나는 부패문제는 일차적으로 도덕성의 문제가 아닌 권력의 속성에

---

102) 『인터넷 연합뉴스』, 2002년 6월 21일.

서 발생하는 구조의 문제라고 본다. 나는 이런 관점에서 (부패는 유사 이래 어느 나라에서나 있는 일이지만 우리나라가 영남패권주의 정치구조라는 것을 전제로 할 때) 김대중 가의 부패문제도 영남패권주의 정치구조가 진화하지 못하고 있었던 상황과도 밀접한 관련이 있다고 본다. 그래서 나는 말하자면 전두환 같은 사람의 부패뿐만 아니라 김대중 같은 사람도 부패를 예방하지 못한 이유를 알아야 하고 그래야 김대중보다 더 철저하게 부패추방을 부르짖는 정권이 있더라도 긴장감을 늦추지 않고 그나마 대책을 세울 수 있다고 주장하려는 것이다. 월터 리프만은 부패문제와 씨름하고 있는 우리에게는 비관적인 여운을 남길 수밖에 없는 다음과 같은 말을 했다.

> 내가 생각하기에는 정치적 조직체가 국민들과 직접적인 접촉을 하는 것이 정치 생활의 근본을 이루고 있는 곳에서는, 어떤 형태의 부패라는 것은 내재적인 것이라고 보는 것이 전적으로 객관적인 견해이며 진실이 아닌가 여겨진다. 그렇다고 해서 모든 사람이 다 뇌물을 받는다는 의미는 아니다. 내가 의미하는 바는 특혜를 서로 교환하는 것이, 반쯤은 개인적인 동기에 의해 움직이는 정당 내부의 기구 작동에 기본적이고 본질적인 원동력이라는 것이며, 그런 정당이 이번에는 행정부의 공식적인 기관을 움직인다는 것이다. 그래서 이러한 특혜의 교환이 갑자기 기적처럼 사라져 버린다면 사실, 하급 정치가들은 모두 자발적으로 정계에서 은퇴하여 자기들의 개인적인 생활로 돌아갈 것이라고 생각된다. 왜냐하면 그렇게 되었을 때 정계에 남아 있을 이유가 없어지게 되며 그들의 정치적인 영향력을 유지시켜 온 바로 그 수단이 사라지게 되기 때문이다. 이러한 사실을

가장 잘 증명하여 주는 것이, 오직 이상과 순수한 분노에 의해 행동을 개시한 개혁가들은 실제로 지속적인 정당을 결코 만들지 못한다는 사실이다. 그들이 구체적인 정치 생활로 내려와 보면 자기들이 부르짖었던 고상한 동기들이 이미 실질적이지 않다는 것을 곧 깨닫게 되는 것이다.[103]

월터 리프만은 지금 '인간의 본성'을 말하고 있다. 그는 우리들의 인간 본성은 단순히 도덕적 계기를 강조하는 것으로 부패문제를 해결할 수 없음을 대단히 비관적인 목소리로 말하고 있다. 사실 어렵게 생각할 것도 없다. 가장 순수하게 도덕적 세상을 꿈꾸었던 공산사회의 실상을 염두에 두면 충분하다. 인간이 어디까지 진화할 수 있을지는 모르겠지만 우리들 삶 속에서 환경의 변화가 자극하는 일종의 보상심리에 대한 인간적 유혹을 떨쳐버리는 것을 도덕적 수양에만 의존할 수는 없는 일이다. 즉 부패문제를 개인의 도덕성 문제로 치환하여 온갖 '관념론적 비난'을 가하는 것은 해결책의 모색이나 역사의 진보에 별 도움이 되지 않는다. 김대중 가가 아닌 누구에 대해서도 마찬가지다.

사실 보상심리에 관한 한 헌신을 명예로 보상받은 정상의 정치인보다는 지위 그 자체로는 보상이 될 수 없는 하급 정치인들이 더 강렬할 것이다. 나는 다소 무책임한 심증이지만 김대중은 자신이 직접 어떻게 보상해줄 수 없는 하급 정치인들이 이러한 보상심리를 충족하는 것을 어느 정도는 묵인했다고 본다. 근거가 있는 혹은 없는 다른 정치인들 얘기를 하고 싶어서가 아니라 바로 김홍일과 김홍걸 등 아들들에

---

103) 월터 리프만, 「미국 정치 부패사」, 『권력과 부패』, 한벗, 1982, 57~58쪽.

대한 김대중의 시선에 그런 심리가 개입하지 않았나 싶기 때문에 하는 말이다. 다음은 김홍걸이 법정에서 진술한 발언이다.

> 8살 때인 71년 대통령 선거에서 아버지가 낙선할 때까지만 해도 성격이 낙천적이었는데 아버지께서 76년 3·1 구국선언으로 구속되고, 80년 5·18 광주민주화 운동의 배후세력으로 사형선고를 받게 되면서 절망과 무력감을 느끼게 됐으며, 15개월간 계속된 어머니와의 연금생활에서 소극적이고 내성적으로 성격이 변해 대인기피증까지 갖게 됐다.[104]

그리고 다음은 김홍걸의 변호사와 기자들과의 문답이다.

> 문: 홍걸 씨는 어떤 사람이란 인상을 받았나.
> 답: 내성적이고 대인관계가 원만하지 못한 것 같다. 친구를 사귀지 못하고 대인관계가 매끄럽지 못하다. 성장 과정에서 그렇게 된 것 같다.[105]

나는 변호사의 시선이 곧 김대중의 시선이라고 믿는다. 그가 대국민 사과문에서 말한 "저의 부족함과 불찰"이란 궁극적으로 이런 연민의 시선에 대한 책임이라고 믿는다. 이런 점에서는 김대중도 한 사람의 평범한 아버지에 지나지 않았다. 자식의 불행한 과거에 대한 연민에도 불구하고 자신이 직접 무엇인가를 보상해주지 못한다고 생각할

---

104) 『인터넷 연합뉴스』, 2002년 7월 19일.
105) 『인터넷 연합뉴스』, 2002년 5월 16일.

때 도덕적 기준은 당연히 느슨해질 수밖에 없었을 것이다. 이 느슨해진 도덕적 기준이 적어도 영남패권주의 이전 정권의 도덕적 기준보다는 우월했다 치더라도 우리는 김대중 가의 사례를 통해 부패문제를 단순히 인간적인 도덕성 고양에만 맡겨 놓을 수 없다는 중요한 경험을 한 셈이다.

아마도 앞으로의 우리 역사에 김대중이 경험했던 만큼의 영남패권주의 만행을 경험하는 정치인은 더 이상 나오지 않을 것이다. 그러나 김대중보다도 더 깨끗한 정치를 외치는 개혁적 정치인은 얼마든지 나올 것이다. 문제는 바로 그들 깨끗한 정치인들도 김대중과 똑같은 유혹에 빠질 가능성은 얼마든지 상존한다고 믿는다. 그래서 대비해야 한다. 인간의 선함에 대한 믿음보다는 최악의 경우에 대비해야 한다. 그것이 법치주의의 원리다. 다만 우리는 법치주의의 실천과 관련하여 아주 불리한 사정에 놓여 있다. 그것은 구조화된 영남패권주의 체제다. 과연 영남패권주의 체제는 지금까지 우리 사회의 부패문제를 어떻게 특성화시켜 왔는가?

노태우 비자금건과 20억 수수건

1995년 10월 27일 오전 10시, 노태우는 자신의 비자금과 관련해 대국민 사과를 행할 예정이었다. 그런데 이보다 1시간 앞선 9시 김대중은 북경에서 자신이 1992년 대선 당시 노태우로부터 '위로금' 조로 20억 원의 불법자금을 수수했다고 발표했다. 충격적인 고백이었다. 경위야 어찌됐든, 그리고 영남패권주의자들이 김대중을 비난하는 해괴한 논리가 어찌됐든 김대중이 노태우의 불법 정치자금을 받아 선거를 치른다는 것을 상상해본 적이 없던 김대중 지지자들로서는 어안이 벙벙할 따름이었다. 전두환·노태우 일당을 혼내줄 선거를 노태우가 보낸 불법 정치자금의 도움을 받아 선거를 치르다니!

그러나 문제는 바로 그것이었다. 김대중 지지자들이 그렇게 생각하는 것과 마찬가지로 노태우로서도 이 선거가 만에 하나 불상사가 될 수도 있다는 생각을 당연히 했을 것이다. 하지만 이 불상사란 애초부터 우리나라가 영남패권주의 일당권력의 나라가 아닌 정상적으로 정권을 주고받는 민주국가였다면 하등 불필요한 걱정이었다. 어쨌든 노태우는 '보험금'을 지불했다. 그리고 문제가 되자 사람들은 도덕성 없는 김대중이 이 보험금을 덥석 물었다고 비판했다. 차분하게 따져봐야 한다. 과연 이 부정한 돈은 뇌물 성격의 보험금이었을까, 아니면 영남패권주의 정권의 협박이었을까?

분명히 해둘 필요가 있다. 뇌물이란 기본적으로 권력적 사회관계 속에서 자신의 이기적 필요를 위해 약자가 강자에게 건네는 금품 등의 부당한 사례다. 그렇다면 김대중이 당선될지도 모르는 상황이라 김대중이 노태우보다 강자였을까? 이 20억의 돈이 선거에 얼마나 결정적 도움이 된다고 판단했을까? 이 돈을 단호하게 뿌리치고 대결적 자세를 고수했을 때 일어날 선거에의 악영향에 대한 염려는 어느 정도였을까? 나는 김대중이 처음에는 완곡하게 거절했지만 결국 강권에 못 이겨 수수했다는 변명을 믿는다. 즉 나는 노태우의 뇌물에는 분명히 협박적 성격이 있었다고 믿는다.

물론 우리는 김대중이 노태우의 부정한 돈과 정면에서 대결했더라도 선거에 큰 영향은 없었을 것이라는 가정은 해볼 수 있다. 그러나 김대중은 이런 가정을 하면서 한 표가 아쉬운 선거에 임할 정도로 대범하거나 혹은 유리한 입장에 있었던 사람이 아니었다. 무엇보다 그는 이런 부정한 돈이 아니더라도 영남패권주의 세력과 정면에서 대결할 의지가 있는 사람이 아니었다. 그래서 협박은 쉽게 먹혀들었고 김대중은 편하게 생각하려 했을 것이다.

나는 이러한 사건의 경과 속에서 영남패권주의 정치질서의 흥미로운 부패구조를 말하지 않을 수 없다. 영남패권주의 체제하에서 그들의 뇌물은 단순히 약자가 강자에게 자신들의 목적달성을 위해 바치는 일반적인 뇌물이 아니다. 그것은 정치적 반대자들을 자신들의 더러움에 연루시켜 결정적으로 무력화시킬 수 있는 부패구조를 재생산한다. 생각해보라. 일반적인 부패구조라면 노태우의 수천억 착복으로부터 나온 김대중의 수십억 정치자금을 등가 비교하거나 오히려 더 나쁘게 평가하는 것은 생각하기 힘들다. 그러나 영남패권주의 이데올로기는 그것을 가능케 한다. 그 유명한 도덕적 이중기준에 의한 비난공식, 즉 '그들은 그렇다 치더라도 어떻게 그들로부터 그 더러운 돈을 한푼이라도 받을 수 있는가!'라는 식의 총공세를 바로 '그들'이 앞장서 제기할 수가 있는 것이다.

'부패한 김대중'이 영남패권주의자들에게 당한 역공세는 말하자면 '부도덕한 여성'이 남성패권주의자들에게 당하는 역공세와 같은 것이다. 즉 남성패권주의 사회는 여성에 대한 도덕적 이중기준을 준비해두고 있다. 그래서 '마초들은 그렇다 치더라도 어떻게 여성이 그런 부도덕한 짓을 할 수 있는가'라는 식의 공세를 바로 '남성'이 앞장 서 제기하는 것이 가능하다. 나는 영남패권주의자들이든 남성패권주의자들이든 절대로 '그렇다 칠' 수가 없다. 우리가 부패문제에서 결정적으로 전진하고 싶다면 '더 잘하지 않는 한 더 당할 수밖에 없다'는 이 어이없는 영남(남성)패권주의 부패 이데올로기와도 근원에서 싸워야 한다.

이철의 폭로와 고백

그 정치적 의미야 어찌됐든 김대중의 '20억 수수'는 이철의 폭로가 발단이 됐다. 이철은 이 사건을 이렇게 회고했다.

> 노태우 비자금 사건이 국민 앞에 실체를 드러낼 무렵, 나는 김대중 씨가 노태우 씨로부터 거액의 돈을 받았다는 증거를 입수하였다. 그리고 "야당의 지도급 주요 인사들이 노태우로부터 돈을 받았다"고 언론에 발표하였다. 확인되지 않은 사실을 섣부르게 발표할 리 없는 나의 치밀한 성격을 익히 알고 있는 김대중 씨측은 바짝 긴장하여 계속 내게 연락을 해왔다. 그리고 내가 이미 확실한 증거를 포착하고 있음을 감지하고 사태가 돌이킬 수 없다고 판단되자 김대중 씨는 부랴부랴 북경에서 자신이 노태우로부터 20억 원을 받았다고 자복하는 수순을 밟을 수밖에 없었으리라. 김대중 씨가 (이철의 지역구에-필자 주) 자신이 공천한 후보에게 엄청난 자금을 지원하고 있다는 소식도 이내 들어왔다. …… 4월 12일 저녁, 나는 '낙선소감'을 묻는 기자의 전화를 받고 대답했다. "성북구에서 김대중 씨가 승리한 것을 축하하고 싶습니다."[106]

---

106) 이철, 「이철」, 『의원님들 요즘 장사 잘돼요?』, 정음문화사, 1997, 223·227쪽.

나는 김대중이라는 정치인을 통해 이 영남패권주의 정치의 아이러 니를 본다. 단순히 그가 이러한 부패구조에 부분적으로 연루되었다는 의미에서의 아이러니가 아니라 심지어는 이데올로기적 모순까지도 드 러낼 수밖에 없는 아이러니다. 김대중은 왜 이철의 지역구에 표적공천 을 했을까? 자신이 받은 20억 원의 돈이 떳떳하다고 판단해서? 아닐 것이다. 김대중은 그것을 정치라고 생각했을 것이다. 자신이 옳든 그 르든 자신의 정적에 대해 반드시 응징하지 않으면 자신의 위치가 지켜 질 수 없을 것이라는 불안을 느꼈을 것이다. 더군다나 우리나라 정치 환경의 특성상 정치의 일반적 속성이랄 수밖에 없는 이런 '게임의 규 칙'은 더욱 철저하게 지켜야 했을 것이다.

그러나 이런 정치의 일반적 속성을 이의 없이 확장시킨다면 당내 민주주의는 어떻게 될까? 김대중은 철저한 당내 민주주의를 통해서 자신의 민주적 지도력을 강화하고 독재와 싸웠는가 아니면 중앙집권 적 권력을 장악하고 이를 바탕으로 독재와 싸울 수밖에 없었는가? 자 신을 반대하는 사람들에게 가혹한 대응을 하지 않고 투쟁을 유지할 수 없다고 주장한다면 '민주주의는 민주주의로서만 지킬 수 있다'는 김 대중의 박정희를 향한 반명제는 어떻게 되는 것일까? 김대중의 박정 희 공격의 이데올로기는 과연 일관성을 유지할 수 있는 것일까?

민주주의에 관한 김대중의 아이러니는 김대중만이 특이하게 직면 했던 난처한 딜레마가 아니었다. 우리는 이미 20세기 초의 레닌과 룩 셈부르크의 역사적 논쟁을 통해서 이와 유사한 아이러니를 경험한 적 이 있다. 논리적 상상이므로 독자들도 한번 판단해보기 바란다. 철권 전제정치를 타도하기 위한 투쟁에서 그보다 더한 투쟁정신과 조직으로 단결된 일종의 대항 독재조직이 해답일까 아니면 민주주의적 정신과 조직이 우월한 방식일까? 레닌은 전자를 주장했고 룩셈부르크는 후자를 주장했다. 먼저 레닌의 주장이다.

> 참된 사회민주주의자로 이루어진 우리의 당 조직이 강고하게 되면 될수록, 또 당내의 동요와 불안정이 적으면 적을수록, 당을 둘러싸고 있으며 당에 의해 지도되는 노동자 대중의 분자들에 대한 당의 영향력은 더욱 넓어질 것이며, 더욱 다면적으로, 더욱 풍부하게, 더욱 성공적으로 될 것이다. 요컨대 노동자계급의 전위로서 당은 계급 전체와 혼동되어서는 안된다.[107]

이런 레닌의 주장에 대해 룩셈부르크는 다음과 같이 반박했다.

> 의식화되지 않은 대중이 의식화된 소수를 앞서며, 역사 과정의 논리가 그 과정에 참여하는 인간의 주관적 논리에 앞선다. 이것은 사회주의 정당의 지도조직이 보수적 역할을 하게 된다는 것을 말해준다. 우리가 경험을 통해서 얻은 바로는, 거의 모든 시기에 노동운동은 당이 총력을 기울여 일할 새로운 지평들을 열어간다는 것이다. 오히려 당의 지도조직들은 노동운동이 보다 넓은 지평으로 전진해가는 것을 가로막으며, 그 노동운동에 족쇄를 채우는 역할을 하게 된다.[108]

---

107) V. I. 레닌, 『일보전진 이보후퇴』, 풀무질, 1995, 61쪽.
108) 로자 룩셈부르크, 「레닌주의냐 마르크스주의냐」, 『러시아 혁명, 레닌주의냐 마르크스주의냐』, 두레, 1989, 117쪽.

상황은 다르지만 논리와 고민은 비슷하다. 김대중은 박정희를 향해 공산주의를 이기기 위해서는 공산주의와는 다르다는 것을 보여야만 한다고 외쳤다. 즉 민주주의를 실천해야 한다고 말했다. 그렇다면 박정희의 정당이나 전두환의 정당을 극복하기 위해서는 김대중의 정당은 그들과는 다르다는 것을 보여주어야만 했다. 즉 당내 민주주의를 보여주어야만 했다. 그러나 그러지 못했다. 만약 김대중이 그들 독재정당과 싸우기 위해서는 우리도 그렇게 할 수밖에 없었다고 주장하는 순간 박정희도 할 말이 생긴다. 이 김대중의 역사적 딜레마를 어떻게 이해해야 할까?

김대중의 역사적 딜레마

나는 지금 김대중의 논리적 모순을 지적하는 것이 아니다. 이것은 말하자면 김대중만의 모순이 아니라 이념과 현실의 역사적 딜레마다. 우리는 레닌보다는 룩셈부르크의 말이 맞기를 바란다. 그러나 그것은 어쩌면 희망에 불과할지도 모른다. 역사의 현장에서 레닌은 성공했고 룩셈부르크는 실패했다. 우리가 경험한 대부분의 조직과 운동논리는 룩셈부르크보다는 레닌에 가깝다. 차르(제정 러시아 시대의 황제)의 역사는 레닌을 만들고, 김일성은 박정희를 만들고, 박정희는 김대중이라는 쌍생아를 만들어 왔다. 즉 역사는 부도덕이 반드시 도덕으로 극복되는 것이 아니라 부도덕을 통해서도 극복되는 것임을 보여주었다. 이 점에 있어서 나는 역사에 항의할 생각이 전혀 없다.

다만 우리는 그 부작용에 대한 대가를 치러야 하며 또한 그 극복을 위해 시련을 이겨내야만 한다는 것을 잊어서는 안 된다. 우리는 박정희 때문에 치른 대가에 대해서는 잘 알고 있다. 그런데 김대중의 부작용도 박정희의 경우와 '논리적'으로는 별반 다르지가 않다. 김대중의 부작용이란 아마도 '호남 대통령'이란 비아냥 속에 모두 들어 있을 것이다. 호남에서 경쟁하는 정당이 없으며 당내 민주주의조차 없는 상황이라면 그 결과가 어떨 것인지는 명약관화하다. 호남에서 김대중을 절대적으로 지지하면서도 끊임없이 불만의 목소리가 나온 것은 사실 당연한 것이었다.

우리나라에서 영남패권주의 정치체제는 지역 내에서 경쟁하는 정당체제를 형성하지 못하게 했다. 패권적 지역뿐만 아니라 저항적 지역에서도 마찬가지가 되고 만 것이다. 결국 영남패권주의가 만들어낸 경쟁 없는 정치체제는 부패문제를 구조적으로 악화시키고 있다. 그나마 불행 중 다행인 것은 민주당의 분당 이후 보수정당을 선호하는 호남인들도 이제 선택의 여지를 넓힐 수 있는 기회를 가지게 됐다는 것이다. 그리고 당내 민주주의도 사실상 고립무원의 환경에서 발생한다기보다는 경쟁하는 정당체제의 산물로 볼 수 있기 때문에 당내 민주주의도 이제야 비로소 조그만 실천의 토대를 접한 셈이다.

나는 적어도 독점적 국가권력이 존재하는 한 부패문제는 김대중 정권은 물론이고 앞으로 어떤 정권도 완전히는 해결하지 못할 것이라고 생각한다. 다만 나는 그 점진적 해결책과 관련해서도 부패문제를 일차적으로 개인의 도덕성 문제로 규정하며 도덕성 고양을 그 우선적 해결책으로 강조하는 방식을 지지하지 않는다. 이러한 관점은 부패의 구조를 감추고 모든 것을 개인의 책임으로 돌리기 위한 영남패권주의 이데올로기의 확장된 산물이기도 하다. 나는 분명히 부패와 정치의 비효율 문제가 영남패권주의 구조의 일부분임을 강조했다. 그것이 모든 것은 아니지만 일차적 특성이기는 하다. 그러므로 당연히 김대중 정권과 정당의 부패문제도 일차적으로 그 구조 속에서 이해되어야 한다고 본다. 그리고 앞으로의 부패문제도 그 구조의 극복 속에서 논의되어야 한다고 강조한다.

김대중의 마키아벨리즘과 그 한계

마키아벨리스트 김대중

김대중은 1970년 신민당 대통령 후보 경선연설에서 이렇게 자신을 표현했다.

> 나는 사명감과 신념을 갖고 절망을 모르는 시지푸스와 같이 최후의 승리를 위해 싸워 나갈 것입니다. 싸우다 쓰러지는 무명의 투사가 될망정 이익을 위해 사술만 농하는 마키아벨리는 되지 않겠습니다.[109]

그러나 대통령 임기를 마친 2004년 김대중은 자신을 찾은 집권 열린우리당 지도부 의원들에게 이렇게 충고했다.

---

109) 『인터넷 국민일보』, 2001년 7월 21일.

김 전 대통령은 이어 "대한민국의 생사는 외교에 달려있는 만큼 열린우리당은 외교에 주력해야 한다"며 "4개국 사이에 끼어있는 유일한 나라로서 외교에 주력해야 한다"고 말했다. 그는 "외교는 좋고 싫고의 문제가 아니라 이익이 되느냐가 외교"라며 "주변국들을 내 편을 만들 수 없다면 적을 만들어선 안 된다"고 강조했다.[110]

'무명의 투사'를 외치는 김대중과 '이익'을 논하는 김대중, 과연 어떤 김대중이 진짜 김대중일까? 어려울 것 없다. 이익을 논하는 김대중이 진짜 김대중이다. 즉 김대중은 마키아벨리스트다. 이는 뒤에 설명하겠지만 통속적인 비난의 의미가 아니다. '무명의 투사'를 외치는 김대중과 '이익'을 논하는 김대중의 차이는 그저 집권 전과 집권 후, 국내정치와 국제정치의 차이가 아니다. 물론 통속적인 인식을 고려해 연설하는 정치인의 입장을 고려할 때 집권 전과 집권 후의 차이라고 간단히 말할 수도 있을 것이다. 그러나 국내정치와 국제정치의 메커니즘은 근본적으로 다르지 않다. 국제정치를 보는 눈이 그렇다면 국내정치를 보는 눈도 특별히 다르지 않을 것이다. 다음 발언이 김대중의 마키아벨리스트로서의 면모를 그대로 드러나게 한다.

세계 역사를 돌아보면 나는 진나라의 시황제를 가장 성공한 지도자라고 본다.[111]

---

110) 『프레시안』, 2004년 6월 1일.
111) 『인터넷 국민일보』, 1999년 12월 9일.

왜 하필 진시황일까? 왜 김대중은 보통 사람들이 존경의 의미건 단순한 성공의 의미건 약간은 거명하기를 꺼리는 역사적 인물을 서슴없이 거명하고 있을까? 그가 마키아벨리스트이기 때문이다. 김대중이 보기에 진시황의 가혹한 수단은 통일국가와 법치주의와 표준의 완성이라는 위대한 목적을 훼손하는 정도에까지 이르지는 않았다고 본 것이다. 그래서 흥미롭다. 우리는 이 흥미로운, 그러나 대단히 논쟁적인 관점을 추적해볼 필요가 있다.

진시황과 마키아벨리와 김대중에게는 한 가지 공통점이 있다. 뭘까? 세 사람 모두 분단국가에 살면서 누구보다도 더 통일을 염원하고 있었다는 사실이다. 분단국이란 조건은 특별한 것이다. 그것은 한편으로 끊임없이 적대하면서도 다른 한편으로는 끊임없이 화해를 모색할 수밖에 없는 조건이다. 즉 정글의 법칙과 동포애적 사랑을 동시에 구현해야 하는 절묘하고도 모순적인 정치를 요구한다.

누구라도 현실의 영역이 아닌 관념의 세계에서 순수한 도덕 정치를 강변하기는 쉽다. 그러나 유사 이래 단 한 번도 순수한 도덕 정치만으로 생존을 도모한 역사는 없었다. 마찬가지로 누구라도 관념의 영역이 아닌 현실의 세계에서 이해관계에 입각한 약육강식의 정치를 강변하기는 쉽다. 그러나 유사 이래 단 한 번도 약육강식의 정치만으로 이상을 부인한 역사도 없었다. 이 수수께끼를 어떻게 풀어야 할까? 마키아벨리는 생존이 우선이라고 믿었다. 그러나 그 생존이 다가 아니라며 우리를 당혹케 하는 것이다. 한마디로 이런 것이다.

인간이 어떻게 살고 있는가와 어떻게 살아야 하는가는 차이가 있으므로 (당위적으로) 해야 할 일을 위해서 (실제로) 일어나고 있는 일을 포기하는 사람은 자신의 보존보다는 파멸을 배우게 된다. 왜냐하면 어떤 상황에서도 자신의 일을 선하게만 하려고 고집하는 사람은 수많은 악인의 무리 속에서 반드시 파멸할 것이기 때문이다. 그러므로 군주는 자신의 지위를 유지하기 위해 반드시 선하지만은 않은 권력을 획득해야 한다. 그리고 필요에 따라서 그것을 사용할 때와 사용하지 않을 때를 이해해야 한다.[112]

완고한 도덕주의자에게 생존의 고귀함을 설교하는 것만큼이나 어려운 일은 생존만을 추구하는 현실주의자에게 도덕적 이상을 주지시키는 일이다. 그런데 지금 마키아벨리는 이 수수께끼 같은 해답을 찾으라고 요구하고 있다. 사실 생존은 본능이다. 우리가 굳이 마키아벨리의 교의를 배우지 않더라도 본능대로 움직이는 것은 어려운 일이 아니다. 진시황이 권력을 쫓아 권모술수 속에서 천하통일을 꿈꾸고 김대중이 이익을 쫓으라고 충고하는 것, 그 자체는 결코 어려운 일이 아니다. 문제는 그 극복이다. 마키아벨리의 표현대로라면 "필요에 따라서 그것을 사용할 때와 사용하지 않을 때를 이해해야" 하는 일, 바로 그 때문에 마키아벨리즘은 어려워진다. 여기서 마키아벨리즘에 대한 세속적인 오해를 피하기 위해 마키아벨리즘의 진정한 교의를 그의 목소리를 통해 직접 정리해 보자.

나는 ③ (군주가 앞서 언급한 선한 것으로 간주되는 그런 기질들을

---

[112] Niccolò Machiavelli 지음, Allan Gilbert 옮김, 『The Prince』, *The Chief Works and Others vol. I*, Durham: Duke University Press, 1965, 57~58쪽.

보여준다면 가장 찬양받을 만하다)고 모두가 인정할 것이라는 사실을 잘 알고 있다. 그러나 그것을 허용치 않는 인간의 조건 때문에 어떤 지배자도 그런 기질을 소유하거나 완벽하게 실천할 수는 없으므로 군주는 [전제] (그의 지위를 빼앗을지도 모를 악덕만큼은 피할 정도)로 신중할 필요가 있다. 그리고 ② (할 수 있다면 지위를 위협하지 않는 한 그런 악덕으로부터 자신을 보호해야겠지만 할 수 없다면 무관심하게 악덕을 지나쳐버려야 한다). 군주는 지위를 유지하기 위한 악덕이 초래하는 비난을 염려하지 않아도 된다. 왜냐하면 전체를 통찰할 때 우리는 ④ (미덕처럼 보이는 몇 가지 기질을 군주가 실천하면 파멸하고), ① (악덕처럼 보이는 기질도 군주가 실천하면 안정과 번영을 가져오는 것)을 발견하기 때문이다.[113] (①~④, [전제], 괄호 표기는 지은이)

다음과 같이 정리하면 될 것이다. 우선 마키아벨리즘의 성공은 ① 나쁜 수단으로 좋은 결과를 이루는 것이며, 마키아벨리즘의 실패는 ② 나쁜 수단이 과도하여 나쁜 결과로 전화된 경우다. 따라서 반마키아벨리즘의 성공은 ③ 좋은 수단으로 좋은 결과를 이루는 것이며, 반마키아벨리즘의 실패는 ④ 좋은 수단만을 고집하다 나쁜 결과에 이르는 것이다. 물론 마키아벨리즘은 어떤 경우라도 공동체의 이익이라는 좋은 목적을 추구한다는 전제 위에 있다. 그러므로 이 전제를 벗어난다면 그것은 '마키아벨리즘=반마키아벨리즘'이라는 변증법적 자기 동일성의 외연을 벗어나는 것이다.

---

[113] Niccolò Machiavelli 지음, Allan Gilbert 옮김, 『The Prince』, *The Chief Works and Others vol. I*, Durham: Duke University Press, 1965, 58~59쪽.

이상의 개념을 염두에 두고 내가 김대중을 마키아벨리스트라고 지칭했던 것은 그가 '나쁜 수단으로 좋은 결과를 이루는 것'에 대한 확신을 가지고 있다는 측면에서 그런 것이다. 물론 그 나쁜 수단이란 좋은 결과를 해치지 않을 정도의 나쁜 수단일 것이다. 우선 김대중은 김구의 역사적 행위에 대한 비판을 통해서 마키아벨리스트적인 면모를 유감없이 드러낸다. 상당히 미묘한 사안이지만 확신을 갖고 이렇게 주장한다.

김대중의 김구 평가

뭐라고 해도 민족독립에 집념을 불태우면서 일신을 희생한 김구 선생, 이런 분은 정치 차원보다는 애국자의 차원에서 우리가 존경할 분입니다. 다만 그분이 정치적으로 다른 방법을 택했어야 한다고 봅니다. 예를 들면 그분이 신탁통치를 반대했는데, 그때 국제정세를 봐서 남북이 분단되지 않고 하나로 될 수 있는 유일한 길은 신탁통치를 받아들이는 것이었습니다. 그 외에는 방법이 없었어요. 그런데 신탁통치를 반대했거든요. 그 반대하는 심정은 충분히 이해합니다. 저도 그때 반대했었거든요. 지금은 그런 입장에 대해 비판하고 있는데, 그래서 5년이면 됐을 일이 지금 50년 동안 분단으로 남아 있단 말이지요. 신탁통치를 받아들이지 않기로 했으면 남조선 단독정부를 수립할 때 참가해서 대통령이 됐어야 합니다. 이승만 씨는 영구분단을 위해서 대통령이 됐지만, 김구 선생은 북한과 협상하여 통일을 이루기 위해서 대통령이 됐어야 한다는 것이지요. 그런데 이것도 거부했어요. 전부 거부만 했지, 어떻게 하면 통일할 것인가라는 정치적

대안이 없었다는 점이 애석합니다.[114]

　김대중의 신탁통치 발언은 분명히 역사적 가정으로 상정해볼 수 있는 현실적인 마키아벨리즘임이 분명하다. 잘 알려져 있듯이 미국은 당시 우리나라의 정국상황에 비추어 신탁통치가 결코 자신들에게 유리한 방안이 아니라고 뒤늦게 판단하고 자신들의 애초 구상이었던 신탁통치 방안을 철회하고 이승만이 끊임없이 제안했던 분단체제로 나아갔다. 여기서 주목할 사실은 우리 민중들의 태도다. 우리 민중들은 무엇 때문에 신탁통치를 그렇게 반대했을까?
　당시 (틀림없이 지금도 그렇지만) 신탁통치를 반대했던 대부분의 우리 민중들은 정략적 차원의 계산보다는 신탁통치가 무엇보다 '민족적 자존심'을 상하게 하는 것이라는 성질 급한 이유로 분개했던 것으로 보인다. 말하자면 우리 민중들은 '좋은 수단으로 좋은 결과'를 얻겠다는 반마키아벨리즘의 성공을 맹목적으로 염원했던 것이다. 그래서 김대중은 지금 '나쁜 수단으로 좋은 결과'를 얻을 수 있는 마키아벨리즘적인 성공의 기회를 놓쳤음을 아쉬워하고 있는 것이다. 우리 민족이 신탁통치 구상에 얼마나 자존심이 상했는지는 한 망명단체의 다음과 같은 간행물을 통해서 충분히 짐작할 수 있다.

　　한국의 역사적 배경에 익숙하지 않은 일부 구미인사들은 "그들이 스스로를 통치할 수 있을까?"라는 질문을 한다. 한국은 오래된 국가이다. 북

---

114) 김대중, 「나의 사상을 말한다: 1992년 1월, 정운영 교수와」, 『전집 4』, 중심서원, 1993, 332쪽.

유럽의 조상들이 아직 가죽을 걸치고 숲속을 다니며 무속(巫俗)을 따르고 있을 때 한국은 이미 자체의 정부를 갖고 있었으며 고도의 문명을 이룩하고 있었다.[115]

어쨌거나 우리는 신탁통치를 선택하지 않았다. 그런데 김대중의 마키아벨리즘은 분단이 결정된 상황에서 포기하지 않고 김구의 대통령 불출마를 아쉬워하는 대목에서 더욱 뚜렷해진다. 물론 우리는 김구가 대통령에 출마했다고 해서 당선 가능성이 있었는지, 더욱이 대통령이 됐다고 해서 분단의 근원적 동력인 냉전체제에서 통일의 가능성을 조금이라도 기대할 수 있었는지 하는 의문을 제기할 수는 있다. 그러나 지금 나의 관심은 그것이 아니다. 나는 지금 김대중이 '명예로운 전사'가 아니라 끊임없이 대안을 찾고 있다는 사실에 주목하고 있다. 김대중에게는 그 대안이라는 것이 설령 명분이라는 면에서 좀 떳떳하지 못하더라도 그것이 문제가 아닌 것이다. 그는 주어진 조건 속에서 자신의 신념을 간직하면서 끝까지 살아남기를 원한다. 그래서 이렇게 말한다.

하나는, 예를 들면 기원 66년에서 70년까지의 제1차 유대전쟁과, 135년의 제2차 유대전쟁에 있어서의 이스라엘입니다. 그와 같은 압도적인 로마세력에 마치 계란으로 바위를 치듯한 저항을 함으로써 이스라엘 민족이 세계에 유랑하는 결과밖에 되지 않은 이 대응의 방법은 과연 좋은

---

115) 브루스 커밍스, 『한국전쟁의 기원』, 일월서각, 1986, 151쪽에서 재인용.

대응이었을까. 아메리카 인디언이 자기들의 실력으로는 어쩔 수 없는, 무기를 가지고 침략해 온 백인들에게 대응한 것도 그렇습니다. 매우 실례되는 표현입니다만 마치 불에 뛰어든 부나비 같은 대항을 했습니다. 만일 아메리카 인디언이 그때에 좀더 지혜 있는 대응방법으로 살아 남았었더라면 아메리카 인디언은 오늘날 미국에서 많은 인구를 차지했을 것이며, 더 많은 발언권을 가질 수 있었을 것이라고 생각합니다. …… 한국인에 대해서는 앞에서 말한 대로입니다. 한국 사람은 적어도 2천 년의 역사를 통해서 결코 자기의 본질을 버리지 않았습니다. 그리고 결코 악에게 마음으로부터 굴복하지 않았습니다. 가장 중요한 것은 희망을 버리지 않는 것입니다. 불가능하면 일시적으로 좌절한 희망을 품고 기다립니다. 기다리면서 무슨 틈만 있으면 머리를 들고 그것을 실현시키려고 꿈틀거립니다. 이것이 한국인의 한입니다.[116]

좀 구질구질한 느낌일 것이다. 그러나 김대중의 이런 생각이 혐오스럽다고 생각하는 사람은 고뇌에 찬 목소리로 이런 구질구질한 생각을 예술로 승화시킨 김수영의 시세계도 마찬가지로 혐오해야 할 것이다. 김수영은 그의 시 「풀」에서 이렇게 노래했다.

    풀이 눕는다
    바람보다도 더 빨리 눕는다
    바람보다도 더 빨리 울고

---

116) 김대중, 「한국 현대사의 의미, 격동의 세월 10년을 지내고: 1983년 6월, 워싱턴」, 「전집 1」, 중심서원, 1993, 76~77쪽.

바람보다 먼저 일어난다

마찬가지다. 김대중은 단순히 저항할 수 없는 힘 앞에서 '바람보다도 더 빨리 누워' 살길을 찾아야 한다는 것만을 강조한 것이 아니다. 그는 분명한 어조로 "가장 중요한 것은 희망을 버리지 않는 것"이라고 강조한다. 그는 '바람보다 먼저 일어날 것'을 당위이자 현실로 철석같이 믿고 있다. 나는 그가 진실로 바람보다 먼저 일어났는지 물을 것이다. 그러나 적어도 그는 생각만으로는 분명히 그렇게 믿고 실천하고자 했다.

지역등권론과 지역연합론

실제로 그는 1997년의 선거를 이기기 위해 온갖 비난을 감수하고 DJP 연합을 감행했다. 그러나 그것은 오래된 구상이 아니었다. 김대중은 1995년 1월이 돼서야 비로소 압도적인 지역구도의 현실을 어쩔 수 없이 인정한 것으로 보인다. 김대중의 '지역등권론'은 1995년 5월 26일 국민대 행정대학원 강의와 5월 27일의 여수 강연에서 등장했지만 그 단초는 1월 22일의 『일요신문』에서 이미 발견된다.

아주 다 이야기합시다. 오늘날 TK니 PK니 하는데 만약 자기들이 정권으로부터 차별받고 멸시받았다면 가만히 있었겠어요. 사실 당하고만 있는 사람도 못난 거요. 전라도고 경상도고 양심 있는 사람이라면 이러한 차별철폐에 나서야 돼요. 세계화를 한다면서 자기 민족끼리도 차별해서야 되겠느냐는 말입니다. 내 권리 내가 찾는다, 또 남의 권리지만 내가 찾아줘야겠다 하기 전에는 지역차별은 해결 안 돼요. 창피한 이야기지만 우리가 흑인보다 못해요. 자기 권리를 찾는 데서는 ······.[117]

김대중은 이후 15대 총선이 완전한 지역분할 구도로 끝난 일주일 뒤인 1996년 4월 18일 황태연 등을 만나 그 동안 망설였던 '지역연합론'을 전적으로 수용하고, 이강래를 실무책임자로 하는 'DJP 단일화' 작업에 착수했다.[118] 물론 그것은 합당이 아닌 연합이었다. 자신의 정체성을 잃지 않고 있지만 타협하고 있다. 아슬아슬한 마키아벨리즘의 한계에 서 있는 것이다. 그러나 분명한 것은 바로 그 마키아벨리즘의 한계 속에서 그는 승리할 수 있었다. 그의 정치적 반대자들이 '좋은 수단으로 좋은 결과'를 얻으려고 하지 않음을 조롱하고 있을 때(어쩌면 '좋은 수단으로 나쁜 결과'가 나타나기를 더 바랐는지도 모른다) 그는 '나쁜 수단으로 좋은 결과'를 얻기 위해 노력했고 또 성공했다.

김대중의 마키아벨리즘은 다시 그의 집권기간 중 실천되고 또 문제된다. 2002년 남북정상회담 당시의 대북송금 문제와 관련해서다. 대북송금은 감사원의 감사와 대국민 담화까지 발표했지만 결국 노무현 정부 초기에 특검수사까지 받게 됐다. 특검이 최종적으로 밝힌 내용은 현대그룹이 부담한 5억 달러(평양체육관 건립 등 현물 지원 5천만 달러 포함) 중 1억 달러는 '정상회담 대가(정책적 차원의 대북지원금 성격)'였는데 현대측이 대신 지불했다는 것이다. 그리고 이 과정에서 박지원, 이기호 등이 산업은행에 대출외압을 행사했다는 것이다.

---

117) 『일요신문』, 1995년 1월 22일; 강준만, 『김대중 죽이기』, 개마고원, 1995, 157쪽에서 재인용.
118) 김현우, 『한국 정당통합 운동사』, 을유문화사, 2000, 744~745쪽.

대출외압 등이 잘못됐다는 것은 분명하다. 그런데 대북송금 자체까지 문제를 삼아야 하는 것일까? '통치행위' 인지의 여부는 학술적인 관심일 것이다. 김대중은 퇴임 후에도 확신을 갖고 후회하지 않는다. 그는 2004년 6월 MBC와의 인터뷰에서 이 문제에 대해 이렇게 불만을 표시했다.

김 전 대통령은 "대북 송금하고 정상회담하고 관계지은 것은 전혀 사실이 아니다"라며 "정몽헌 씨의 증언과 특검 수사 결과에서도 드러났듯이 정부가 1억 달러를 정상회담의 대가로 지불했다는 것은 사실이 아니다"라고 말해, 특검이 대북송금과 남북정상회담을 연계시킨 데 대해 강한 불만을 토로하기도 했다. 김 전 대통령은 "1억 달러 주는 것을 '잘사는 형님이 가난한 동생 찾아가는 데 맨손으로 갈 수는 없지 않느냐'며 정부 예산에서 정식으로 내고 국민한테 알리고 하려고 했으나 실정법의 어려움이 있어서 정부 차원에서는 못 줬다"며 "현대가 통신에 대한 권리를 북으로부터 받는 대가로 지불한 것으로 안다"고 밝혔다.[119]

불행한 것은 남북관계에 앞으로도 이 여파가 상당히 미칠 것으로 보인다는 점이다. 북측은 북측대로 남측에 대한 신뢰를 잃었고, 남측은 남측대로 남북관계에 상당한 족쇄가 될 것이다. 확인되지는 않고 있지만 노무현 정부 초기에 북측으로부터 10억 달러 차관 요구와 함께 김정일의 답방 제안이 있었지만 받아들이지 못했다는 『월간 중앙』

---

[119] 『프레시안』, 2004년 6월 14일.

(2004년 7월) 보도도 있었다. 김대중은 "현 정부는 대화를 하려고 노력하고 있는 것을 확신"한다고 격려하고 있지만 적어도 현재까지 남북간 대화는 중단되었고 모든 사태의 진전은 오직 미국의 결정에만 의존하는 것처럼 보인다. 김대중이 염려하고 있듯이 "대량으로 400명 이상의 탈북자를 그것도 집단적으로 우리나라 국적기를 가지고 실어온 것", 그리고 "김일성 10주기에 민간인 참가가 잘 안된 것" 등등 여지를 스스로 좁혀가고 있는 측면이 분명히 있다. 끊임없이 김정일의 답방을 촉구하고 있는 마키아벨리스트 김대중이 지금 무엇을 아쉬워하고 있는지 이해할 필요가 있다.

이제 우리는 김대중이 실천했던 마키아벨리즘의 역사적 한계를 물어야 한다. 과연 김대중은 '작은 부도덕으로 큰 부도덕을 극복해야 한다'는 마키아벨리즘의 교리를 최선을 다해 이행했을까? 그의 집권으로 그가 얻을 수 있는 것은 다 얻었을까? 결과적으로 판단하면 그의 마키아벨리즘이 위력을 발휘한 곳은 주어진 조건을 전제로 약자의 입장에 서 있을 때였다. 그는 그곳에서 도덕적으로 아슬아슬한 타협과 생존을 유지했고 그리고 그 타협에도 보존되는 정체성과 불굴의 의지를 보여줬다.

김대중의 소심한 마키아벨리즘

그런데 문제는 그가 강자의 입장에 서 있을 때였다. 그는 이제 자신이 생각하는 것보다는 강자가 되었음이 분명함에도 불구하고 습관적으로 자신의 힘을 과소평가하고 대단히 소심한 형태의 타협을 계속 모색했다. '박정희 기념관'이나 '전두환과의 만찬'이 그것을 상징적으로 보여준다. 이것은 그의 실천적 마키아벨리즘이 대단히 소심한 것이었음을 말해준다. 그는 자신의 힘이 어디까지 미칠 수 있을지 결코 시험해보지 않았다. 그것은 안정적인 정국에는 도움이 됐는지 모르겠지만 많은 것을 잃게 만들었다. 만약 마키아벨리가 그런 김대중을 보고 있었다면 틀림없이 이렇게 말했을 것이다.

당신이 무장을 갖출 때, 당신이 스스로를 포기했다면 결코 돕지 않았을 사람들이 당신을 돕게 된다.[120]

물론 그 짧은 집권만으로 우리나라의 영남패권주의 구도를 일거에 해소할 수 없는 것은 당연하다. 그러나 그는 최소한 전두환을 정점으로 하는 영남파시즘이 잘못됐다는 것을 비타협적으로 선언할 수 있는 결정적 호기를 맞았음에도 불구하고 그 기회를 놓쳤다. 이것은 그가 비판하는 이승만의 친일정부와 마찬가지의 역사적 효과를 낳음으로써 그 극복에 더 큰 어려움이 되고 있다. 그는 말하자면 안정적인 지역구도의 타협 속에서 자신의 임기를 마쳤지만 노무현의 양비론에 길을 터주고 자신은 마음대로 고향에도 못 가는 지역구도의 포로생활을 하는 결과로 만족했다. 지금도 그의 다음 발언이 공허하게 귓전을 맴돈다.

우리 야당은 여야관계에 있어서는 일관되게 억압당하고 배신당하고 희생을 강요당해 왔습니다. 우리는 충분한 성과를 올리지 못했지만 독재

---

120) Niccolò Machiavelli 지음, Allan Gilbert 옮김, 『Discourses on the First Decade of Titus Livius』, *The Chief Works and Others vol I*, Durham: Duke University Press, 1965, 359~360쪽.

와 싸웠고 특권경제와 싸웠고 불의와 싸워 왔습니다. 그런데 지금 우리 사회의 일각에는 무책임한 양비론이 유행하고 있습니다. 국민여론이 '시는 시고 비는 비'라고 하는 분명한 심판을 더욱 강화시켜서 정치를 국민의 힘에 의해서 바로잡아야 하겠다고 강조해서 말씀드리는 바입니다.[121]

김대중은 분명히 많은 일을 했다. 정권교체 그 자체만으로도 역사적인 평가를 받을 일이다. 특별히 인권과 복지 분야에서 중요한 초석을 다졌다. 주목할 사실은 그는 분명히 영남패권주의라는 근원적 부도덕을 극복하기 위해 DJP 지역연합이라는 작은 부도덕을 수단으로 삼았지만 그 '극복'을 위해 영남패권주의와 맞서는 식의 마키아벨리즘을 동원하지는 않았다는 점이다. 그는 상황이 허락하는 한도 내에서 그들을 인정(용서)하며 오직 자신의 길을 갈 뿐 어떤 이데올로기적 투쟁도 하지 않았다. 그는 그것이 바로 '극복'이라고 믿었다. 김대중은 퇴임이 한참 지난 2004년 10월 자신의 시간을 이렇게 정리했다.

나는 사람에 대해서는 용서하지만 나쁜 정치는 용서하지 않는다. 나는 박정희 대통령도 용서했다. 나를 죽이려고 했던 사람 아닌가. 전두환 대통령도 날 죽이려고 했다. 그런데 전두환, 노태우, 내가 당선돼서 석방시켜 줬다. 박정희 대통령 기념관 하라고 내가 200억 지원했다. 그리고 김영삼 대통령 아들 내가 사면 복권시켜줬다. 나는 일본과도 화해했다. 북한과도 화해했다. 그러나 원칙은 절대 바꾸지 않았다. 나는 대통령이 돼서

---

121) 김대중, 「국민정치 시대와 발상의 전환: 1990년 11월 23일, 제151회 정기국회 대표연설」, 『전집 1』, 중심서원, 1993, 261쪽.

인권위원회를 만들고 의문사진상규명위를 만들고 민주 유공자 포상을 하고 그리고 여성부를 만들고 민주노총과 전교조를 합법화시키고 제주 4·3 사건 명예를 회복시키고, 광주 5·18 묘역을 국립묘지로 하고 이렇게 민주화를 위해서 잘못된 것은 다 고쳤다. 그런데 사람에게는 보복하지 않는다. 난 그것이 필요하다고 생각한다.[122]

그들의 부정의와 화해한 것이 그들의 힘이 여전하기 때문에 그랬을까 아니면 힘과 상관없이 그랬을까? 어쨌든 그 '화해'는 그의 마키아벨리즘의 한계였다. 그러나 역사는 오히려 김대중의 손을 들어줄지도 모른다. 그는 너무나 어려운 조건 속에서 자신의 길을 가야만 했다. 그래서 현상적으로 보면 '지역 대 지역'의 양비론적 타협을 받아들인 것으로 보인다. 다만 그의 이러한 소심함은 당연하게도 노무현 정권의 화려한 양비론적 공세의 좋은 토대가 되었다는 것을 부정할 수는 없을 것이다.

---

122) 「노컷뉴스」, 2004년 10월 22일.

제4장 김대중과 역사의 전선

기억의 전쟁: 김대중, 박정희, 김일성

조선을 침략한 일본은 왜 헛돈을 써가며 역사왜곡에 몰두했을까? 그 오래된 과거의 기억이 당시의 침략에 무슨 도움이 된다고 생각했을까? 그리고 해방 이후 대한민국은 왜 먹고살기 바쁜 세월을 보내면서 식민사관을 극복한다며 고민의 나날을 보내야만 하는 걸까? 그리고 이제는 먹고살 만해진 중국은 왜 또 난데없이 고구려사를 가지고 우리의 신경을 곤두서게 만드는 걸까? 도대체 지나버린 천 년 전의 기억들이 현재 우리의 삶과 무슨 상관이 있기에 기억을 가지고 이렇게 싸우는 것일까?

역사는 과거를 보는 지배적 시선

나는 지금 김대중에 관한 이미 지나버린 이야기를 하고 있다. 이 이야기 속에서 나는 나름의 시각으로 이런저런 논쟁을 하고 있지만 그래봐야 그것은 모두 과거의 기억에 관한 다툼일 뿐이다. 그런데 나는 지금 무슨 의도를 가지고 이런 기억에 대한 논쟁에서 무언가를 입증하려고 애를 쓰고 있는 것일까? 도대체 지나버린 김대중에 관한 기억들이 현재의 우리의 삶과 무슨 상관이 있기에 기억을 가지고 이렇게 싸우는 것일까?

역사는 과거를 보는 지배적 시선이다. 즉 이 시선은 살아있는 현재의 시선이며 지배자의 시선이다. 그들은 과거의 기억 속에서 현재의 지배를 정당화하기 위한 증거를 내보이려 한다. 만약 우리가 이 기억의 전쟁에서 패배한다면 미래도 과거처럼 '같은 논리'로 지배하려는 그들의 의도는 이데올로기적 정당성을 갖추게 될 것이다. 즉 그들은 미래를 지배하기 위한 강력한 무기를 얻게 될 것이다. 먹고사는 문제만이 유일하게 가치 있는 것이라고 믿는 사람들을 위해 말한다면 기억의 전쟁이 현재와 미래의 먹고사는 문제에 지대한 영향을 줄 것이기 때문에 투쟁하는 것이다. 그렇더라도 우리가 싸우는 역사의 전선은 우리들의 의식 속에만 존재한다. 그래서 오웰은 이렇게 잔인하게 말한다.

과거를 지배하는 자는 미래를 지배한다. 현재를 지배하는 자는 과거를 지배한다.[123]

대한민국의 역사를 오웰식으로 말한다면 어떻게 될까? 현재를 지배했던 이승만은 4·19에 의해 부정되고, 4·19는 박정희의 쿠데타에

---

123) 조지 오웰, 『1984』, 민음사, 2003, 53쪽.

의해 부정되고, 박정희는 김재규에 의해 부정되고, 김재규는 전두환에 의해 즉각 부정되고, 전두환은 노태우에 의해 백담사로 향하고, 노태우는 김영삼의 역사에 의해 바로 세워지고, 김영삼은 김대중의 제2건국을 지켜보고, 김대중은 노무현의 민주당 분당으로 부정되었다고 할 수 있다. 노무현의 과거는 또 어떤 현재에 의해 부정될까?

우리는 과거를 부정하지 않으면 현재를 정립할 수 없는 민족처럼 보인다. 오웰의 세계였다면 우리는 지난 세월을 현재의 이데올로기적 의미에 맞게 새롭게 고쳐 개정판을 내느라, 즉 과거를 개조하느라 우리 에너지의 대부분을 소비했을 것이다. 하긴 실제로 그러면서 살기도 했다. 정확히 말하면 우리 모두가 고생하는 대신 『조선일보』 등이 수고스럽게 이런 역할을 도맡아 해주었다. 이 점에서 우리는 그들에게 고마움을 표해야 할지도 모르겠다. 그렇지만 덕분에 이런 이중사고에 익숙해진 우리들을 발견하는 것은 무어라 해야 할까?

'이중사고'란 …… 한 사람이 두 가지 상반된 신념을 동시에 가지며, 그 두 가지 신념을 모두 받아들일 수 있는 능력을 의미한다. …… 의도적으로 거짓말을 하면서 그 거짓말을 진실로 믿고, 불필요해진 사실은 잊어버렸다가 그것이 다시 필요해졌을 때 망각 속에서 다시 끄집어내며, 객관적인 현실을 부정하는 한편으로 언제나 부정해 버린 현실을 고려하는 등의 일들이 절대적으로 필요하다. '이중사고'란 말을 사용할 때도 '이중사고'를 해야 한다. 이 말을 사용하면 현실을 왜곡했다는 것을 인정하는 것이고, 여기에서 다시 '이중사고'를 하면 바로 인정한 것을 지워버리는 것으로, 무한한 거짓말이 진실보다 언제나 한걸음 앞서가기 때문이다. 궁극적으로 당이 역사의 흐름을 막을 수 있었던 것은 '이중사고'에 의해서였는데, 이것은 앞으로도 수천 년 동안 계속될지도 모른다.[124]

나는 지금 우리 역사의 부정적인 부분을 물타기 하기 위해서 오웰을 인용하고 있는 것이 아니다. 오히려 그런 물타기를 환원시키기 위해서 이런 인용을 한다. 나는 우리가 경험한 부정의 역사 속에서 특이한 사실을 발견한다. 그것은 우리의 부정의 역사는 많은 경우 반드시 적대적 부정의 형태로 진행되지는 않았음에도 불구하고 그것이 마치 적대적 부정처럼 꾸며진다는 사실이다. 예컨대 박정희와 전두환과 노태우와 김영삼의 역사 부정은 분명히 과거에 대한 부정이지만 동시에 자기긍정이기도 했다. 말하자면 이것은 타자에 의한 전면적인 부정이 아니라 자신을 보존하기 위한 자기긍정이었다는 것이다. 기껏해야 그것은 영남패권주의 일당지배를 영속화하기 위한 사이비 역사 부정에 불과했다.

그러므로 그러한 사이비 역사 부정은 반드시 이중사고를 필요로 하는 것이 아니었다. 박정희를 지지하는 자가 김영삼을 지지하는 것이 그렇게 어려운 일이 아니다. 심지어는 전두환을 지지하는 자가 김영삼을 흔쾌히 지지하기도 한다. 민주주의라는 신념만이 유일한 기준인 사람들에게는 이것이 이중사고처럼 보이겠지만 이것은 이중사고가 아닌 영남패권주의라는 일관된 신념 속에서 얼마든지 가능한 일이다.

이런 관점에서 우리는 혼란스런 역사의 맥락을 추스를 수 있다. 즉

---

124) 조지 오웰, 『1984』, 민음사, 2003, 297~298쪽.

아무리 박정희-전두환-노태우-김영삼 등이 자신들의 과거를 부정하더라도 그것은 모두 사이비 부정에 불과하다. 이들과의 구별은 오직 김대중에 의해서만 가능하다. 누구도 이중사고가 아니라면 전두환과 동시에 김대중을 지지하지는 못할 것이다. 그러므로 김대중의 정권교체야말로 그 자체로 사이비 역사 부정에 맞서는 진정한 역사의 부정이었다.

박정희는 영남패권주의의 마지막 보루

그래서 영남패권주의자들은 자신들의 역사를 위한 반격이 필요했다. 자신들을 부정하지 않고 김대중의 이데올로기에 맞설 수 있는 역사적 인물이 누구일까? 영남패권주의 역사의 마지막 보루는 박정희다. 그가 무너지면 영남패권주의 역사는 무너진다. 과거가 사라지면 미래도 없을 것이다. 1997년 『조선일보』의 「내 무덤에 침을 뱉어라」, 『중앙일보』의 「실록 박정희 시대」, 『대구매일신문』의 「실록소설 청년 박정희」, 이인화의 『인간의 길』 등등이 일으킨 '박정희 신드롬'은 단순히 김영삼의 실정이 야기한 복고주의 바람이 아니었다. 그것은 IMF 이전, 김대중이 정권을 현실적으로 위협하던 시점에서 기획된 영남패권주의자들의 조직적인 선전·선동의 결과물이었다.

나는 영남패권주의의 역사와 박정희의 역사적 재평가는 거의 일치하리라 믿는다. 그래서 박정희가 쉽게 무너지지는 않을 것이라 생각한다. 그가 단순히 독재자였다거나 아니면 영남패권주의자였다는 사실을 강조하는 것으로 박정희가 간단히 무너질 것으로 본다면 오산이다. 그것은 뿌리깊은 자기주장을 갖고 있다. 그 자기주장이 바로 파시즘,

정확하게는 영남파시즘이라는 것을 아는지 모르는지 이인화는 용감하게 이렇게 주장한다.

> 우리 민족은 악(惡)의 심연으로 나아가야 한다. 수단과 방법을 가리지 말고 힘을 쟁취해야 한다. 그 어떤 고리타분한 선(善)을 삶에 인용하여 그것을 내세우며 거기에 웅크리고 사는 것은 잘못이다. 그런 생활은 겁쟁이의 생활이며, 천민의 생활이며, 소인배의 생활이다. 악질이라고? 진정한 자기 실현을 욕망하는 자, 누가 악마가 되지 않을 수 있겠는가? 악마란 우리의 좌절된 욕망, 억압받은 욕망이 낳은 비극의 그림자이다. …… 나는 가장 악랄한 모반자(謀反者)가 되어 마침내 강자가 될 것이다. 힘으로써 힘을 제압하는, 먼 원시로부터 이어온 피의 법도만이 나를 갱생시킬 것이다 …….[125]

이인화의 파시즘 문학은 근거 없이 나타난 돌연변이가 아니다. 그것은 하나의 극한일 뿐이다. 우리들 마음속에 들어 있는 현실에 대한 직시와 대응에 관한 하나의 극한인 것이다. 다만 그 파시즘적 극한 속엔 먼 원시로부터 이어온 법도가 '피의 법도' 만이 아니란 사실이 애써 무시되고 있을 뿐이다. 그것이 진정으로 피의 법도일 뿐이라면 "국가야말로 우리가 자기 희생과 헌신으로, 순수한 선(善)으로 창조해 내는 인간성의 결정체가 아닙니까?"라고 반문하며 열변을 토할 이유도 없을 것이다. 선과 악이라는 관념이 존재할 수 없는 이인화의 '피의 법

---

125) 이인화, 『인간의 길 1』, 살림, 1997, 306~307쪽.

도' 속에서는 '이중사고'가 아니라면 절대로 '영남패권주의 국가'라는 선도 발생할 수 없기 때문이다.

김대중과 박정희

잘 알고 있듯이 김대중은 재임기간 중 실망스럽게도 박정희와 대결하지 않았다. 그것은 영남패권주의와 정면에서 대결하지 않았다는 말이기도 하다. 그러나 그럼에도 불구하고 김대중은 박정희로 상징되는 영남패권주의의 대립항이다. 왜냐하면 김대중은 오직 박정희로 상징되는 영남패권주의의 이데올로기적 대립항으로서만 자신의 정체성이 드러나기 때문이다. 이인화는 이렇게 말한다.

> 내가 누구인지 말할 수 있는 자는 나의 적이다. 적이 누구인지를 알 때 우리는 그것과 대결하는 나의 정체를 알게 된다. 내가 누구이고 어떤 사람인지를 말할 수 있게 된다.[126]

이인화식으로 말한다면 김대중은 스스로를 말하지 않지만 박정희를 통해서 어쩔 수 없이 자신을 드러낼 수밖에 없다. 마찬가지로 박정희는 김대중을 통해서 비로소 자신을 드러낸다. 이것은 김대중이 '박정희 기념관'으로 타협을 모색했음에도 불구하고 어쩔 수가 없다. 그것은 오히려 자신을 대립항으로 전제하는 어쩔 수 없는 모순의 고백일 뿐이다. 그렇다면 우리는 어떻게 이 사실을 극복할 수 있을까? 김대중

---

126) 이인화, 『인간의 길 1』, 살림, 1997, 78쪽.

과 박정희를 동시에 승인한다는 것이 이중사고라면 어떻게 이를 극복할 수 있을까?

나는 어떤 정의 관념을 내세워 하루아침에 박정희 이데올로기를 멸절시킨다는 것은 기본적으로 불가능하다고 본다. '한줌의 도덕보다 절실했던 배고픔을 해결해줬다'는 보이지 않는 역사적 동의를 철회시키기 전에는 불가능하다고 본다. 그러한 동의는 식민지 조선의 개발이 일본 제국주의의 은혜라고 믿으며 제국의 자본가에게 고마워하는 식민지 노동자처럼 박정희의 영남패권주의에 안 좋은 추억을 가지고 있는 호남인들의 밑바닥 정서에도 존재한다. 불유쾌하지만 우리에게는 박정희에 대한 완전히 묵살할 수 없는 일말의 공감대가 있다는 사실을 인정해야만 하는 것이다. 이것이 『조선일보』 때문이라면 차라리 다행이겠지만 온전히 그것만은 아니다. 이와 관련하여 강준만은 한 가지 흥미로운 상상을 우리에게 전한다.

만약 히틀러가 1938년에서 멈추었더라면 그는 인류 역사에 어떻게 기록되었을까? 히틀러는 비스마르크 이래 독일 최고의 지도자로 추앙 받았을 것이라고 생각하는 사람들도 적지 않다. 그러나 그건 어리석은 가정이다.[127]

그러나 나는 그런 '어리석은 가정'이 바로 대한민국에서 현실로 일어났다고 본다. 박정희는 말하자면 1938년에 멈춘 히틀러다. 그래서

---

127) 강준만, 「아돌프 히틀러: 과연 그는 완전히 죽었는가」, 『부드러운 파시즘』, 인물과사상사, 2000, 89쪽.

우리는 박정희와 싸우는 것이 상당히 힘겹다. 아마도 박정희와 김대중은 역사 속에서 끊임없이 투쟁할 것이다. 그들의 이미지는 역사 속에서 끊임없이 상상될 것이며 서로를 부정할 것이다. 그리고 이러한 부정의 역사에 다시 한 사람 김일성이라는 존재가 가세할 것이다. 대한민국이라는 공동체는 김대중과 박정희의 불협화음만으로도 골치가 아픈데 여기에 김일성까지 가세하면 어떻게 되는 것일까? 1994년의 조문파동이 우리의 험난한 앞길을 예고한 바 있다.

1994년 7월 8일 남북정상회담을 앞두고 김일성이 갑작스런 죽음을 맞이하자 같은 달 11일 국회 외무통일위원회에서 이부영 등이 "같은 민족으로서 우리 쪽에서 조문단을 파견하거나 그것이 안 된다고 하면 조문의사를 표시하는 것도 고려할 수 있지 않느냐"며 김일성의 조문단 파견을 제안했다. 즉각 우리 사회에는 벌집을 쑤셔놓은 듯 일파만파의 파장이 일어났다. 그러자 결국 이부영 등은 외무통일위원회에서 신상발언을 통해 "정부측에 조문사절 파견 검토용의를 물었던 것은 김일성 개인에 대한 애도를 위한 것이 아니라 향후 남북간 화해와 신뢰를 도모하자는 차원에서 이뤄진 것"이라며 사과 해명했다. 그리고 이와 유사한 일이 또다시 김대중과 김정일의 정상회담을 앞두고 2000년 반복된다. 다음은 박지원의 증언을 보도한 기사다.

서울고법 형사1부(이주흥 부장판사)의 심리로 17일 열린 항소심 결심공판에서 박 전 장관은 "2000년 당시 6·15 남북정상회담 협상 과정에서 북측이 김대중 전 대통령의 김일성 시신 참배를 요구했다"며 "이에 대한 협상이 난항을 겪어 정상회담 일정이 하루 연기된 것"이라고 말했다. 박

전 장관은 "통상 외국인이 북한에 들어가면 김일성 시신을 참배하게 돼 있는데, 당시 예비접촉 합의문에 김 전 대통령의 참배 여부가 명시돼 있지 않아 김 전 대통령께서 심하게 질책하셨다"며 "북측에 참배를 할 수 없다는 뜻을 전하자 북측에서 반발, 평양에 먼저 들어가 방송 준비를 하던 KBS 기자들이 억류되기도 했다"고 말했다.

박 전 장관에 따르면 협상이 난항을 겪었으나 김 전 대통령은 막무가내로 북으로 가는 비행기에 오르기 위해 성남공항으로 향했고, 마침 성남공항에 도착했을 때, 당시 통일외교안보 특보를 맡고 있던 임동원 전 장관을 통해 "북측이 평양에 일단 들어와서 참배 문제를 협상하자는 전문을 보내왔다"는 보고를 받았으며, 김 전 대통령은 북에 가서 계속 참배 문제를 협상했다는 것이다.

박 전 장관은 당시 "송호경 아태평화위 부위원장과 협상하는 중에 '김 대통령이 참배를 하면 남한에서 봉기가 일어난다' 며 '내가 우리 정부를 대표해서 참배하고 남한에 돌아가 사표를 낸 뒤 구속당하겠다' 는 의견을 냈지만 거부당했고, 한광옥 비서실장까지 참배하겠다고 해도 거부당했다"고 말했다. 박 전 장관은 "그러나 다음날 아침 송호경 부위원장이 만나자고 하더니 '상부에 말씀드리니 참배를 안 해도 되게 됐다' 고 말해 문제가 해결됐다"고 말했다.[128]

김일성의 흔적과 상징

나는 김일성의 문제가 단지 북한의 현 체제가 유지되고 있기 때문에 발생하는 문제라고 보지 않는다. 즉 북한 정권이 중국식으로 살아

---

128) 『프레시안』, 2004년 5월 18일.

남아 자본주의로의 역이행에 성공한 경우에는 말할 것도 없고 설령 흡수통일의 형태로 붕괴된다 해도 김일성의 문제는 남을 것이라 생각한다. 즉 김일성은 실질적인 위협의 문제가 아니라 상징적 이미지로 계속 남아 있을 것이란 말이다. 만약 먼 훗날에도 북한 주민들에게 김일성이 영남의 박정희나 호남의 김대중의 의미로 상상된다면 우리의 사회통합은 어떻게 되는 것일까? 지금 편하게 휘두르는 국가보안법은 그때는 이미 무기가 아니다. 즉 공산주의라는 실질적인 위협과 싸우는 것이 문제가 아니기 때문이다.

우리의 미래는 북한 지역 주민들과의 힘겨운 통합이 기다리고 있다. 독일에서도 이 문제는 어려움으로 등장하는데 우리처럼 사회통합에 장애가 많은 영남패권주의 사회에서는 어떤 결과로 나타날까? 만약 북한 주민이 3등 국민으로 대우받는 일이 현실이 된다면 그들의 상징적 역사는 틀림없이 김일성으로 나타날 것이다. 달리 어떤 상징과 신화로 자신들의 처지를 달랠 수 있겠는가? 파시스트 박정희가 영웅이 될 수 있다면 공산주의자 김일성이 그 상징적 대체 인물이 되지 못할 이유도 없을 것 아닌가?

사실 북한 주민들에게 김일성은 나름대로 자부심의 근거가 분명히 있을 것이다. 그는 무엇보다 대한민국의 절망적인 콤플렉스인 친일문제로부터 자유롭다. 친일문제에 관한 한 사실 독립운동가 김일성 자체가 우리의 콤플렉스였다. 박정희도 김일성의 독립운동 경력 앞에서는 부끄러움을 느꼈음이 분명하다. 오죽했으면 가짜 김일성까지 연구케 했을까? 물론 김일성의 우상숭배는 분명히 역사 앞에 진실을 드러낼 것이다. 그렇다고 김일성의 상징이 사라지지는 않을 것이다. 박정희의 친일과 기회주의적 좌익 활동이 박정희의 숭배를 완전히 멈추게 할 수 없는 것과 마찬가지다.

나는 김대중, 박정희, 김일성이 우리가 살아온 삶의 어쩔 수 없는 역사적 흔적이라고 생각한다. 물론 나는 김대중의 역사적 상상이 박정희나 김일성의 역사적 상상을 압도하고 투쟁에서 승리하기를 바란다. 그리고 역사 앞에서 김대중이 가장 유리한 위치에 서 있기도 하다. 그러나 그것이 우리 삶의 역사적 흔적인 한, 즉 김대중이 광주학살과 상징 결합되어 호남인들의 가슴에 남아 있고, 박정희가 영남인들의 미묘한 자부심을 형성하고, 북한 주민들의 역사적 설움이 김일성으로 전이되는 한 관념론적 정의를 갈구하는 사람들이 상상하는 식의 일도양단의 역사적 결말은 없을 것이라고 생각한다.

다만 우리의 역사가 정상적인 궤도를 걸어간다면 사회통합은 김대중, 박정희, 김일성의 이미지 통합이나 투쟁의 승패에 의해서가 아니라 실질적인 방식으로 일어날 것이고, 그 사회통합을 상징하는 새로운 인적 통합도 있을 것이다. 그리고 그 새로운 인적 통합에 의해서 김대중, 박정희, 김일성의 기억의 전쟁은 그 의미를 잃어갈 것이다. 그러나 만약 우리가 '실질적인 사회통합'을 이루는데 실패하거나 끝없이 지연된다면 그 기억의 전쟁 역시 절대로 사라지지 않을 것이다. 한 가지 다행스러운 일은 한 지역의 패권적 야망을 억지하는 데는 3개 지역의 정립상태가 지금보다는 훨씬 유리할 것이란 사실이다. 이것이 역사의 퇴행을 막는데 그나마 좋은 조건으로 작용하기를 바랄 뿐이다.

역사의 에피소드 노무현, 그가 남긴 것

노무현에게 걸었던 희망과 기대

노무현은 한국 정치의 희망이었다. 적어도 그가 대통령에 당선되기 전에는 분명히 그랬다. 사실 누구나 취임 전 정치인은 희망일 수 있다. 취임 전에 그런 소박한 희망조차 주지 못하는 정치인이 어떻게 대중의 지지를 얻을 수 있겠는가? 그러나 지금 내가 말하는 노무현의 희망은 그런 통상적인 의미의 희망을 말하는 것이 아니었다. 적어도 노무현은 다른 정치인들과는 다를 것이라는 그런 희망이었다. 그가 걸어온 길은 통상적인 다른 정치인들이 선택해왔던 그런 길이 아니었기 때문에 그것이 순진한 기대라고만 할 수도 없는 일이었다. 예컨대 그는 이런 기대를 받았다.

ID 서른즈음: 노무현은 한 발 더 나아가 수구 언론과의 '전쟁' 까지도 선포하고 나선 것입니다. …… 이는 노무현이 얼마나 줏대가 강한 승부사이며 원칙에 충실한 정치인인가를 보여주는 좋은 사례가 될 것입니다.

ID 막걸리파: 3당 합당을 거부하고 외로운 싸움에 나선 것, 부산의 선거들에서 보여지듯이 지역감정에 정면으로 도전한 것 …… 그리고 당신이 흔들리지 않고 소신을 지켜왔다는 가장 큰 매력이 저를 변화시키고 있습니다.

ID 길종철(vision8274): 난 미국이 넘넘 좋다. 그리고 강대국인 미국이 시키는 일이라면 뭐든지 해도 괜찮다고 생각한다. 그런데 노무현은 무슨 배짱인지 미국과도 당당히 맞선다. 그래서 난 노무현이 싫다.

ID 꽃동수: 이렇게 상식이 통하는 사회가 된다면, 당연히 노동자와 농민들도 잘 사는 사회가 될 것이요, 당연히 노동자와 고용주도 화합을 할 것이요, 당연히 통일도 이루어지리라.[129]

그런데 노무현의 대통령 취임 후 채 100일도 지나지 않아 지지자들은 이런 기대가 허망한 것임을 느끼기 시작했다. 노무현이라는 현실 정치인에 대한 열광은 우울함에서, 분노로, 그리고 냉소의 단계를 지나 무기력한 체념의 모습으로 변해갔다. 이번에는 노무현의 대통령 취임 후 얼마 지나지 않아 쏟아져 나오기 시작한 노무현 지지자 혹은 우호적 반대자였을 유명인들의 실망과 분노의 발언들을 들어보자.

---

[129] 문성근 외, 『노하우에 리플달기』, 열음사, 2002, 73·52·113·124쪽.

손석춘: 과연 언론정책이라는 개념조차 지니고 있는지 의문스럽다. …… 이제 그 애칭에 따옴표를 빼야 한다. 하여 주저 없이 불러주자. 바보![130]

추미애: (신당 추진은) 호남의 뺨을 때려 영남표를 얻겠다는 정의롭지 못한 일[131]

리영희: 미국 방문 전후에 나타난 노 대통령의 발언이나 행동을 보면 변한 것은 없고 무식하다는 것입니다.[132]

정혜신: 오랫동안 노동자 편에 서 있었던 노 대통령이 노사문제와 관련하여 걸핏하면 공권력을 들먹이고 …… 나는 이것을 정치적 견해를 달리하는 반대세력에 대한 무의식적 두려움에서 나온 대통령의 '역공포 반응'일 것이라고 추측한다.[133]

어떻게 이런 일이 가능할까? 단순히 집권 전 이미지와 집권 후 현실정치의 차이로 설명하기에는 그 괴리가 너무 크다. 만약 애초부터 불가능한 것을 우리가 노무현에게 기대했고 그 기대가 당연히 무너졌을 뿐이라면 노무현 에피소드는 현실을 모르는 우민들의 소동이었을 뿐이다. 그러나 그것은 아니라고 본다. 우리가 노무현에게 기대한 것

---

130) 『인터넷 한겨레』, 2003년 4월 3일.
131) 『인터넷 세계일보』, 2003년 5월 15일.
132) 『오마이뉴스』, 2003년 5월 22일.
133) 『인터넷 한겨레』, 2003년 7월 6일.

은 불가능한 기적이 아니었기 때문이다. 그저 상식적 정치가 실현될 수 있는 토대만이라도 구축해주기를 바랐을 뿐이다. 부족하면 부족한 대로 그 과정이 납득될 수만 있었다면 이렇게까지 실망하진 않았을 것이다. 처음부터 진지하게 되짚어볼 필요가 있다. 도대체 노무현은 자신이 왜 대통령에 당선될 수 있었다고 생각했을까? 그는 이렇게 고백했다.

> 저도 대통령으로서 여러 가지 정치적 목표를 가지고 있지만 대통령에 당선되기까지 제가 내걸었던 가장 중요한 정치적 목표가 지역구도의 해소였다. 어떻게 보면 제가 정치를 한 가장 중요한 목표가 우리 정치에 있어서의 지역구도 해소였다고 말할 수 있다. 또 어떻게 보면 제가 그런 목표를 내걸었기 때문에 이번에 대통령에 당선된 것이라고 저는 그렇게 생각한다. 이번 국민들의 선택에 대해서 여러 가지 해석이 가능하겠지만 그러나 결국 지역주의에 가담하지 않고 지역주의에 맞서왔던 정치인에 대한 신뢰나 지지의 표현으로 저는 그렇게 생각한다. 실제로 그것말고 제가 특별히 다른 후보들보다 더 잘난 데가 없지 않나. 저는 그렇게 지금까지 믿고 있다.[134]

그는 자신이 지역구도만 해소할 수 있다면 충분히 대통령이 된 역사적 사명은 다한 것이라고 신앙처럼 믿었을 것이다. 그래서 그는 근 1년 이상을 민주당 파괴와 열린우리당 건설에 자신의 정치적 운명을 걸

---

[134] 『인터넷 한겨레』, 2003년 9월 17일.

고 매진했다. 이런 구상 속에서 그가 취임 후 가장 먼저 한 일은 대북송금 특검 프로젝트였다. 취임 전 대통령 당선자 노무현 캠프 쪽에서 문제를 삼기 시작한 대북송금 문제는 다음과 같은 일련의 과정을 통해서 진행되었다.

의심받는 대북송금 특검 프로젝트

제1단계는 노무현 쪽의 문제제기에 따라 감사가 실시되었고 1월 30일에 그 결과가 나왔다. 현대상선이 산업은행으로부터 대출 받은 4천억 원 중 2천235억 원(2억 달러)을 대북송금했다는 사실을 감사원이 밝히고 김대중은 이에 대해 사법심사가 부적절하다는 입장을 밝힌다.

여기서의 쟁점은 정부측의 자금이 포함되어 있었는지 여부와 이 사실을 통치권자인 대통령이 알았느냐는 것이다. 위의 언급으로만 보면 현대상선만의 자금이며 대통령은 몰랐던 사안일 수도 있다. 대통령이 인지하지 못한 통치행위의 관념이란 상상하기 힘들다. 그렇다면 통치행위가 아니며 관련자는 의법조치되어야 한다.

제2단계는 2월 14일 김대중의 대국민 담화와 임동원 특보의 해명이다. 현대측에 의해 모두 상업적 거래인 5억 달러가 대북송금됐으며 이 중 2억 달러의 대북송금에 국정원이 편의를 제공했으며 임동원 당시 국정원장은 대통령에게 보고하지 않았다고 밝혔다.

새로운 사실은 모두 2억 달러가 아닌 5억 달러라는 것뿐이다. 모두 상업적 거래고 여전히 대통령은 몰랐다는 발표다. 그렇다면 통치행위로 볼 수 없고 의법조치할 수밖에 없다.

제3단계는 특검의 발표다. 특검이 밝힌 새로운 사실은 현대그룹이 부담한 5억 달러(평양체육관 건립 등 현물 지원 5천만 달러 포함) 중 1억 달러는 '정상회담 대가(정책적 차원의 대북지원금 성격)'였는데 현대측이 대신 지불했다는 것이다. 그리고 이 과정에서 박지원, 이기호 등은 산업은행에 대출외압을 행사했다는 것이다.

위에서 제기했던 첫 번째 문제는 정부의 자금은 동원되지 않은 걸로 밝혀졌다. 두 번째 문제는 김대중 전 대통령이 대북송금 사실을 인지했다고 확인했다. 결국 대북송금이 통치행위라면 문제가 되는 것은 대출외압뿐이다. 물론 법적으로만 말한다면 대출외압까지 통치행위의 범주에 넣어 간과하기는 힘들다. 여기서 특검은 본인이 강력하게 부인하고 있음에도 불구하고 박지원의 뇌물수수 의혹(대법원에서 무죄취지의 파기환송이 있었다)이 있다고 덧붙였다.

그런데 과연 애초에 노무현이 대북송금 문제를 들고 나온 것이 이런 식의 법치주의의 성실한 실현에만 있었을까? 만약 그렇다면 더 이상 할 말이 없다. 그러나 김대중은 이 문제에 아주 많은 불만을 표시한 바 있다. 더불어 아주 많은 사람들은 그의 정치적 의도를 의심하고 있다. 나도 그렇다. 대북송금 문제 제기에 불순한 정치적 의도가 있었다면 무엇이었을까?

노무현은 대북송금 특검법에 거부권을 행사하라는 지지자들의 요구를 뿌리친 뒤 이를 '한나라당에 대한 선물'이라고 말한 것으로 전해진다. 왜 한나라당에 선물을 해야 할까? 완곡한 표현이다. 그것은 한나라당의 지지기반인 영남인들에 대한 선물이었다. 노무현은 앞으로 자신의 영남에 대한 선의를 인정받기 위해 선물을 한 것이다. 그것이 기가 막힌 것은 김대중이 통탄하는 대북송금이 영남인들에게는 선물이 될 수 있다는 사실 때문이다. 김대중이 통탄할수록 그것은 영남인들에 대한 뜻 깊은 선물이 될 수 있다는 것을 노무현도 분명히 알았을 것이다.

그런 면에서 그것은 좀 부족한 선물이었을 것이다. 영남인들이 박지원이 아니라 김대중이 감옥에라도 가기를 바랐다면 그랬을 것이다. 그래서인지 영남은 2003년 4·15 총선에서 노무현의 영남을 향한 충심을 인정하지 않았다. 노무현은 1년 이상 혼신의 힘을 바쳐 '김대중의 민주당' 과의 절연을 선언하며 화해를 구걸했지만 영남은 그 투항을 인정하지 않은 것이다. 영남패권주의에 대한 투항으로 지역구도를 마무리하려는 노무현의 정략은 처참하게 패배했다. 그 패배의 상처는 깊다.

우선 대북송금 특검은 집권 초기 남북관계에 있어서 모든 것을 사실상 미국의 손에 넘기고 당사자인 남북은 구경꾼의 신세로 전락시키는 계기가 되고 말았다. 실제로 노무현은 특검 이후 '이라크 파병' 으로 미국의 눈치만 살폈을 뿐 아직까지 '자주외교' 성과는 없다. 햇볕정책을 계승했다는 노무현의 '평화번영정책' 은 집권 초기부터 '북핵문제 해결 전에 남북대화는 없다' 는 입장을 견지했다. 그러다 2004년 말이 돼서야 "안 될 것 같다는 전망"일 뿐 "정상회담이 가능만 하다면 시기, 장소 안 가리고 나는 수용할 의향이 있"다고 해명했다.

김대중은 "대통령이 바뀌면 사람이 바뀌는 거니까 하는 스타일에 차이가 있"어서 그런다며 완곡하게 격려했지만 노무현의 평화번영정책이 과연 남북관계의 적극적 진전을 통해 북미관계의 개선을 도모하려 했던 햇볕정책의 실질적 계승으로 평가될 수 있을지는 두고 볼 일이다. 노무현은 앞으로 자신의 모든 것을 부시의 (강행할지도 모르는)

'북한 붕괴 시나리오'의 저지를 통해 입증해야 할 것이다.

노무현식 분당을 반대한 이유

국내의 지역구도는 더욱 악화되었다. 총선에서의 과반수 획득으로 탄핵당한 정권을 연장시킬 수는 있었지만 노무현이 애초에 목표로 삼았던 지역구도 해소는 처참하게 실패했다. 그는 전국정당에 자신의 정치적 운명을 걸었지만 단 4석의 영남 의석을 얻는데 그쳤다. 이 결과를 얻기 위해 그렇게 요란하게 호남인들의 가슴에 못을 박은 정치적 배신을 했는가를 생각한다면 어이없는 일이다. 많은 열린우리당 지지자들이 이 말뜻을 잘 이해하지 못하므로 약간의 설명이 필요하다.

내가 노무현의 열린우리당 사태를 '호남인들의 가슴에 못을 박은 정치적 배신'이라고 규정하는 이유는 대통령이 된 노무현이 자신을 후보로 공천했던 정당을 버리고 분당해 나갔다는 단순한 사실 때문이 아니다. 그런 일은 기이하기도 하고 좋은 행태도 아니지만 그럴 수도 있다. 그것이 단순히 자신의 당선을 지지하지 않았던 '후단협' 세력이 주도하는 정당을 떠나고자 한 것, 즉 부득이한 권력투쟁이었다면 이해할 수도 있다. 그러나 노무현의 열린우리당 창당은 절대로 그런 목적이 아니었다. 그것은 핑계였을 뿐이다.

일반적으로 우리가 세계 정치사에서 흔히 보는 단순한 분당은 정치적 뜻을 같이 하는 사람들이 다수이든 소수이든 조용히 기존의 당을 떠나는 것으로 끝난다. 그들이 당 해체를 강요할 이유가 없다. 그러나 열린우리당의 그들은 그렇게 하려고 하지 않았다. 이것은 우선 남아있는 사람들과 지지자들의 정치적 양심의 자유를 심각하게 위협하는 행위다. 대통령의 권력을 등에 업은 이런 폭력적 행위가 역사적으로 정당화되어서는 안 된다.

특별히 내가 문제삼는 것은 노무현과 그 추종자들이 민주당을 해체하기 위해 내세운 논리였다. 그들은 민주당을 파괴하기 위해, 즉 김대중과 그의 정당인 민주당과 절연했음을 영남패권주의자들에게 보여주기 위해 민주당을 한나라당과 다를 바 없는 양비론적 '지역주의 부패정당'으로 규정했다. 이 천박한 역사의식은 단순히 민주당의 정치인들을 지역주의 기생세력, 즉 '철밥통'으로 규정하고 끝나는 마녀사냥의 문제가 아니다. 그들이 민주당을 그렇게 규정하는 순간 민주당을 지지했던 호남인들의 그간의 모든 역사적 행위들을 잘못된 지역주의 행태라고 규정하는 문제가 되는 것이다.

노무현이 민주당을 양비론적 지역주의 정당으로 규정한 근거는 당연히 호남인들의 90%가 넘는 일방적 지지다. 그는 이 지지가 부끄럽고 잘못됐다고 생각하는 것이다. 즉 김대중이 얻었던 90%를 넘는 호남인들의 지지는 물론이고 자신이 얻었던 역시 90% 이상의 호남인들의 지지도 잘못됐고 부끄럽게 생각한다는 고백인 것이다. 그는 역사를 모욕하고 그 역사 속에서 자부심을 갖고 외롭게 투쟁한 호남인들을 모욕하면서 이제는 열린우리당을 통해 단절적으로 새출발하자고 주장했던 것이다.

어이없는 사실은 호남인들은 2003년 4·15 총선에서 깡패들의 팔뚝에 새긴 '차카게 살자'는 문신을 보고 감동한 사람들처럼 혹은 그들의 협박에 질려 겁먹은 사람들처럼 눈치만 보다 결국은 탄핵을 핑계로 열린우리당을 압도적으로 지지했다. 그리고 심약한 호남인들의 이런 선택을 인정할 수 없는 또 다른 호남인들은 이제 호남근본주의의 유혹을 받고 있다. 호남인들의 선택 동기가 무엇이었든 사실상 열린우리당이 민주당을 대체한 '도로 민주당'이 되었음에도 불구하고 내가 지역문제가 그대로인 것이 아니라 더 악화되었다고 말하는 이유는 이 때문이다.

호남근본주의는 정치에서 지역으로 계층을 해체해버린다. 계급환원주의가 계급으로 지역을 해체하려는 것과 같다. 이러한 경향이 심화되면 그나마 지역당 체제에서 유지되던 정당의 계층성까지 해체되고 이제는 정당을 가리지 않고 정치인의 출신 지역을 따지는 지역근본주의로 더욱 악화될 가능성도 있는 것이다. 참고로 유대인들은 특정 지역이나 특정 정당 없이도 유대근본주의를 2천년 동안 유지시켜 왔다는 사실을 상기할 필요가 있다.

그런데 여기서 한 가지 궁금한 것이 있다. 호남인인 김대중은 과연 자신이 이끌던 민주당을 지지했을까 아니면 영남인들에게 자신과 절연했음을 보여주기 위해 만든 열린우리당을 지지했을까? 총선 5개월 후 김대중의 거주지인 마포을에 출마한 열린우리당의 정청래는 김대중에게 이 곤란한 질문의 즉답을 요구했다. 김대중은 이 질문에 "제가 찍었습니다(나도 한 표 줬다)"라고 대답했다. 사실 김대중은 당연히 한 사람의 유권자에 불과하지만 정통성을 다투고 있는 두 당의 입장에서는 간단한 문제가 아님에도 불구하고 김대중은 그렇게 말했다.

왜 그랬을까? 물론 그의 발언은 정당투표에 대해서는 말하지 않았기 때문에 완전한 지지표시를 한 것은 아니다. 그러나 열린우리당을 전면 부정한 것이 아님은 분명하다. 나는 오히려 그가 열린우리당 후보에게 투표한 것을 공표했다는 사실에 주목한다. 그저 초연한 척 중립을 지키면서 자신의 입지만을 생각할 수도 있었을 텐데 평소의 그답지 않게 왜 적극적으로 발언했을까?

나는 그가 호남의 '정치적 실리'를 위해 발언했다고 믿는다. 호남은 열린우리당을 일방적으로 지지했다. 그런데도 노무현은 자신의 대통령으로서의 존재근거인 지역구도 해소를 위한다며 김혁규나 영남발전특위 사례에서 보듯 영남구애를 절대로 포기하지 않고 있다. 거꾸로 생각해보면 된다. 표는 호남에서 얻고 공은 영남에 들이는 이런 상황에서 김대중이 '나는 민주당을 지지했다'고 말하면 노무현과 열린우리당은 얼마나 홀가분해지겠는가? 김대중은 말하자면 호남을 대변해 열린우리당이 '도로 민주당'임을 공표하며 노무현 정권에 대한 정치적 권리 주장을 한 것이다.

나는 김대중의 이 발언을 듣고 실망했지만 놀라지는 않았다. 나는 그가 앞에서 말한 대로 마키아벨리스트라고 생각하고 있기 때문이다. 대한민국에서 아마도 유일하게 초대받지 않은 '노빠'가 있다면 김대중일 것이다. 김대중의 열린우리당 후보 지지라는 흥미로운 이 발언은 대한민국의 주요 미디어에서 눈에 거의 띄지 않았다는 사실이 이를 입증한다. 영남패권주의적 반노 미디어는 호남의 정권 기득권을 우기는 김대중의 발언에 관심이 있을 리가 없고 김대중과 호남을 부담스러워하는 친노 미디어는 오히려 당혹스러울 뿐인 뉴스였던 것이다.

노무현 에피소드가 남길 후유증

결국 노무현 에피소드가 남기게 될 후유증은 개혁의 실패로 귀착

된다. 노무현식 개혁의 문제는 관념적 진보와 현실적 보수의 부조화에 기인한다. 관념적으로 '상상된 개혁' 속에서 노무현의 개혁 성향은 아주 진보적이다. 그러나 실제로 현실에 임했을 때 그의 경제정책 등은 특별히 주목할 것이 없는 보수정책 그대로다. 입으로는 개혁을 떠들면서 실제로는 보수적인 그의 개혁 이미지는 근거 없는 불안만을 증폭시키면서 개혁 피로증만을 가속시키고 있다. 이 피곤한 부조화의 와중에서 황태연은 노무현 정권을 '좌익 보수주의'라고 지칭하는 착시현상까지 일으키고 있다. 강준만은 노무현 정권의 수렁에 빠진 개혁을 앞에 두고 이렇게 안타까워한다.

> 나는 노무현이 조중동의 음모에 휘둘리고 있다고 생각한다. 그들은 노무현을 화나게 만들려고 발버둥을 치고 있는 것 같다. 그들에게 그런 의도가 없다 하더라도 그들의 비판이 워낙 수준 이하인데다 악의적이라 효과는 마찬가지다. …… 노무현이 조중동의 음모에 휘둘린다는 건 노무현이 자신을 과소평가하고 있다는 걸 의미하는 것이기도 하다. 이분법의 장점은 아무리 조악하더라도 반(半)은 거저 먹고 들어갈 수 있다는 데에 있다. 지금 노무현은 그 유혹을 받고 있는 것 같다. 20%대의 지지율에서 40~50%대로 뛰어오를 수 있는 이분법의 마력을 어찌 거부할 수 있으랴. 그러나 그게 바로 조중동이 원하는 구도일 수 있다는 생각은 왜 하지 않는 것인가?[135]

---

135) 강준만, 「조중동의 음모에 휘둘리는 노무현: 2004년 7월의 한국정치」, 『월간 인물과 사상』, 2004년 9월, 43~44쪽.

강준만은 노무현을 "어설픈 마키아벨리가 되었다"고 말하면서도 이럴 땐 그래도 사정을 봐주며 말한다. 강준만은 노무현이 "그게 바로 조중동이 원하는 구도"라는 것을 몰라서 그러는 것처럼 말하고 있지만 나는 노무현이야말로 그 사실을 너무나 잘 알고 있다고 본다. 그들은 서로를 잘 이용하고 있다. 박정희와 김일성이 '분단체제' 속에서 서로를 잘 이용했다는 말이 가능하다면 부시와 빈 라덴, 노무현과 조중동도 '분열체제' 속에서 서로를 잘 이용하고 있다는 말도 가능해야 한다.

실제로 근거가 있다. 2004년 1월부터 8월 말까지 노무현 정부의 언론사 접대비는 상위 순위는 아니지만 『조선일보』가 357.6만 원이었으며 『한겨레』가 346만 원이었다. 그리고 2004년 상반기 정부기관 광고비 수주액 역시 지방자치단체와 정부투자기관을 포함하는 액수지만 『중앙일보』가 26억3천만 원으로 중앙 일간지 가운데 가장 많았고 『조선일보』가 23억 원으로 2위, 『동아일보』가 22억8천만 원으로 3위를 기록했다. 무슨 말인가? 총리인 이해찬까지 나서 간헐적으로 지속하는 노무현 정부의 『조선일보』·한나라당과의 절멸투쟁선언은 애초부터 불가능한 것을 가능하다고 관념적으로만 선전하는 립서비스였다는 것이다.

결국 노무현은 홍석현의 주미대사 내정 이후 청와대 출입기자들과의 송년 만찬에서 "참여정부 1기에 해당하는 2003년부터 올 상반기까지는 나도 좀 심했다는 생각이 들 때가 있었다"며 "그 과정이 매끄럽지 못했고 세련되지 못했다는 생각이 든다"고 토로하고 말았다. 나는 "새해에는 건강한 긴장관계만이 아니고 건강한 협력관계, 따뜻한 인간관계를 맺으면 좋겠다"는 노무현의 기본적인 진의를 왜곡하려는 것이 아니다. 나는 '개혁적인 것의 성공'으로 '조선일보적인 것'의 고사를 이끌어내려는 것이 아니라 '조선일보적인 것'에 대한 공세가 '개혁적인 것'의 성공을 보장한다고 착각했던 노무현의 실패를 지적하고 있는 것이다.

노무현의 '조중동과의 투쟁'은 중요한 교훈을 남긴 셈이다. 그 투쟁의 대상은 다르지만 마르크스가 바쿠닌주의자들과 달리 자본주의 국가는 철폐가 아니라 고사되어야 한다고 말한 역사적 고민의 뜻을 냉철하게 이해해야 한다. 『조선일보』와 한나라당이 아무리 나쁘다고 해도 '이제 와서는' 철폐의 대상이 아니라 고사의 대상이어야 한다. 그런데 말하자면 철폐를 부르짖는 노무현 정권은 이 혼동의 와중에서 권력적 개혁도 실패하고 헤게모니 싸움도 실패하는 전철을 밟고 있다. 과연 이 실패의 대가가 어떻게 올까? 박근혜의 영남패권주의가 대가를 요구하며 다가오고 있다.

박근혜 : 영남패권주의의 우아한 반격

출신지: 정치인의 천형 혹은 천복

왜 대권을 노리는 정치적 리더들은 대부분 영남 출신들일까? 이 의문은 호남근본주의자들의 상상력을 자극하는 아주 민감한 주제다. 따져 보자. 민주당 후보로 대통령에 당선되었던 노무현, 대선 후 한나라당을 맡았던 최병렬, 그리고 그를 대체한 박근혜, 그녀의 라이벌 서울시장 이명박, 민주당의 총선 선대위 의장이었던 추미애, 민주노동당의 권영길, 실제로 그들 모두가 영남 출신 정치인들이다. 물론 열린우리당의 정동영이나 민주당의 한화갑, 그리고 고건도 있다. 그러나 그들은 아직 정당의 실질적 혹은 주목받는 리더로 등장하지는 못했다. 왜 그럴까?

우리나라 영남패권주의 정치구도와 선거제도적 메커니즘을 고려할 때 호남의 정치인들은 정당의 리더가 될 수 있는 가능성이 아주 낮다. 우리가 김대중의 역사에서 충분히 경험했듯이 호남이 호남의 정치인을 리더로 내세울 때 돌아오는 것은 냉혹한 고립뿐이었다. 그 고립을 극복할 수 없는 것은 단순히 영남패권주의 구도하의 호남 혐오증 때문이 아니다. 호남 혐오증이 있든 없든 결정적 문제는 선거제도적으로 극복할 수 없는 소수 지역이라는 장벽 때문이다.

김대중으로 경험했듯이 영남패권주의 구도하에서 호남이 호남 정치인을 내세워 정권을 획득할 수 있는 실현 가능한 방법은 지역연합뿐이다. 그러나 충청 지역을 대상으로 하는 이 지역연합은 영남패권주의 세력도 얼마든지 흥미로운 제안을 할 수 있기 때문에 쉬운 일이 아니다. 그래서 생각할 수 있는 또 다른 대안은 이른바 호남당의 후보를 영남인으로 내세우는 방법이다. 실제로 지난 16대 대선에서 호남은 영남인인 노무현을 내세워 영남을 공략하는데 상당한 성공을 거두었다. 이 방식으로 호남은 적어도 당선자를 내는 데까지는 절묘하게 성공했다.

그러나 이 '정략'은 영남인인 노무현에 의해 "호남 사람들이 나를 위해서 찍었나요. 이회창이 보기 싫어 이회창 안 찍으려고 나를 찍은 거지"라며 보기 좋게 조롱당했다. 영남인인 노무현은 노무현이라는 정략으로 역사적 당위를 실현하고 싶었던 광주를 이해하지 못했다. 영남인인 노무현은 이 광주의 선택을 '호남 지역주의=영남 지역주의' 라는 '당위 없는 정략'으로만 폄훼함으로써 많은 호남인들을 절망하게 만들었다. 그래서 이제 그 다음이 문제다.

호남은 김대중과 노무현이라는 두 번의 집권 경험을 통해 많은 것을 경험했다. 그래서 오히려 다음 대선 때는 자중지란을 겪게 될지도 모른다. 김대중의 방식을 생각하는 사람들은 정동영 혹은 고건 등 호남인을 희망할 것이고 노무현의 방식을 생각하는 사람들은 추미애를 희망할 것이다. 주목할 현상은 노무현의 배신에 자극받은 호남근본주의자들은 노무현과 추미애를 동일시하며 격렬한 거부감을 보이고 있다는 사실이다. 이제 추미애는 '노무현 학습효과로 인해' 1991년의 꼬마민주당 행태를 보고 남영신이 주장했던 다음과 같은 역사적 시선 앞에서 자신은 '그들 모두'와 다른 영남인임을 입증해야만 하는 엄중한 책임을 부담하게 되었다.

> 경상도 상주 출신 견훤과 경상도 경주 출신 궁예는 일찌기 고구려와 백제계 사람들이 신라 지배에 승복하지 않음을 알고 이를 이용해 후백제와 후고구려를 건설한 바 있다. 지금 경상도 일부 정치인들이 지역감정을 이용해서 개인의 정치적 입지를 강화해 보려는 술책을 보이고 있는 것은 바로 견훤과 궁예의 전형을 모방하려는 짓이라고 할 수 있다. 경상도인의 이러한 철저하고 맹목적인 권력에의 의지를 타 지역 사람들이 효과적으로 견제하지 못한다면 아마 우리 사회는 머지않아 경상도인에 의해서 운영되는 여당과 야당을 가지게 되는 경상도인의 천국이 이루어질 것이며, 타 지역인의 도전이 사라지면 곧 그들 사이에서 박이 터지는 권력 투쟁을 하다가 나라의 기운이 쇠잔하게 되어 '장엄한 낙일'을 보게 될지도 모를 일이다.[136]

반면 영남은 어떨까? 영남패권주의는 헤게모니에 상당한 균열이

---

[136] 남영신, 『지역패권주의 한국』, 새물사, 1991, 234쪽.

발생하고 있지만 전략은 크게 변함이 없다. 영남 후보를 내세우는 것이 당연한 상식이다. 물론 이회창이라는 비영남 후보가 전략적으로 선택되기도 했지만 적어도 호남인을 내세워 선거에 임해야 할 필연적 이유는 별로 없다. 더군다나 비영남 후보인 이회창의 두 번에 걸친 실패는 호남의 영남 후보 전략과 비교되어 비영남권 후보의 영남권의 결집력 약화라는 문제에 주목하게 만들었을 것이다.

박근혜의 화려한 등장

이런 상황에서 박근혜의 등장은 영남인들에게 회심의 대안일 수밖에 없다. 그녀는 탄핵 이후 총선을 앞두고 위기에 빠진 한나라당을 일주일도 못되어 순식간에 일으켜 세웠다. 이 불가사의한 힘이 도대체 어디서 나오는 것일까? 박정희 향수? 틀린 표현은 아니지만 너무나 추상적인 표현이다. 그녀의 등장이 단순히 박정희 향수일 뿐이라면 왜 그 동안 김종필은 박정희 향수를 불러일으키지 못했을까? 그녀는 영남패권에 대한 향수다. 단순한 향수가 아니라 미래의 영남패권을 위한 대안이다.

그러므로 박근혜는 박정희를 공격하는 것으로 만만하게 격퇴될 정치현상이 아니다. 실제로 열린우리당은 박근혜를 공격하기 위해 박정희를 공격하면서 논리적 혼란에 빠져버렸다. 그 혼란은 연좌제와 후광 논란이다. 다음은 2004년 7월에 있었던 박근혜의 기자간담회 내용기사다.

박 대표는 20일 염창동 당사에서 기자간담회를 갖고 "왜 야당 대표를 상대로 하지 않고 돌아가신 분 얘기를 하냐"며 "돌아가신 분과 싸우겠다는 것이냐"고 선친과 연계한 여권의 공세에 불만을 터뜨렸다. 박 대표는 "정치가 너무 무책임하게 감정대립으로 가서는 안 된다"며 "참고 대응하고 있는 것"이라고 말했다. …… 박 대표는 박 전 대통령의 후광을 받는다는 지적에도 "툭하면 그런 얘기를 하는데, 내가 먼저 아버지 얘기를 한 적이 있냐"며 "일부러도 안 한다. 오히려 그 쪽에서 얘기하는데 (후광을 받는다는 지적은) 거꾸로 된 것"이라고 말했다.[137]

모순이 함축돼 있다. 박정희를 공격하면 어김없이 연좌제가 등장한다. 위 기사의 전반부 내용이다. 그런데 이상한 일은 연좌제 논란을 불러일으키는 박정희 공격을 하면서 동시에 다른 한편으로는 박근혜가 박정희의 후광을 받고 있다고 공격한다는 점이다. 기사의 후반부 내용이다. 어떻게 이런 일이 가능할까? 박정희가 역사적 죄인이라고 공격받는다면 당연히 그의 딸인 박근혜는 후광 논란이 아닌 연좌제 논란의 연장선상에 있어야 한다. 그런데 어떻게 '역사적 죄인의 후광'이라는 형용모순의 관념이 등장하는 것일까?

당연하다. 박정희의 반대자들에게는 연좌제이면서 동시에 박정희의 지지자들에게는 후광이 되는 것이다. 박정희를 둘러싼 혼란스런 대립과 모순이 바로 연좌제와 후광 논란으로 드러나고 있는 것이다. 문제는 박정희의 영남패권주의가 명확하게 규명되지 않음으로써 논란이 단순히 '개발/독재'라는 쟁점으로만 귀결된다는 점이다. 그래서 심지어는 (여론조사가 드러내듯이) 호남에서도 박근혜는 전두환만큼 혐오스

---

137) 『프레시안』, 2004년 7월 20일.

러운 존재가 아니다. 이것이 그녀가 호남과의 화해를 모색하는 힘이 되고 있다.

나는 박근혜의 화려한 등장이야말로 틀림없이 노무현의 악몽일 것이라고 생각한다. 그것은 그녀가 이 다음 대권 도전에 성공하느냐 못하느냐의 문제와도 별개의 일이다. 박근혜 이후 영남은 이제 한눈팔 이유가 없어졌기 때문이다. 이것은 지금까지 노무현이 영남에서의 지지율 증대를 지역구도 해소의 징후, 따라서 그것을 자신의 유일한 업적으로 선전해온 것을 상기한다면 기가 막힐 노릇이다. 상상해보라. 만약 호남의 정동영과 영남의 박근혜, 혹은 이명박이 대권을 다투는 상황이 된다면 어떻게 될까? 노무현의 입장에서 볼 때 자신의 지역구도 해소 노력이 사실상 완전히 사상누각이었음을 백일하에 드러내는 것이다. 노무현은 이러한 사태를 막고 싶을 것이다.

2007 대선 감상법

나는 다음 대선 역시 결국은 단일화가 모든 것을 결정할 것이라고 본다. 정동영, 추미애, 고건 등이 단일화를 할 수 있느냐 없느냐에 따라 박근혜 혹은 이명박을 이길 수 있느냐 없느냐가 결판날 것이다. 여기에 노무현의 실정이 어느 정도냐가 부수적인 변수로 등장할 것이다. 이 예상은 정치적 토대는 사회의 제 세력이 연합하지 않고 단독으로 집권하기 힘든 내각제적 상황인데도 선거제도는 연합을 배제하고 결선투표도 없이 단독으로 집권하게 만드는 대통령제라는 불합리한 상황을 전제로 한 것이다. 분열을 인정하고 연합하여 극복하는 현실적 제도 대신 분열을 초월적으로 극복한 위대한 대통령이라는 경험해보지 못한 환상만을 추구하는 제도 역시 우리의 의식만큼이나 위선적이다.

그런데 만약 박근혜가 대통령에 당선되는 일이 일어난다면 무슨 일이 벌어질까? 권력적 차원에서 위협받았던 영남패권주의의 화려한 복귀라는 것은 두말이 필요 없다. 이는 그녀의 개인적 성품과 무관한 것이다. 정치인은 자신의 개인적 성품으로 정치하는 것이 아니라 지지자들의 의사로 정치한다. 그녀가 원하던 원치 않던 그녀는 이미 영남패권주의 세력의 대변인이다. 지지자들에게 마치 연예인 대접을 받고 있는 그녀의 우아한 미소 때문에 그녀가 다른 영남패권주의자와는 다를 것이라고 믿는다면 너무나 어리석은 믿음이다.

그럼에도 불구하고, 더군다나 나는 박근혜의 집권을 추호도 원치 않음에도 불구하고(!), 박근혜가 집권한다면 그것이 우리나라의 민주주의 발전에 마냥 해를 끼치지만은 않을 것이라고 생각한다. 이는 노무현의 탄핵 경험이 그 구체적 사안 자체에 대해서는 격렬한 찬반대결이 있었음에도 불구하고 헌법적 제도 내에서 해결됐다는 의미에서는 궁극적으로 우리나라의 민주주의 발전에 기여했다는 생각과 유사한 것이다. 이런 모순된 주장의 근거는 무엇인가? 노무현의 어리석은 집권 경험 때문이다.

앞에서 언급했듯이 노무현은 자신과 열린우리당에 대한 영남권의 지지율 상승이 자신이 오매불망 염원하는 지역구도 해소의 징후로 생각했다. 의석수가 확대됐다면 더 이상 바랄 것이 없었겠지만 그는 그것으로도 충분히 위안을 얻은 듯이 발언했다. 과연 그럴까? 그것이 지역구도 해소의 징후일까? 피상적으로 말한다면 부정할 수 없는 사실이다. 설령 추후의 일이야 어찌됐든 노무현은 그것을 자신의 헌신적 노력의 결실이라고 말할 수도 있을 것이다.

그러나 그 다음 질문에 대답할 수 있어야 한다. 그 지지율 상승이 뜻하는 바가 뭘까? "지금까지 죽어라고 한나라당만 찍어온 대중"들이 이제 노무현의 선의에 호응해 극우보수세력으로부터 이탈하고, 영남패권주의로부터 단절하기 위한 정치적 의사표시를 하는 것일까? 아니면 자신들이 그토록 탄생을 반대한 정권이지만 뒤늦게라도 자신들에게 구걸하는 노무현 권력에 호응해 '권력의 단맛'을 보기 위한 의사표시일까?

노무현도 결국 이 질문에 대한 대답에 자신이 없었던 모양이다. 노무현은 2004년 말 "지역분열 구도는 모든 문제의 근원으로, 이를 극복하는 게 한국 사회에서 매우 중요하다"면서 "노력을 했지만 큰 성과를 내지 못한 점이 가장 아쉬운 대목"이라고 때늦은 자탄을 했다. 어쨌든 미래의 박근혜 혹은 이명박이 우리나라의 지역문제, 즉 영남패권주의 문제의 실체에 대해 아주 간단하게 입증할 것이다. 그들이 대권에 도전할 때 "지금까지 죽어라고 한나라당만 찍어온 대중"들이 과연 어떤 태도를 보이는가를 조용히 지켜보기만 하면 된다.

그런데 그들 "지금까지 죽어라고 한나라당만 찍어온 대중"의 정체를 파악하는 것이 그렇게 중요한 문제인가? 그렇다. 아주 중요한 문제다. 노무현이 애지중지하는 그들 때문에 이 나라 개혁의 정체성이 혼란을 겪고 있기 때문이다. 현재 우리나라의 정치 개혁은 방향을 잃어버렸다. 개혁이냐 아니냐의 문제가 어떤 정체성을 확립해가는 과정으로 이해되지 않고 단순히 노무현을 지지하느냐 아니냐로 판단되고 있다. 왜 이런 일이 생겼을까? 민주당 분당시부터 예정돼 있던 수순이며 노무현이 자초한 결과다. 그들은 영남패권주의 타파를 해결하는 것이 정치개혁이라고 생각한 것이 아니라 노무현의 지지자들을 영남에서 확보하는 것이 정치개혁이라고 믿었다. 그들이 무엇을 노리고 다가오는지에 대해서는 전혀 관심이 없었다.

따라서 그들을 위해서는 개혁이 필요한 것이 아니라 '권력의 단맛'을 끊임없이 공급하는 것이 가장 중요한 일이된다. 이것은 개혁을 후퇴시키는 첩경일 뿐만 아니라 지역문제를 더욱 악화시킬 수밖에 없는 덫이 되고 있다. 내가 이 현상을 단순히 강준만이 지적한 바와 같이 권력을 쫓는 '기회주의 일반'의 문제로서가 아니라 "지역문제를 더욱 악화시킬 수밖에 없는 덫"이라고 말한 데는 이유가 있다. 내 주위에서 강준만의 '기회주의론'이 부정확하다며 이런 반론을 제기한 사람이 있었다.

> 강준만식의 관점에 의하면 이른바 '창사랑 노빠'는 그저 '권력을 쫓는 기회주의 일반'의 범주에 포섭될 뿐이다. 그러나 그들을 기회주의 일반의 범주로 평가해서는 안 되고 영남패권주의적 기회주의라는 정교한 범주로 분석해야 한다. 만약 '창사랑 노빠' 현상이 영남패권주의적 기회주의가 아니라 기회주의 일반의 범주에 포섭될 수 있는 것이라면 김대중이라는 권력 일반은 왜 쫓지 않았는지, 즉 '창사랑 김빠'라는 현상은 왜 없었는지 대답할 수 없게 된다. '창사랑 노빠'는 노무현이 영남인이기 때문에 지지하는 영남패권주의적 기회주의자들이다. 앞으로도 마찬가지일 것이다. 예컨대 '박(근혜)사랑 정(동영)빠'와 같은 현상은 없을 것이다.

이 가설에 전적으로 동의한다. 그리고 이 가설대로라면 노무현이 자신의 업적이라며 자랑했던 영남에서의 지지율 제고는 아무런 의미가 없다. 그것은 오히려 불유쾌한 영남패권주의적 기회주의 현상에 지나지 않을 뿐만 아니라 앞으로 "지역문제를 더욱 악화시킬 수밖에 없는 덫"인 것이다. 그러나 노무현이 권력을 쥐고 있는 한, 그리고 사회적 헤게모니에 의해 친노냐 반노냐가 개혁세력이냐 아니냐를 가르는 기준으로 작용하는 한 그들의 정체가 무엇인지를 지금 증명할 수 있는 방법은 없다. 단순히 영남패권주의적 기회주의자들만을 말하는 것이 아니다. 사회의 곳곳에 기생하는 온갖 출세주의자와 기회주의자들 모두에 해당하는 말이다. 오직 박근혜의 집권이 그들이 누구인지를 적나라하게 폭로하게 될 것이다. 한나라당의 소멸 기회를 놓치고 이런 의미를 찾고 있는 것이 한심하지만 분명히 그렇다.

나는 건국 이후 최초로 경험한 김대중의 평화적 정권교체를 통해서 우리나라에서 민주주의가 비로소 제도로써 작동하기 시작했다고 본다. 그러나 단 한 번의 정권교체로는 충분하지 않다. 적어도 반대세력간 두세 번 이상의 정권교체를 경험할 때 민주주의가 제도로 정착될 수 있다. 첫 번째 정권교체를 성공시킨 그들 역시 또다시 정권을 내놓고 야당이 될 수 있다는 전제를 하지 않는 한 그들도 민주주의를 제도로써 접근하지 않고 권력으로 접근할 가능성이 농후하다. 자신들이 야당이 되었을 경우에도 불만이 없을 정도로 제도를 공정하게 정비하고 개혁해야 하는데 그렇게 하지 않을 가능성을 말한다. 두세 번의 정권교체가 모든 참여자들의 관점을 권력에서 제도로 바꾸는데 도움을 줄 것이다.

지금 노무현 정권에게도 동일한 말을 할 수 있다. 만약 박근혜로의 정권교체에도 불구하고 이른바 '참사랑 노빠'들이 정치개혁을 제도로써 계속 옹호하고 반영남패권주의에 동의한다면 노무현은 나름대로 성공한 것이다. 그러나 그렇지 못하고 그들이 권력을 좇아 영남패권주의에 다시 순식간에 복귀한다 할지라도 그런 과정을 통해 우리는 정치개혁과 영남패권주의의 극복이 어떤 과정을 통해 극복되어야 하는지 교훈을 얻게 될 것이다. 나는 그런 의미에서 박근혜의 집권도 우리나라 민주주의 발전에 공헌하게 될 것이라고 말하는 것이다. 마키아벨리는 이런 말을 한 적이 있다.

> 반란이 일어났던 지역을 다시 원래의 지배자가 되찾을 경우에는 결코 그곳을 쉽게 잃지 않을 것이다. 왜냐하면 그는 반란을 기회로 이용하여 즉각 죄인들을 처벌하고, 의심스러운 자들의 진실을 알고, 취약지를 경계함으로써 자신의 안전을 도모하기 때문이다.[138]

우리가 만약 식민지 시대와 해방을 경험하지 않았다면 어떻게 친일파가 친일파인지를 알았겠는가? 마찬가지다. 나는 노무현이 민주당의 분당을 시발로 영남에서의 당위성을 따지지 않는 지지에 몰두함으로써 영남패권주의적 권력지향을 개혁지향으로 착각할 수도 있다는 것을 설명하기 위해 위 문장을 인용했다. 그들 사이비 개혁세력이 본색을 드러낼 때 우리 역사는 한걸음 더 진실을 드러낼 것이다. 나는 이 어지러운 상황을 상상하면서 역사와 민주주의의 발전에는 공짜가 없

---

138) Niccolò Machiavelli 지음, Allan Gilbert 옮김, 『The Prince』, *The Chief Works and Others vol. I*, Durham: Duke University Press, 1965, 13쪽.

다는 것을 뼈저리게 느낀다.

김규항과 최보은의 박근혜론

이와 관련하여 나는 박근혜라는 여성 정치인의 집권이 있을 경우 현재 '창사랑 노빠'가 개혁세력을 위장하여 몰려들 듯이 여성 근본주의자들도 여성주의의 이름으로 몰려들 가능성이 있다고 본다. 예컨대 2002년에 최보은과 김규항 사이에 있었던 박근혜를 둘러싼 요란한 논쟁에서 나타났던 징후들이 그런 염려를 하게 만든다. 당시 최보은이 '박근혜가 출마하면 그녀를 찍겠다'고 발언하자 김규항은 이를 '부르주아 페미니즘'이라고 규정했다. 그들은 여성 근본주의자와 프롤레타리아 근본주의자로서 서로 부딪혔던 것이다. 최보은은 이렇게 말했다.

> '일상의 파시즘'론이나 여러 논의를 통해, 진보진영도 가부장적 이데올로기나 전체주의적 집단의식과 권위주의, 성차별 행태 면에서는 주류사회의 그것을 거울처럼 반영한다는 사실을 알고 난 뒤에도, 여성진영은 왜 참정권 행사를 여성 독자의 이해관계에 기반해서 바라보지 않고 '진보진영'의 틀 속에서만 바라보려 하는가 하는 의문이 들었다.[139]

나는 프롤레타리아 근본주의의 입장에 선 김규항의 비판보다는 『한겨레』의 김선주가 이렇게 순식간에 최보은을 편들고 나섰다는 사실이 더 놀라웠다.

---

139) 『디지털 월간 말』, 2002년 3월 15일, 제189호: www.digitalmal.com.

박근혜 의원이 여성 대통령 후보가 못 될 것이 없다는 문제제기는 처음엔 엉뚱했지만 그럴 수도 있다는 생각이 든다. 현실에 있는 여성 정치인 가운데서 그 표가 반역사적이고 부정적인 것이라 해도 그가 가장 득표력이 있을 것이라는 주장은 사실이기 때문이다.[140]

나는 정치의 역동성이 신비롭기만 하다. 잠재돼 있는 온갖 모순들이 기회를 맞이하면 요란하고도 엉뚱하게 자신을 드러낸다. 그러면서도 자신의 길을 완전히 잃는 법이 없다. 때로는 미로를 헤매더라도 시간만 좀더 걸릴 뿐 제 갈 길을 찾아간다. 더군다나 그 혼란이 궁극적으로 역사의 진화에 도움을 주기까지 한다. 이런 의미에서 볼 때 이해찬이 "한나라당이 집권하면 역사는 퇴보한다"고 말한 것은 일면적인 주장일 뿐이다. 어쩌면 역사에도 왕도가 없는지 모른다.

나는 노무현이 영남패권주의에 정면으로 맞서지 않고 당위 없는 영남표 구걸로 모든 문제가 해결될 수 있을 것이라고 기대한 행위가 영남인들이 오히려 영남패권주의를 포기할 수 없게 만든 달콤한 유혹이었다고 생각한다. 이 점에서 노무현의 집권을 행운이라고 생각했던 나는 우울한 마음이다. 마찬가지로 나는 지금 영남패권주의의 우아한 대변인인 박근혜의 집권이 있다면 불행이라고 생각하지만 그 불행도 우리 역사와 민주주의의 발전에 궁극적인 행운을 가져올 수도 있다는 아이로니컬한 믿음을 가지고 있다.

---

140) 『인터넷 한겨레』, 2002년 4월 22일.

계급투쟁은 선이고, 지역투쟁은 악인가

한국사회의 금기: 지역에 대해 말하지 않기

대한민국에는 하나의 금기가 있다. '지역에 대해 말하지 말라'는 금기다. 믿기지 않겠지만 사실이다. 온 나라의 사람들이 모두 '망국적인 지역감정'이라는 구호를 입에 달고 사는데 도대체 무슨 말인가? 바로 그 '망국적인 지역감정'이라는 구호가 '지역에 대해 말하지 말라'는 의미다. '빨갱이 사냥'을 위해서는 국가보안법이 있지만 이 금기는 강요된 법률 없이도 아주 잘 지켜지고 있다. 도대체 어떤 보이지 않는 힘이 이 사회적 금기를 그렇게 효과적으로 유지시키고 있을까? "계급투쟁은 '생각하지 않기'에 의해서만 전진할 수 있다"고 주장하는 사람들은 없는데 "지역투쟁은 '생각하지 않기'에 의해서만 성공할 수 있다"고 우기는 사람들은 왜 그렇게 많을까? 이 수수께끼를 푸는 것이 곧 영남패권주의 이데올로기의 재생산 구조를 이해하는 첩경이다.

우선 '지역에 대해 말하지 말라'는 금기의 근원은 영남패권주의 이데올로기 그 자체다. 이 영남패권주의 이데올로기는 가장 먼저 영남패권주의라는 용어를 지역감정으로 대체시킨다. 이 대체가 끝나자마자 즉각 놀라운 일이 벌어진다. 물질적·정신적 패권이라는 실질적 지배관계는 사라지고 원인을 규명하기 힘든 상호감정 대립이 등장하는 것이다. 그리고 이 원인 없는 상호감정 대립을 치유하기 위해서는 '말만' 조심하면 된다. 말은 정치인들이 주된 담당자들이므로 그들만 조심하면 문제는 거의 해결되는 것이다. "지역 소외감, 지역갈등, 이런 것 다 정치인이 만들어낸 허구다"라는 노무현식 사고가 이를 대변한다.

용어는 이 경우 틀림없이 우리들의 의식을 지배한다. 우리가 영남패권주의라는 용어 대신 노무현식 지역감정이라는 용어를 받아들이는 순간 그것은 '영남의 지역감정=호남의 지역감정'이라는 양비론을 받아들이는 것이고 동시에 우리가 할 수 있는 유일한 대책은 '지역에 대해 말하지 않는 것'이라는 돌팔이의 치유책을 받아들이는 것이 되고 만다. 이 침묵을 통해 결국 남는 것은 무엇인가? 영남패권주의라는 실체다. 영남패권주의 이데올로기는 기본적으로 이렇게 침묵을 통해 자신을 실현한다. 정동영은 바로 이 침묵, 즉 '생각하지 않고, 말하지 않는 것'을 좋아하는 대표적인 정치인이다. 다음은 2002년 제주에서 민주당 대통령 후보 경선 출마를 선언하며 그가 한 발언이다.

그(정동영-필자 주)는 또 '호남 출신 한계론'에 대한 질문에 "정치인이 된 후 출생지를 의식하지 않았다"며 "출생지가 문제가 아니라 시대정신과 능력·비전·실천력으로 평가받을 시점이 왔다"고 일축했다.[141]

좋은 말이다. 그렇게 '생각하지 않기'를 통해서 문제가 해결된다면 이보다 더 좋을 순 없다. 그러나 좀더 자세히 물어볼 필요가 있다. 그가 출생지를 의식하지 않는 것이 실제로 그런 세상이기 때문에 그런 것일까 아니면 그렇게 하는 것이 당위적으로 옳기 때문에 그렇다는 말일까? 만약 실제로는 그런 세상이 아님에도 불구하고 당위적으로 옳기 때문에 출신지를 의식하지 않는 것이라면 그는 전형적으로 영남패권주의 이데올로기에 갇혀 있는 것이다. 즉 생각하지 않는 것만이 패권적 질서를 없애는 유일한 방법이라는 이데올로기를 승인하며 살고 있는 것이다. 그러나 이런 불교적 해탈이 잘 될 수 있을까? 그는 당장 경남 지역 경선에서 이렇게 자신을 고백한다.

정 후보는 "경남에서 특정 후보가 몰표를 얻으면 경남도민의 자존심이 상한다"며 "국민경선에 불을 붙이고 대한민국의 지역구도를 뛰어넘는 희망을 보여준 광주의 위대한 선택을 경남도 해야 한다"고 자신에 대한 지지를 호소했다.[142]

이 글을 읽는 독자들이 한번 판단해보기 바란다. 위 정동영의 발언을 듣고 '출생지'를 생각하지 않을 장사가 있을까? '코끼리를 생각하지 말고 1분 동안 있어보라'는 말을 듣고 코끼리를 생각하지 않을 장사가 있을까? 왜 정동영은 "정치인이 된 후 출생지를 의식하지 않았다"라면서 이렇게 모두에게 출생지를 의식하게 만드는 걸까? 간단하

---

141) 『인터넷 연합뉴스』, 2002년 1월 16일.
142) 『인터넷 연합뉴스』, 2002년 3월 30일.

다. 모두가 출생지를 의식하고 있다는 것을 잘 알고 있기 때문이다. 그래서 그 의식을 자신에게 유리하게 바꾸고 싶기 때문이다. 이런 이유로 "출생지를 의식하지 않았다"는 정동영의 입에서 급하면 열린우리당은 사실상 "전북의 당"이라는 발언도 튀어나오는 것이다.

나는 지금 정동영 개인을 특별히 곤혹스럽게 만들기 위해 이렇게 꼬치꼬치 파고드는 것이 아니다. 이런 유의 발언은 '아주 흔한' 하나의 사례에 불과하다. 내가 지금 문제삼고 있는 것은 정동영 개인이 아닌 우리 모두를 지배하고 있는 '말하지 않으면서 말하는' 이데올로기 전체다. 생각해보자. 사실상 우리 모두가 의식하고 있고, 지배받고 있는 어떤 관계에 대해 우리 모두 의식해서도, 말해서도 안 된다고 말하면서 다시 그것을 끊임없이 의식하고 자신에게 유리하게 만들기 위해 속으로 모든 노력을 기울인다면 그것을 무엇이라 불러야 좋겠는가? 고민할 것 없다. 그것이 바로 위선이다.

지역모순은 계급모순으로 환원될 뿐인가

그런데 이 위선을 벗어나는 기가 막힌 방법이 한 가지 있다. 그것은 '우리 모두가 의식하고 있고, 지배받고 있는 어떤 관계에 대해 우리 모두 의식해서도, 말해서도 안 된다'고 말하면서 그 이유를 이렇게 말하는 방식이다. '실제로 그런 관계는 존재하지 않는다!' 어떻게 이런 과감한 주장을 할 수 있는 것일까? 그들이 알고 있는 유일한 관계는 계급관계이기 때문이다. 아니 정확히 말하자면 계급으로 환원되지 않는 사회적 모순을 알기는 하지만 지역모순은 모두 계급으로 환원된다고 생각하기 때문이다. 나는 그들이 적시하는 계급모순을 전적으로 받아들인다. 그러나 그들은 내가 말하는 지역모순에 겨자씨만한 관심도 없다. 이것이 그들과 나의 차이다. 다음은 민주노동당 강령 중 한 대목이다.

> 민주노동당이 꿈꾸는 새로운 공동체는 민중이 사적 소유라는 족쇄로부터, 노동의 소외로부터, 성차별을 비롯한 잘못된 인습으로부터, 일체의 특권으로부터, 나아가 모든 억압과 굴종으로부터 해방되어 민주적으로 참여하고 자유롭게 생활할 수 있는 수평적 연대이다. 어린이, 노인, 장애인, 이주 노동자, 외국인, 성적 소수자, 이견 집단 등 누구라도 사회적 약자라고 해서 차별당하지 않을 것이며, 필요한 보호를 받고 또 각각의 개성이 존중되도록 한다. 우리는 인간에 의한 인간의 지배나 억압, 착취와 차별이 모두 사라진 해방의 세상을 만들어 나갈 것이다.

영남좌파적 강령이다! 민주노동당은 "어린이, 노인, 장애인, 이주 노동자, 외국인, 성적 소수자, 이견 집단"을 열거하고 있지만 호남인들을 열거하지는 않는다. 이를 어떻게 해석해야 할까? 달리 해석할 방법이 없다. 그들의 눈에 호남차별은 열거해야 할 대상으로 존재하지 않는 것이다. 그렇다고 그들의 눈에 호남차별이 '무(無)'인 것은 아니다. 세부강령엔 "온갖 연고주의를 이용하는 차별과 배제의 정치를 타파함"이란 문구가 등장한다. 온갖 연고에는 지연도 포함될 것이다. 그러나 그 차별과 배제는 반드시 영남패권주의적 차별과 배제가 아니다. 강령대로라면 호남도 연고를 이용해 차별과 배제를 행할 수 있다. 즉 영남패권주의에 대한 경고가 아니라 지역주의에 대한 가치맹목적 경고인 것이다.

민주노동당이 지역문제에 관하여 말할 수 있는 전부는 사실상 지역문제의 계급문제로의 환원뿐이다. 예컨대 세부강령에는 "계급·성별·지연·학별 등을 빌미로 민중을 배제하고 온갖 차별을 자행"한다는 표현이 등장한다. 이 표현은 민중을 선험적으로 선규정한 것이다. 즉 계급·성별·지연·학별 등을 빌미로 배제·차별되는 사람들을 민중으로 규정한 것이 아니라 선규정된 민중들이 계급·성별·지연·학별 등을 빌미로 배제·차별되고 있음을 표현한 것이다. 내가 오독한 것이라면 민주노동당은 성별을 이유로 재벌가에서 배제·차별된 여성이 있을 경우 그녀가 민중인지 아닌지를 대답해보면 된다. 그리고 이 환원되지 않는 모순을 어떻게 해결할 것인지를 대답해보면 된다. 계속 다음을 읽어보자.

한국에 도입된 자본주의는 폭압적인 군사독재와 정경유착에 힘입어 급속한 팽창을 이루었다. 이러한 한국 자본주의의 이면에는 저임금과 장시간 노동에 시달리는 노동자의 고통, 저곡가 정책에 내몰린 농민의 희생, 기본 생존권마저 위협받는 도시 빈민의 좌절, 그리고 최소한의 인권조차 처참하게 유린당해 온 민중의 분노가 쌓여 있다.

박정희 시대부터 자행되어 온 폭압적인 파시즘에 호남의 희생과 분노는 없다. 그저 민중이라는 개념에 녹아 있을 뿐이다. 이제 의문이 생긴다. 왜 그러는 것일까? 왜 안 보이는 것일까? 왜 적시하지 못하는 것일까? 나는 그들이 두려워하고 있다고 생각한다. 단지 그들의 지지

기반이 울산의 노동자를 중심으로 발전하고 있다는 사실을 지적하려는 것이 아니다. 민주노동당은 세상의 모든 제국주의적 패권도 두렵지 않겠지만 대한민국의 영남패권주의는 두려워할 수밖에 없다는 사실을 지적하려는 것이다. 왜 그럴까? 영남패권의 주체와 객체를 적시하는 순간 민주노동당은 지역적 적대감을 만들 수밖에 없기 때문이다. 영남패권주의 체제하에서는 어쩔 도리가 없다. 그래서 그들은 계급환원주의라는 명분 뒤로 후퇴한다. 이렇게 그들도 영남패권주의 체제 속의 '침묵의 카르텔'에 편입된다. 그들은 "어떠한 시련에도 굴복하거나 타협하지 않"는다고 미사여구로 다짐하지만 이미 이렇게 타협했다.

최장집의 입장 변화

아주 세련된 형태의 또 다른 침묵이 있다. 앞에서 나는 최장집을 그의 전체 논리체계와 상관없이 필요한 경우 부분적으로 인용했다. 그러나 전체 논리체계는 다루지 않았다. 2002년에 『민주화 이후의 민주주의』가 출간되고 최장집은 이전과는 상당히 다른 입장변화를 보인다. 그 입장변화란 계급환원주의다. 그가 계급환원주의를 통해 어떤 식으로 고급스럽게 영남패권주의를 피해가는지 주의 깊게 살펴볼 필요가 있다. 최장집은 우선 지역문제는 곧 호남문제라면서 그 원인을 이렇게 말한다.

지역문제의 본질인 호남문제는 그 원인을 이루는 세 가지 구성 요소를 갖는다. 하나는 유신체제에서 국가와 민간부문의 엘리트 충원에 있어서의 호남배제, 둘째는 지역소외를 해소해 줄 지도자로서의 김대중 씨와

호남민 사이의 강한 정서적 유대의 형성, 셋째는 광주항쟁으로 인한 억압의 집단적 경험이 그것이다.[143]

우선 최장집은 영남패권주의라고 말하지 않고 호남문제라고 지칭한다. 그리고 원인을 병렬적으로 나열한다. 잘 들여다보라. 그 세 가지는 모두 영남패권주의라는 근원에서 나온 것이다. 그런데 왜 영남패권주의가 아닌 호남문제일까? 왜 문제의 주체는 사라지고 객체만이 강조되는 것일까? 아주 사려 깊은 이유가 있다. 우선 그가 호남문제의 세 번째 원인이라고 말한 광주항쟁부터 보자. 광주항쟁은 이렇게 '각색' 된다.

> 광주민주항쟁은 보편적인 민주화를 지향하는 모든 사회 세력과 시민사회의 민주화운동을 상징하고 대변함으로써 민주 대 반민주라는 대립축을 설정케 했던 역사적 계기였다. 또한 그것은 권위주의 국가에 반하는 운동으로서 시민사회가 부활하는 결정적인 계기를 마련했다. 광주민주항쟁은 유신체제뿐만 아니라 5공 그리고 모든 권위주의에 대한 진정한 안티테제인 것이다.[144]

듣기에는 아주 좋다. 그러나 다음과 같은 의문이 생기는 것은 어쩔 수가 없다. 우선 나는 최장집이 말하는 광주민주항쟁이 '실제로' "보편적인 민주화를 지향하는 모든 사회 세력과 시민사회의 민주화운동"

---

143) 최장집, 『민주화 이후의 민주주의』, 후마니타스, 2002, 106쪽.
144) 최장집, 위의 책, 117쪽.

이었다는 것인지 아니면 어떤 이유로 발생했든 "상징"하고, "대변"하고, "계기"를 마련하고 또 "안티테제"가 '되어야 한다' 라고 당위를 주장하는 것인지를 모르겠다. 후자의 경우라면 나는 당연히 동의할 수 있다. 그러나 전자의 경우라면 동의할 수 없다. 전자의 경우에 내가 동의할 수 없는 이유는 앞에서 강조했듯이 '5월 광주' 의 진상은 "보편적인 민주화를 지향하는 모든 사회 세력과 시민사회의 민주화운동"이었던 것이 '아니라' 영남패권주의 군사파쇼세력에 의한 호남 민중들의 학살과 이에 대한 투쟁이었다고 생각하기 때문이다.

나는 최장집의 시각은 기본적으로 현실에 대한 과학적 설명이 아니라 현실을 부정하는 당위로서의 염원이라고 생각한다. 이 염원 속에서 광주에 대한 있는 그대로의 과학적 설명, 즉 영남패권주의에 대한 있는 그대로의 과학적 설명은 자취를 감춘다. 그래서 묻는다. 최장집이 맞다면 왜 5·18은 전국적 기념일이 되지 못하는 것일까? '영남 대 호남' 의 대립을 당위적으로 해체시킨 최장집의 '민주 대 반민주' 의 시각으로는 절대로 이 질문에 과학적인 대답을 할 수 없다. 그는 이렇게 논리의 도피처를 찾을 뿐이다.

> 중요한 것은 지역감정의 정치가 서울로의 초집중화 및 그에 따른 지방의 배제라는 갈등구조에 기인한 것임에도 불구하고 갈등의 정치적 분획선은 중앙 대 지방의 차원에서 표출되는 것이 아니라 지방 대 지방의 대립으로 나타났다는 사실이다. 이처럼 초집중화의 문제를 지역간 갈등으로 환치시킨 힘은 다시 한국 민주주의의 보수성에 있다.[145]

거꾸로 선 논리

그의 눈에는 대한민국의 정치적 갈등구조가 잘못 표출되고 있다. 그러나 나는 중앙 대 지방의 갈등구조로만 지역문제를 설명하려는 것이 분명히 잘못된 문제틀이라고 생각한다. 최장집은 초집중화 문제가 지역간 갈등으로 잘못 환치되고 있다고 주장하지만 나는 최장집이 지역간 갈등을 초집중화의 문제로 잘못 환치시키고 있다고 생각한다. 그는 정말 영호남의 지금까지의 지역차별과 초집중화된 중앙 내부에서의 출신지 갈등의 문제를 모르는 것일까? 나는 그가 잘 알고 있다고 생각한다. 그럼에도 불구하고 그는 자신의 논리의 함정에 빠져 현실을 보지 않으려 하고 있다고 생각한다.

최장집은 이렇게 자신의 논리대로 중앙 대 지방의 갈등이 진짜 갈등이라는 것을 전제해야만 이제 본격적으로 다음과 같은 주장을 할 수 있다. 즉 기존의 정당체계는 영남 대 호남이라는 가짜 갈등을 담지하기 때문에 '모두 똑같다'고 주장할 수 있는 것이다. 그가 설정한 '영호남의 대립은 가짜 갈등'이라는 전제에서는 당연하게 기존의 정당체계는 영남패권주의 정당과 호남의 저항적 지역주의 정당이라는 차이가 존재할 수 없다. 모두 똑같은 보수정당인 것이다. 그래서 이렇게 말한다.

> 보통 많은 사람들은 평민당-민주당-국민회의-새천년민주당을 개혁적인 정당으로, 민정당-민자당-신한국당-한나라당을 보수적인 정당으로, 통일민주당-김영삼의 민주계를 그 중간쯤 되는 것으로 생각한다. 그

---

145) 최장집, 『민주화 이후의 민주주의』, 후마니타스, 2002, 28쪽.

러나 이를 이념적 스펙트럼 위에서 보수/개혁으로 가름할 수 있는 기준은 없다. 협애한 이념적 대표체계에서 한결같이 보수적이기 때문에 정당간 이념적 차이는 의미가 없다.[146]

마치 미국의 민주당과 공화당은 모두 보수정당이므로 이념적 차이는 의미가 없다는 주장을 듣는 것 같다. 그렇다면 영국의 보수당과 노동당은 큰 차이가 있을까? 이 문제는 다시 정리하기로 하자. 나는 설령 최장집의 주장대로 우리나라의 정당들이 큰 이념적 차이가 없다고 해도 그들 정당간의 차이를 아주 중요하게 생각한다. 왜냐하면 그것은 영남패권주의의 역사와 실체를 적나라하게 담지하고 있는 정당체계이기 때문이다. 최장집이 보수정당을 찍을 일이야 없겠지만 만약 찍는다면 이념적 차이가 없으므로 걸리는 대로 찍을 수도 있을 것이다. 그러나 나는 절대로 그렇게는 못한다.

나는 최장집의 고민을 잘 이해한다. 많은 주장에 동의할 수 있다. '노동 없는 민주화'에 대한 고민 역시 잘 이해한다. 특별히 결론적으로 말하고 있는 결선투표제나 독일식 비례대표제도의 도입주장은 전적으로 동의한다.

그런데 나는 그의 무엇을 비판하고 있는가? 존재하지 않는 당위적 구도에 대한 의미부여를 위해 존재하는 현실적 구도에 대한 과학적 설명을 포기하는 거꾸로 선 논리를 비판하고 있는 것이다. 즉 '지역 없는 민주화'론을 비판하고 있는 것이다. 결국 그의 현실분석과 당위주장의

---

146) 최장집, 『민주화 이후의 민주주의』, 후마니타스, 2002, 109쪽.

괴리가 어떤 공허한 결말을 맺는지 확인해보자.

특정 지역에 대한 차별과 그에 따른 소외가 존재하는 한, 지역감정의 정치가 현실적 기반을 갖지 않는다고 말할 수는 없다. 그러나 한국에서 지역감정의 정치는 근본적으로 지역간 차이나 대립 때문에 생긴 문제가 아니라, 사회의 중요한 균열요소들이 이슈화되거나 정책의 쟁점으로 부각될 수 없는 조건, 냉전반공주의의 강한 영향력 때문에 정당체제로 대표되는 이념적 범위가 지극히 협애한 조건에서 만들어진 문제라는 점을 이해해야 한다. 따라서 지역간 화해를 수십 번 하고, 지역간 협력 행사를 수백 번 하고, 지역감정을 극복하자는 의식개혁운동을 수천 번 한다 해도 보수 독점적 정당체제의 구조가 해체되지 않는 한 지역정당 체제의 변화를 기대하기는 어렵다.[147]

그의 당위는 많은 사람들이 주장하는 것처럼 이념정당 구도로의 재편이다. 쉽게 동의할 수 있다. 그런데 그가 자신의 이 당위 주장을 정당화하기 위해 쓰는 방식이 문제다. 그는 자신의 당위 주장을 정당화하기 위해 현실적으로 존재하는 지역대립을 "근본적으로"는 가짜 갈등이라고 주장한다. 그러면 아주 쉽게 자신의 당위 주장이 왜 실현되어야 하는지 분명해질 것이기 때문이다. 만약 현실적으로 영남패권이 압도적으로 존재하고 그에 따른 저항이 이유가 있는 것이라면 그 갈등을 반영하는 지역정당체제와 투쟁도 이유가 있을 것이기 때문이다.

---

[147] 최장집, 『민주화 이후의 민주주의』, 후마니타스, 2002, 208쪽.

그래서 그는 인용문의 첫 문장인 영남패권주의적 현실은 '그러나'라는 역접사 한 방으로 간단히 끝내고 자신의 당위적 관점에서 세상을 편할 대로 재단하기로 결심한다. 즉 최장집은 당위를 위해 영남패권이 존재하지 않는다는 명제를 고수하고 현실을 거기에 맞추는 것이다. 이런 맥락에서 그는 지역문제를 "중앙 엘리트 사이의 권력을 둘러싼 경쟁의 산물"로 격하시키고, 민중들이 갖는 지역적 문제의식은 "이데올로기적인 것", 즉 허위의식으로 치부[148]한다. 물론 이런 식의 그의 주장에 동의하면 계급문제의 진전은 있을지 모르겠지만 환원되지 않는 지역문제의 진전은 기대할 수 없다. 그래서 나는 그의 분석과 주장에 동의하지 못한다.

'침묵의 카르텔'은 다양한 방식으로 영남패권주의에 대한 침묵을 실현한다. 말하지 않으면서 속으로만 계산하기, 완고한 계급환원주의, 당위 주장을 위해 현실을 못 본 체하기 등등이 그것이다. 나는 진보정당이 집권하는 것도 물론 환영한다. 그러나 그들의 단순한 문제인식으로는 지역문제의 근원적 진전을 이루기 힘들 것이다. 세상에는 계급으로 환원되지 않는 수없이 많은 모순이 있음을 알아야 한다. 우리나라에는 계급으로 환원되지 않는 압도적인 지역모순의 역사가 있다. 계급투쟁만이 문제되는 사회라면 좋겠지만 그렇지 않으면 세상에 맞춰 사고해야 한다. 자신들의 당위에 맞춰 거꾸로 세상을 재단하는 것이야말로 틀림없는 관념론의 함정이다.

나는 김대중의 민주당이 한나라당과 이념적으로 큰 차이가 없는지

---

148) 최장집, 『민주화 이후의 민주주의』, 후마니타스, 2002, 28쪽.

는 모르겠지만 현 상황에서 그의 집권이 진보정당이 집권한 것보다 훨씬 더 큰 정치적 의미가 있었다고 본다. 김대중 정부는 진보정당이 일 회의 집권을 통해서 계급문제에서 이룩할 수 있는 성과보다 훨씬 더 강력하게 영남패권주의 체제에 타격을 입혔다고 생각하기 때문이다. 계급투쟁만이 선이고 지역투쟁은 악이라는 '좌익소아병'은 버려야 한다. 지금도 오직 계급환원주의만이 진리라고 생각하는 사람들을 위해 이름을 기억할 순 없지만 내가 인터넷상에서 본 이런 고백을 들려주고 싶다.

나는 노동자지만 민주당에 찍었다. 그것은 내가 노동자로서 당하는 설움보다 전라도 사람이라서 당한 설움이 더 컸기 때문이다.

위선 없는 대안

나는 독자들의 입장에서는 대단히 실망스럽게도 지역문제에 대한 일회적이며 획기적인 대안을 갖고 있지 않다. 이는 지금까지 역사를 통해 누적된 영남패권주의의 패권적 기득권을 일거에 박탈할 수 있는 일회적이며 획기적인 대안이 없기 때문에 하는 말이다. 그런데 이러한 대안의 한계는 누구라도 역사를 거꾸로 되돌릴 수 없는 한 마찬가지일 것이다. 그래서 지금 내가 상상할 수 있는, 그리고 누구라도 그렇게 상상할 수밖에 없는 유일한 대안은 영남패권주의의 역사적 기득권을 인정하면서 '동시에' 인정하지 않는 모순적이며 점진적인 방법뿐이다. 그것은 이런 것들이다.

지역문제의 실체부터 인정하자

우선 내가 가장 강조하는 지역문제 해결의 전제조건은 지역문제의 실체를 인정하라는 것이다. 나는 어떤 병도 잘못된 진단으로 나았다는 말을 듣지 못했다. 더군다나 환자의 병을 감추고 쉬쉬하는 것만이 병을 치료할 수 있는 유일한 방법이라는 말은 듣지 못했다. 그러나 지역문제의 실체를 인정하라는 나의 주장은 어쩌면 가장 쉽고도 가장 어려운 주문임이 틀림없을 것이다. 왜냐하면 지역문제의 실체를 인정하라는 주장은 곧 영남패권주의의 역사적 실체를 인정하라는 말이고, 그 잘못된 역사에 대한 반성을 하라는 말이며, 반성의 토대 위에서 기득권이 부당했다는 것을 인정하라는 말이며, 또한 인정된 부당한 기득권의 역사적 환원을 고려하라는 말이기 때문이다. 나는 이 모든 것을 원칙대로 주장한다.

다음으로 주장하고 싶은 사안이 있다. 그것은 영남패권주의는 단순한 감정 혹은 인간관계의 문제가 아니라는 것이다. 그것은 본질적으로 역사를 통해 이루어진 정치·경제·사회·문화적 구조의 문제다. 예컨대 영호남 사람들은 아무리 좋은 감정 혹은 인간관계를 발전시킨다 해도 그들은 패권관계 속에서 구조적으로 재편될 수밖에 없다. 자본가와 노동자가 아무리 좋은 인간관계를 발전시킨다 해도 그들은 계급관계 속에서 구조적으로 재편될 수밖에 없는 것과 마찬가지다. 이 문제를 이해하지 못하는 한 영남패권주의 문제를 이해한 것이 아니다. 그러나 이 구조를 염두에 두더라도 해법은 다양하다. 이 문제에 관한 최장집의 해법부터 들어보자.

정당경쟁을 통해 한 사회의 중심적 갈등이 배제되지 않고 사회화될 때 낡은 정치적 행태들은 변화하게 될 것이다. 그리고 그 동안 중요하지만 억압되어 있던 이슈들이 정치경쟁에 들어오게 될 때, 그래서 기존의 정당들이 이를 무시할 경우 새로운 정당이 용이하게 만들어질 수 있게 될 때, 보수적 정당간의 끝없는 저질 경쟁은 멈추도록 강제될 것이다.[149]

최장집의 "억압되어 있던 이슈들"이란 계급모순이며, "저질 경쟁"이란 정책대결 없는 지역모순일 것이다. 한 마디로 계급모순의 구조화가 지역모순을 "강제"적으로 구축할 수 있을 것이란 주장이다. 사실 최장집은 1990년대 김대중 집권 이전만 하더라도 "호남문제는 실질적 민주화를 정치적·사회경제적·정신적 수준에서 실현할 때 해결될 수 있다"는 입장을 견지해 왔다. 그러나 김대중 집권 이후에는 자신이 주장해온 '호남문제'의 이슈화는 이제 무의미한 엘리트 내부의 "저질 경쟁"일 뿐이며, 계급모순으로 해체시켜도 된다고 판단한 듯하다.

이러한 당위 주장은 한 가지 조건하에서 동의할 수도 있다. 그것은 우리나라의 진보정당이 영남패권주의 문제를 우리 사회의 중심적 갈등으로 흡수할 준비가 돼 있는 경우다. 그러나 진보정당은 (계급모순을 해체시키는) '망국적인 지역감정'이라는 구호 외에는 아는 것이 없다. 그들은 지역모순의 해결을 통해서가 아니라 지역모순의 단절적 인식을 통해서 계급모순 구도로의 이행이 가능하다고 보고 있다. 이 점에서 있어서는 열린우리당의 인식과 차이가 없다. 노회찬의 '열린우리당과 민주노동당의 꿈의 리그' 발언이 그것을 입증한다.

나는 영남패권주의 문제는 앞으로도 당분간 계급모순만큼 혹은 더

---

149) 최장집, 『민주화 이후의 민주주의』, 후마니타스, 2002, 211쪽.

심각한 갈등이 될 수밖에 없다고 판단하고 있다. 그리고 유권자들도 현 상태에서는 진보정당이 변화시킬 수 있는 계급모순보다 (패권적이든 저항적이든) 보수정당이 변화시킬 수 있는 지역모순이 더 크다고 생각해서 현재와 같은 투표행태를 고수하고 있다고 본다. 최장집은 유권자의 투표행태를 그저 '허위의식'으로 치부할 일이 아니라 왜 구조이행이 되지 않고 있는지에 대한 과학적 설명을 해야만 한다. 최장집은 "이념적 대표체제의 협애성을 문제삼는 것은 어떤 진보적 변화에 대한 기대 때문이 아니다"라고 말하고 있는데 일반 유권자도 혹 '이념적 변화의 진폭'이 별거 아니라고 생각할 수 있는 일 아닌가? 나는 구조이행이 안 되는 이유를 그저 '허위의식'으로 치부하는 계급환원주의에 동의할 수 없다.

다음으로 이 문제에 대하여 오랫동안 고심해온 강준만의 해결책은 무엇일까? 그는 김대중 집권 전이나 후나 기본적인 입장변화는 없는 것 같다. 그는 정확하게 현실을 직시하며 이렇게 말했다.

> 전라도 사람들 가운데 떵떵거리고 잘 살고 권세도 누리는 사람이 다른 지역 사람에 비해 많다면 '전라도 차별'이란 있을 수 없습니다. 왜냐구요? 전라도 사람들에게 한 마디라도 좋은 말을 해야 힘이 있는 그들의 덕을 볼 수 있기 때문이지요. 우리 인간이라는 게 그렇게 힘의 관계에 민감한 존재입니다.[150]

---

150) 강준만, 『전라도 죽이기』, 개마고원, 1995, 182쪽.

'있는 그대로의 현실'을 묘사한 발언이다. 그렇다면 그 '있는 그대로의 현실'은 어떻게 진보가 가능할까? 강준만은 "사회적 차별만 철폐되어도 모든 문제가 해결될 수 있다"고 생각한다. 그래서 "사회적 차별만 사라지면, 그 이후 호남인이 정권을 잡고 못 잡고는 그야말로 개인의 능력 문제 아니겠는가"라고 반문한다. 한 마디로 그는 이 세상이 정글이라는 것은 인정하지만 정글의 법칙이 모든 것은 아니므로 호남 차별은 '옳지 않다'는 것을 받아들이는 인간의 이성적 능력, 즉 '양심과 도덕'에 기대를 걸고 있는 것이다. 그래서 "결국 '사람과 문화'다"라고 결론 내린다.

정치만큼 '사람과 문화의 문제'가 중요하게 작용하는 곳이 또 있을까? 그러나 정치 학술서들은 이 문제를 거의 다루지 않는다. 주로 사상·제도·법 등과 같은 거시적인 문제들만 다루고 있다. 기자들이 쓴 책도 정치인 개개인에 대해선 많은 정보를 제공하고 있지만, 정당이나 기타 정치 영역에서 늘 발생하는 '사람과 문화의 문제'는 언급하지 않는다. 정치인들이 직접 쓴 책도 마찬가지다. …… 우리 사회의 극심한 분열과 이전투구는 '사람과 문화의 문제'를 무시한 인과응보일지도 모른다.[151]

강준만의 결론은 좀 미묘하다. 분명히 틀린 말은 아니지만 그렇다고 대안으로 전적으로 동의할 수도 없다. 왜 틀린 말은 아니지만 대안으로 받아들이기가 힘든가? 사실 사회를 구성하는 한 인간이 바뀌면

---

151) 강준만, 「전라도 죽이기」, 개마고원, 1995, 211·215쪽.

결국 세상이 바뀔 수 있다는 주장은 거의 모든 사회과학적 이데올로기의 명제다. 인간이 바뀔 수만 있다면 공산주의적 평등세상도 꿈속의 이야기가 아니다. 주체사상이 "사람이 모든 것의 주인이고 모든 것을 결정한다"는 명제를 내세우는 것은 결코 우연이 아니다. 일면적으로 본다면 '개인적이고, 구체적이고, 경험적인 인간이 결국 모든 것이다'라는 주장은 분명히 틀린 말은 아니다.

그러나 그 개인적이고 구체적이고 경험적인 인간이 자신을 실현하는 것은 사회적 제도와 구조를 통해서만 가능하다. 그래서 구체적이고 경험적인 인간이 제도와 구조를 지배하는지 아니면 제도와 구조가 구체적이고 경험적인 인간을 지배하는지 시각차이가 있을 수 있다. 예컨대 정경유착이 재벌가와 정계 거물 집안 간의 혼인 등 구체적이고 경험적인 인간관계의 집적이라고 봐야 하는지 아니면 자본주의 체제가 바로 그런 인간관계들을 구조적으로 발생시키고 있는지 시각차가 있을 수 있다. 아무리 마음씨 좋은 구체적이고 경험적인 자본가도 이윤법칙을 벗어나 노동자에게 잘해줄 수는 없다는 사실을 염두에 두면 눈에 보이지 않는 구조의 중요성을 충분히 이해할 수 있을 것이다.

공고화된 구조의 구조적 해체

나는 우리나라의 영남패권주의도 상당히 공고하게 구조화되었다고 생각한다. 그래서 단순히 경험적인 인간관계를 발전시키는 것으로 모든 문제가 해결될 수 있을 것이라고는 추호도 생각하지 않는다. 오히려 이 구조를 구조적으로 해체시키는 것이 보다 효율적인 지름길이라 생각한다. 이것은 내가 인간의 선한 마음의 가능성을 믿지 않아서가 아니다. 종교가 아닌 사회과학적 대안이란 지금까지의 역사적 경험으로 봤을 때 선한 마음의 가능성보다는 악한 마음에 어떻게 대처할 것인가를 통해 효과적으로 발전해왔기 때문이다. 상식적으로도 선한 마음의 발현에 온 힘을 기울여 제도를 소홀히 하는 것보다 제도로써 악한 마음에 대처하며 선한 마음이 발현되도록 하는 것이 훨씬 안전할 것이라고 생각한다. 그래서 다음과 같은 구조를 반드시 이해해야만 한다.

우선 우리나라의 영남패권주의는 정치적으로 정당제도를 통해 구조화되어 있다. 1980년 영남패권주의 군사파쇼세력에 의한 광주학살에도 불구하고 우리는 그 '전두환당'을 합법적으로 청산하지 못했다. 청산은커녕 영남은 그 정당을 자신들의 패권을 실현하기 위한 수단으로 확고하게 정착시켰다. 히틀러의 나치당이 이름을 바꾸어 정치체제 내에서 계속 지배적인 영향력을 행사하고 정권을 노리는 상황을 상상해보라. 그런데도 우리나라의 계급환원주의자들과 영남패권주의에 눈감는 식자층에서는 이 구조적 문제를 외면하고 한나라당을 하나의 정상적인 보수정당으로 계산하면서 정치를 논하고 있다. 한나라당은 보수, 열린우리당은 중도, 민주노동당은 진보 등등의 '눈 가리고 아웅' 하는 셈법이 그것이다.

그러나 그 위선적인 셈법은 결코 현실을 설명할 수 없을 것이다. 왜냐하면 어떤 일이 있어도(즉 이념적으로 정상적인 보수정당으로 탈바꿈하더라도) 호남에서 한나라당은 지배적인 영향력을 행사할 수 없을 것이기 때문이다. 영남에서 열린우리당과 민주당 혹은 민주노동당의 발전 가능성과는 완전히 별개의 문제다. 이것은 영남패권주의 역사가 발전시킨 정치구조의 문제다. 이 구조의 문제를 타파하는 것은 두 가지 가능성밖에는 없다. 하나는 한나라당이 소멸되는 것이고 다른 하나는 호남에서 한나라당이 정상적인 보수정당으로 인정되는 것이다. 그러나 전자는 현실적으로 가능할 것 같지 않고 후자는 당위적으로 옳은 방법이 아니다. 이것이 역사를 통해 구조화된 영남패권주의 정치체제의 딜레마다.

다음으로 경제적인 구조화다. 영남패권주의는 재벌경제를 통해 구조화되어 있다. 이것은 어쩌면 정권의 문제보다 더 본질적인 구조화다. 재벌을 대기업으로 '해체' 한다고 해서 이 구조가 바뀔 수 있는 것도 아니다. 재벌이 경제적으로 영남패권주의를 구조화시키고 있는 한 사적인 영역에서 실현되는 영남패권주의 문제가 단기간에 해결되리라 기대하는 것은 터무니없다. 다만 우리나라의 체제에서 정치가 경제에 미치는 영향이 압도적이라는 사실이 오히려 긍정적 변수가 될 수는 있을 것이다. 즉 정치권력에서 영남패권주의가 압도적으로 실현될 수 없다면 토대로서의 재벌의 영향력도 상당 부분 타격을 입을 수밖에 없을 것이기 때문이다.

다음은 사회적인 구조화다. 사회적인 구조화는 시민사회에서의 영남패권주의의 구조화가 본질적이다. 시민사회란 시민단체의 활동가들을 지칭하는 용어가 아니다. 그것은 그람시의 정의를 빌려 엄밀하게 말한다면 '동의를 바탕으로 하는 헤게모니' 의 문제다. 말할 것도 없이 영남패권주의는 헤게모니를 통해 다수의 논리를 지배한다. 구조 속에서 논리로써 개인적으로 저항하는 것은 무척 힘든 일이다. 이것은 수십 년간의 이념적 지배의 유산을 계승하는 지배논리로서, 사적으로뿐만 아니라 공적으로도 교과서를 통해 축적되고 교육되며 이데올로기적 기득권이 되기 때문이다.

예컨대 김환태는 "국민학교 2학년 바른생활 이야기부터 고등학교 국민윤리까지 어느 정도 비중 있게 인용된 20여 건 중 영남 지역 관련 부분이 40%인 8건, 충청도·강원도·경기도·이북 지역 관련 부분이 60%인 12건인 반면 호남 지역과 관련된 역사적 사실이나 훌륭한 인물은 단 한 건도 인용되지 않고 있다"[152]고 주장하고 있다. 이 불균형은 다음 넷 중 하나일 것이다. 실제로 호남 지역의 훌륭한 인물이 없었거나, 우연적 불균형이거나, 영남패권주의의 산물이거나, 김환태의 왜곡이거나, 이 중 하나일 것이다. 독자들의 판단에 맡긴다. 나는 영남패권주의에 대한 동의를 재생산하는 이 헤게모니의 구조 문제가 가장 힘든 장벽일 수도 있다고 생각한다.

끝으로 문화적 지배구조를 빼놓을 수 없다. 무엇보다 영남패권주의 사회에서 전라도 사투리는 천민적 이미지를 생산하는 기제 속에 있다. 모든 지방 사투리와 표준어의 단순한 관계가 아닌 전라도 사투리가 문제인 것이다. 같은 고향에서 성장한 세 친구 중 유독 간사한 배신자의 이미지를 갖는 출연자만이 전라도 사투리를 쓰게 한 드라마 《모래시계》(드라마 《해신》도 마찬가지였다)의 무의식을 어떻게 설명할 수 있을까? 이것은 분명히 리얼리즘에 입각한 현실 '반영'론으로 합리화할 수 있는 추태가 아니다. 그것은 리얼리즘에 입각한 현실 반영이 아니라 영남패권주의 사회에서의 전라도 사람의 지배적인 이미지를 무의식적으로 반영하고 재생산한 것이었다.

---

152) 김환태, 『해소냐, 호남독립이냐』, 쟁기, 1993, 143쪽.

문화가 구조적이라는 것은 문화의 생산 메커니즘이 구조적이라는 말이다. 이와 관련하여 남영신은 "지역감정도 지역패권주의의 중요한 무기"라고 주장한다. 강준만은 남영신의 주장에 기본적으로 동의하면서도 이러한 주장을 "다소 독특"한 "거꾸로"된 시각으로 보고 있다. 그것은 '지역감정이 지역패권주의의 결과물' 인지 아니면 '지역패권주의가 지역감정의 결과물' 인지 하는 시각차이일 것이다. 나는 남영신과 같은 전자의 입장에 있다. 강준만은 "지역패권주의자들이 늘 지역패권주의의 모든 과정과 메커니즘을 철저하게 이해하고 있다거나 그걸 의식해서 행동한다고 주장할 필요는 없을 것"이라 생각하며 후자의 입장에 있다. 그러나 바로 그 의식 없이 행하게 만드는 힘이 바로 패권주의 헤게모니며 구조의 문제인 것이다.

독일식 비례대표제에 대하여

구조는 구조에 대한 투쟁으로 대처하는 수밖에 없다. 지금보다도 상황이 더 악화되어 고착되면 양원제나 연방제적 해결책까지 고려해야 하겠지만 아직 마지막 기회는 남아 있다고 본다. 나는 가장 먼저 '정당의 득표율과 의석점유율을 철저하게 일치시키는 독일식 비례대표제'를 대안으로 주장한다. 이는 반드시 영남패권주의만을 겨냥하며 하는 주장이 아니다. 이것은 민주주의의 문제다. 영남패권주의는 되든 안 되든 민주주의를 통해서 극복할 수밖에 없다. 계급모순을 반영하는 정당이든 지역모순을 반영하는 정당이든 모든 정당은 득표율에 비례하는 자신의 정치적 지분을 정당하게 주장할 수 있어야 한다. 이것을 반대한다면 그는 기본적으로 민주주의를 반대하는 것이다. 물론 모든 나라가 수학적으로 정확한 일치를 제도화시키고 있는 것은 아니지만 우리나라의 경우 시급히 제도화해야 할 분명한 이유가 있다. 그것은 다수 지역 파시즘, 즉 영남패권주의 파시즘에 의한 폭압적 지배의 경험 때문이다.

이 독일식 비례대표제를 시행할 경우 우리에게 한 가지 다행인 점과 난점이 있다. 다행인 점은 영남의 인구가 전체 인구의 과반수를 넘지 않는다는 사실이다. 이것은 현재와 같은 상황에서도 이 제도하에서는 다른 지역을 언제나 염두에 두는 연합정국을 생각하지 않고 한 지역이 전체를 단지 숫자로만 지배하기는 힘들다는 것을 의미한다. 나는 이러한 절묘한 상황이 지역패권을 제도적으로 방지하는 데 분명히 도움이 될 것이라고 생각한다.

다음으로 난점은 독일식 비례대표제는 기본적으로 대통령제가 아닌 내각제 혹은 분권형 대통령제와 친화적이라는 사실이다. 이것이 난점인 이유는 우리나라의 국민들이 대체로 대통령제에 익숙해 있다는 사실 때문이다. 그러나 나는 우리나라는 이미 1980년 이후 현실적 토대가 대통령제의 독식체제와는 맞지 않게 되었다고 생각한다. 단일화가 언제나 선거의 화두가 될 수밖에 없는 이유가 분명히 있다. 물론 이러한 문제는 결선투표제도로 풀 수도 있는 것이지만 완전한 해결책은 아니다. 왜냐하면 정치적 토대 차원에서는 '합리적인 나눠먹기'의 부재, 즉 영남패권주의의 역사적 경험 때문에 문제가 발생하고 있는데 그것을 제도적으로 강제 해결하여 다시 독식체제를 유지하는 것은 합리적인 방법이 아니라고 생각하기 때문이다.

나는 대통령제를 선호하는 민심 속에서 영남패권주의 이데올로기의 흔적을 발견한다. 영남 지역의 대통령제 선호는 과거에 대한 향수와 야심으로 이해할 수도 있겠지만 호남, 심지어는 민주노동당까지 나서서 대통령제를 지지하는 것은 일종의 이데올로기라 생각한다. 대통령제의 독식과 폭압으로 수십 년을 고통당해 왔으면서도 대통령제 자체는 문제가 없을 뿐만 아니라 바로 그 대통령제하에서 훌륭한 대통령이 나타나 강력한 권력을 이용해 분열을 치유하는 것이 합리적일 것이라는 생각이 바로 그것이다. 정치를 당위 차원에서만 교육받고 발언하다 보니 현실의 고통은 기약 없는 메시아를 기다리는 것으로 대체되는 것이다. 전형적인 이데올로기다. 나는 이데올로기가 아니라 영남패권주의에 대한 현실적 대책이 필요하다고 본다.

지역차별 금지를 위한 입법 조치를 바라며

한편 경제·사회적으로 발생하는 지역차별 문제에 대해서는 입법 조치가 반드시 필요하다고 생각한다. 지역차별에 관한 입법조치는 여성차별에 대한 입법조치로부터 많은 것을 배울 수 있을 것이다. 물론 이러한 입법조치로 모든 문제를 해결할 수는 없겠지만 법적으로 대항할 수단을 마련하는 것과 그렇지 않은 것은 큰 차이가 있다. 취업, 승진 및 해고에 있어서 모든 지역차별을 방지하고 손해를 배상하게 하는 것은 지역차별을 예방하는 교육적 효과까지 거둘 수 있을 것이다.

나는 또한 지역차별문제를 해결하기 위해 반드시 지역차별이 문제될 수 있는 모든 영역에서 지역할당제를 법제화할 것을 요구한다. 모든 차별문제는 궁극적으로 할당제를 통해서 해결하는 것이 가장 강력하고 효과적이라고 생각한다. 이 제도는 미국에서도 흑인차별을 시정하는데 큰 몫을 했으며 우리나라에서도 이미 여성채용 목표제 등 관련 제도를 도입한 바 있다. 이러한 제도는 일시적으로 효율을 떨어뜨리는 효과가 있을 수 있지만 모든 환경적 기득권이 사라지고 개인의 능력만이 문제되는 평등사회가 실현될 때까지 과도기적인 제도로 이해하면 될 것이다.

마지막으로는 법적으로 다툴 수 없는 영역이다. 이 부분에서의 문화적 차별에는 뚜렷한 대안이 없다. 다만 이러한 문화적 차별은 정치·경제·사회적 위세에 크게 의존하는 경향이 있다고 본다. 따라서 다른 영역에서의 문제가 해결된다면 법적으로 다툴 수 없는 영역에서 벌어지는 문제는 충분히 부수적 효과를 거둘 수 있을 것으로 본다. 그러고도 남은 문제가 있다면 강준만이 강조하는 '인간의 양식'에 기대할 수밖에 없다. 분명한 것은 나는 인간의 양식을 가장 먼저 기대하는 것이 아니라 가장 나중에 기대하고 있다는 점이다. 선한 마음을 갖고 있는 독자들로서는 이러한 나의 태도가 유감스럽게 들릴지도 모르겠다. 그러나 이것이 내가 알고 있는 자본주의적 민주주의와 법치주의가 토대하고 있는 대명제다. 토머스 제퍼슨의 경고가 참고가 될 것이다.

> 신뢰는 어디서나 독재의 어버이이며, 자유로운 정부는 신뢰가 아닌 경계심에 기초하고 있다. 우리가 권력과 함께 믿을 수밖에 없는 사람들을 구속하기 위하여 권력을 제한하는 헌법을 규정하는 것은 신뢰가 아닌 경계심이다.[153]

---

153) Thomas Jefferson, 『Draft of the Kentucky Resolutions: November, 1798』, *Selected Writings*, Wheeling: Harlan Davidson, Inc., 1979, 61쪽.

보론: 김대중 콤플렉스, 그 위선의 역사

보론: 김대중 콤플렉스, 그 위선의 역사

　우리는 일상에서 콤플렉스라는 용어를 아주 흔히 쓴다. 특별히 논쟁이 벌어졌을 경우 상대를 '밑도 끝도 없이' 공격하기 딱 좋은 심리학적 용어다. 그래서 논쟁이 이전투구가 될 경우 좀 과장해서 말한다면 콤플렉스 아닌 정신활동이 없을 정도다. 그러나 실제로 우리가 무의식의 영역을 인정한다면 이런 식의 남용도 어쩌면 당연한 것인지 모른다. 콤플렉스 이론을 정립한 칼 구스타프 융 스스로가 "무의식적 정신이 존재하고 활동한다는 것은 콤플렉스를 통해서만 알 수 있다"고 말하고 있기 때문이다. 어쨌든 '콤플렉스라는 용어에 대한 콤플렉스' 때문에 서두를 꺼내기가 좀 힘들지만 나는 지금 김대중 콤플렉스에 대해 말하고자 한다.
　김대중 콤플렉스에 대한 나의 우선적 관심은 일차적으로 영남인들이 갖고 있는 김대중 콤플렉스다. 그러나 그것이 다가 아니다. 김대중 콤플렉스는 영남인들 뿐만 아니라 호남인들 나아가 대한민국 전체가 갖고 있는 말하자면 집단 콤플렉스다. 생각해보면 이상한 일도 아니다. 우리 국민들이 현대사를 통해 경험한 '정신적 외상'을 고려한다면 김대중 콤플렉스가 없는 것이 오히려 이상한 일이 아니겠는가? 그러나 완고하게 영남인들이 김대중 콤플렉스를 갖고 있다는 주장 자체를 불쾌하게 생각하는 사람들도 여전히 있을 것이다. 그들을 위해 우선 자신을 '토종TK'라고 자칭한 유시민이 설명하는 영남인들의 김대중 콤플렉스로부터 시작해보자.

> TK 정서의 밑바닥에는 '때린 놈 콤플렉스'가 깔려 있다. 특히 독재 정권에 빌붙어 출세를 했거나, 뇌물과 특혜를 주고받았거나, 패거리를 지어 남에게 못할 짓을 한 'TK 성골'과 '진골' 일수록 이런 콤플렉스가 심하다. 개인적으로 나쁜 짓을 한 적이 없는 대다수의 대구·경북 유권자들도 지역사회에서 이런 사람들이 주도권을 잡고 있기 때문에 이 콤플렉스에 감염되었다.[154]

김대중 콤플렉스는 유시민이 말하는 '때린 놈 콤플렉스'의 연장선상에 있을 것이다. 유시민은 단순히 "대다수의 대구·경북 유권자들도 지역사회에서 이런 사람들이 주도권을 잡고 있기 때문에 이 콤플렉스에 감염되었다"고 말하고 있지만 감염이 아니다. 그들도 심적으로 그 정권에 동의하고 투표한 사람들이다. 그래서 그들에게도 정도 차이는

---

154) 유시민, 『WHY NOT?』, 개마고원, 2000, 209쪽.

있겠지만 김대중이라는 존재는 자신들의 '옳지 못함'에 대한 아픈 기억을 상기시킨다. 잊고 싶지만 잊을 수가 없다. 아무리 "경상도가 '조국 근대화 사업'을 주도했다는 자부심"을 다짐해도 마음 한구석의 이 고통을 지울 수가 없다. 결국 이 고통을 의식적으로 지울 수 있는 방법은 '우리가 옳다'고 합리화시키는 데까지 나아가는 것이다. 예컨대 이런 식이다.

> "김대중이는 빨갱이다." "전두환은 딱 한 가지, 김대중 살려놓은 것 빼고는 다 잘했다." 선거 때마다 대구·경북 지역에서 광범위하게 이루어진 선동의 핵심내용이다. 대구·경북 유권자들은 이제 자신들이 독재자와 그 앞잡이들에게 속았다는 것을 안다. 하지만 솔직하게 인정하고 미안해하기보다는 "김대중이는 빨갱이는 아니지만 그래도 나쁜 사람이라는 것은 맞다"면서 억지를 부리는 사람이 더 많다. 좋게 말하면 자존심이지만, 사실은 죽어도 잘못을 인정하지 않으려는 특유의 벽창호 기질 때문이다.[155)]

우선 나는 유시민이 "대구·경북 유권자들은 이제 자신들이 독재자와 그 앞잡이들에게 속았다는 것을 안다"고 표현한 것에 대해 동의할 수 없다. 그들은 속은 것이 아니다. 그렇게 말할 뿐이다. 그렇게 많은 사람들이 그렇게 장기간 동안 "속았다"는 것은 상식적인 발언이 아니다. 더군다나 그들이 정말 속았다고 생각한다면 "경상도가 '조국 근

---

155) 유시민, 『WHY NOT?』, 개마고원, 2000, 209쪽.

대화 사업'을 주도했다는 자부심"이 오늘날까지 이어질 리 없다. 또한 자신들이 정말 속았다고 생각한다면 "솔직하게 인정하고 미안해하기"가 그렇게 힘들 이유도 없다. 그들은 분명히 앞에서 말한 대로 영남패권주의적 이데올로기 속에서 영남패권주의 정권을 지지했다. 다만 자신의 의식이 허락하지 않는, 즉 속은 것이 아니라 분명히 인식하고 있었던 부정의 때문에 한편으로 고통스러울 뿐이다. 그래서 자부심을 유지하면서 이 고통을 해결하는 유일한 방법인 합리화를 도모하는 것이다.

그런데 유시민은 이 합리화 과정 속에 나타나는 "억지"를 "자존심" 혹은 "특유의 벽창호 기질"이라고 말하고 있다. 그러나 그것은 "자존심"도 아니고 영남인들만의 "특유의" 벽창호 기질도 아니다. 그런 "억지"는 고통을 없애기 위해 심리적 합리화 기제에 의존하는 모든 인간들에게 공통적으로 나타나는 일반적 특성일 뿐이다. 문제는 그들이 설령 의식적으로 '김대중은 나쁜 사람'이라고 합리화에 성공한다고 해도 '김대중은 좋은 사람'이라는 반쪽 의식은 억압되어 무의식 상태로 심리의 근원에 저장될 수밖에 없다는 사실이다. 의식적으로는 근대화(독재)에 자부심을 갖고 김대중을 비난하지만 무의식적으로는 그런 자신들의 행동이 잘못이라고 느끼는 고통스런 복합심리, 나는 이것을 영남인들이 갖고 있는 김대중 콤플렉스라고 생각한다.

이렇게 영남인들의 김대중 콤플렉스가 실재하는 것이라면 우리가 실생활에서 충분히 경험하고 있듯이 그것은 김대중에 대한 이중적 태도로 나타날 것이다. 의식적으로는 비난하면서 무의식적으로는 비난하지 않는 태도가 그것이다. 유시민은 이렇게 말하고 있다.

대구·경북 사람들도 '반DJ 정서'를 자랑삼지 않을 정도의 양식은 있다. 문제는 김대중이 아니라 꼬치꼬치 시시비비를 가리는 사람한테는 승복하기 싫어하는 자신들의 기질에 있다는 것도 알 만큼은 안다. 그래서 나 같은 반골이 내놓고 김대중을 옹호해도 별종 취급은 하지만 '왕따'를 시키거나 '김대중 앞잡이'라고 비난하지는 않는다. 대통령 선거에서 기호 2번 선거운동을 하면, 그 사람이 동네 터줏대감이라도 '원래는 전라도 사람'이라고 뒤에서 쑥덕거릴 망정 면전에서 대놓고 그런 소리를 할 만큼 몰지각하지는 않다.[156)]

왜 그럴까? "전두환은 딱 한 가지, 김대중 살려놓은 것 빼고는 다 잘했다"는 선동이 먹혀들어가는 사회라면, 아니 적어도 공개적으로 발설되는 사회라면 '반DJ 정서'를 공개적으로 자랑해야 옳지 않겠는가? 무엇이 그 자랑을 막는 것일까? 콤플렉스다. 이 콤플렉스가 영남인들의 김대중에 대한 의식적 논리를 교란시키고 있는 것이다. 앞에서 인용한 문순태의 기록대로 "공공연히 큰소리로 DJ 지지를 외쳤고, 반대하는 사람들과는 멱살다짐은 물론 주먹대결까지도 벌인 일이 많았다"는 호남과 비교해보면 그 차이가 분명해질 것이다. 유시민의 눈에는 이런 차이가 대구·경북 사람들의 "양식"과 호남인들의 "몰지각"으로 보일지 모르겠지만 내 눈에는 콤플렉스로 보인다.

원래 콤플렉스란 융의 '연상 검사'라는 아주 단순한 방법론에 의해서 확립된 것이다. 실험자는 하나의 단어를 제시하고 피실험자는 이

---

156) 유시민, 『WHY NOT?』, 개마고원, 2000, 210쪽.

자극어를 받아 연상되는 단어로 응답하는 것이다. 그런데 피실험자는 통상적으로 즉각적인 반응을 보이다가도 특별한 단어가 제시될 경우 무의식적으로 응답을 지연한다는 것이다. 피실험자는 그 단어에 콤플렉스를 갖고 있는 것이다. 한 가지 주목할 만한 사실은 콤플렉스가 어떤 근원에 의해 발생하는 것이 사실이지만 발생된 콤플렉스는 역으로 자율성을 갖고 우리를 지배하기도 한다는 것이다. 융은 이렇게 말한다.

> 오늘날 우리는 누구나 '콤플렉스를 가지고 있다'는 것을 안다. 그러나 콤플렉스가 그 사람을 가지고 있다는 사실은 잘 모르고 있다. 그러나 이론적으로는 이것이 더욱 중요하다. …… 콤플렉스는 때에 따라서 에너지로 표현되며 의식의 의도를 넘어설 정도의 커다란 가치를 가지는 심리적 요인임에 틀림없다. 그렇지 않다면 그렇게 마음대로 의식의 질서를 어지럽히는 일이 결코 가능하지 않을 것이기 때문이다.[157]

이러한 콤플렉스의 자율성이 앞에서 인용했던 유시민의 무의식적 발언, 즉 '반김대중 정서'가 '전라도 혐오증' 또는 패권적·반사적 '지역주의'로부터 나왔다고 말하지 않고 "'전라도 혐오증' 또는 패권적·반사적 '지역주의'는 '반김대중 정서'의 한 측면에 불과하다"라고 거꾸로 말했던 이유를 비로소 이해할 수 있게 한다. 유시민은 단순히 자신의 논리를 정당화하기 위해 의식적으로 그렇게 거꾸로 진술한 것이 아니라 무의식적인 '김대중 콤플렉스'의 자율성이 "의식의 질서

---

157) 칼 구스타프 융, 「콤플렉스 학설의 개요」, 『정신요법의 기본문제』, 솔, 2001, 231~232쪽.

를 어지럽히"면서 유시민에게 세상을 그렇게 거꾸로 보도록 만든 것이다. 그것이 아니라면 김대중 콤플렉스는 영남인들에게 세상을 그렇게 거꾸로 보도록 만들어 유시민에게 그 거꾸로 보는 세상을 기술하게 만들었을 것이다.

이상의 사례에서 보듯 유감스럽게도 콤플렉스는 우리가 체계적인 의식의 질서 속에서 의지를 갖고 노력하면 즉각 없앨 수 있는 망상이라는 생각은 잘못된 것이다. 그래서 융은 "일반적으로 콤플렉스는 강한 의지에 의해서 억압될 수 있지만 제거할 수는 없으며, 적절한 기회가 오면 본래 가지고 있던 힘을 가지고 다시 등장한다"고 말한 것이다. 그러면서 이런 은유를 한다.

콤플렉스들은 데카르트적 작은 악마처럼 행동하고, 도깨비 같은 배회를 하면서 흥겨워하는 것 같다. 콤플렉스들은 틀린 단어를 혀에 올려놓게 하고, 소개해야 할 바로 그 사람의 이름을 지워버리고, 연주회의 가장 아름다운 피아노 대목에서 기침을 하게 하고, 너무 늦게 도착하여 눈에 띄지 않으려고 조심하는 사람을 의자에 걸려 넘어져 커다란 소음을 내게 한다. 콤플렉스들은 장례식에서 애도 대신 축하를 하게 만드는데, 그들은 프리드리히 테오도르 피셔가 죄 없는 대상들에 혐의를 둔 악의 주범이다. 콤플렉스들은 우리의 꿈속에서 행동하는 사람들이다. 그들 앞에서 우리는 그저 속수무책이다. 콤플렉스들은 덴마크 민담의 목사님 이야기에서 그 특성을 잘 드러낸 요정과도 같은 존재이다. 이야기에 의하면, 목사님이 두 요정에게 주기도문을 가르치려고 했다. 그 요정들은 제대로 따라하려고 온갖 노력을 다했지만, 벌써 첫 문장부터 "하늘에 계시지 않는 아버지시여"라고 말해버린다. 이것은 콤플렉스가 이론적인 기대에 걸맞게 가르칠 수 없는 것임을 보여주는 예라 하겠다.[158]

만약 김대중 콤플렉스가 우리의 정치에 앞으로도 지속적으로 영향을 미칠 요소라고 생각한다면 융의 설명은 우리에게는 상당히 비관적으로 들린다. 이 비관적 설명은 단지 영남인들을 향한 것만이 아니라 호남인들을 향해서도 마찬가지로 들린다. 호남인들이 갖고 있는 김대중 콤플렉스의 정체는 무엇일까?

호남인들은 기본적으로 김대중에 대하여 자긍심을 가지고 있다. 이는 지난 독재 시절에 자신들이 김대중을 열렬히 지지했기 때문에 가질 수 있는 자신들을 향한 자긍심이기도 하다. 호남인들에게 지난 시절은 고통스러운 시간이기는 했지만 그렇다고 부끄러운 시간은 절대로 아니었다. 따라서 이 자긍심은 반드시 유지되어야 한다. 만약 이 자긍심에 금이 가는 일이 발생한다면 그것은 이제는 역으로 고통이 된다. 일종의 강박증이다. 그런데 문제는 자신들의 주체적인 시각만으로는 이 자긍심이 '유지되고 있는가'에 대한 가치판단을 할 수 없다는데 있다. 왜 그럴까?

호남은 영남패권주의 정권하에서 약자로 살아왔다. 이는 앞에서 설명한대로 힘에 의해서뿐만 아니라 이데올로기적으로도 지배당해 왔다는 것을 의미한다. 이데올로기에 의한 지배의 일차적 목표는 지배당하는 자의 주체적 시선을 박탈하는데 있다. 그 주체적 시선을 박탈하

---

158) 칼 구스타프 융, 「콤플렉스 학설의 개요」, 『정신요법의 기본문제』, 솔, 2001, 233~234쪽.

지 않고서는 절대로 동의를 바탕으로 하는 평화로운 지배는 불가능하기 때문이다. 한 마디로 호남인들은 김대중과 함께 한 자신들의 반독재투쟁이라는 역사적 행동이 자랑스럽다고 스스로 평가하지만 그 평가는 타자의 시선, 즉 영남패권주의 헤게모니가 인정하는 가치판단에 의존하고 있다. 이것이 약자로 살아가는 호남인들의 김대중 콤플렉스다. 이 비슷한 상황을 프란츠 파농은 이렇게 한탄했다.

> 백인에겐 하나의 사실이 있다. 스스로를 흑인보다 우수하다고 생각하는 사실 말이다. 흑인에게도 하나의 사실이 있다. 어떤 대가를 치러서라도 그들 사상사의 풍요로움과 그들 지성사의 뒤떨어지지 않는 가치를 백인들에게 증명하려고 애쓴다는 사실 말이다. 어떻게 우리가 이 악순환을 벗어날 것인가? 잠시 전에 나는 나르시시즘에 대해 언급한 바 있다. 진정 나는 흑인문제에 관한 한 정신분석적 해석만이 콤플렉스 구조에 미치는 정서의 비정상성을 낱낱이 해부할 수 있다고 믿는다.[159]

파농은 흑인들에게서 "백인들에게 증명"하려고 애쓰는 모습을 보았지만 나는 호남인들에게서 자신들이 언제나 지역주의 극복을 선도적으로 이끈다는 것을 '영남패권주의자들에게 증명' 하려고 애쓰는 모습을 본다. 이런 맥락 속에서 호남인들 역시 영남패권주의라는 용어 대신 지역주의라는 용어를 쓴다. 반영남패권주의는 영남패권주의자들에게 공인된 가치가 아니지만 지역주의 극복은 그들에게도 공인된 가

---

159) 프란츠 파농, 『검은 피부 하얀 가면』, 인간사랑, 1998, 15쪽.

치이기 때문이다. 그러나 투쟁의 용어가 영남패권주의 헤게모니에 의해서 그렇게 규정되는 순간 이미 투쟁의 한계는 양비론으로 조건 지워진다. 그리고 그들의 시선을 의식해 무의식적으로 '오버'하기 시작한다. 예컨대 다음과 같은 현상은 왜 일어나는 것일까? 추미애는 이런 인터뷰를 한 적이 있다.

> 김대중 대통령이 자유스럽게 호남을 갈 수 있도록 해야 하고 이에 대해서 정부나 열린우리당은 정치적 해석을 하면 안 된다. 김 대통령의 고향 방문은 정치적으로 해석하면서 노 대통령은 왜 고향사람들 청와대 초청했나. 김 전 대통령은 호남 대통령이라는 소리가 듣기 싫어서 재임시절 고향사람 부르지도 못했다. 정치일선에서 떠났는데 고향방문조차 정치적인 것이라고 하면 호남을 다시 울리는 것이고, 대통령을 또 불명예스럽게 하는 것이다.[160]

김대중은 왜 언제나 호남방문을 극도로 자제했을까? 별것 아닌 사소한 시빗거리로 들릴 것이다. 그러나 이런 일이 발생한 원인은 결코 사소한 일이 아니다. 호남인들은 어떤 경우에도 자신들이 그들과 똑같은 지역주의자가 아님을 증명하기 위해 안쓰러울 정도의 정신적 노력을 기울인다. 그리고 그 평가에 귀를 기울인다. 앞서 윤한봉이 그런 것처럼 김대중이 집권을 하더라도 더 잘하지 않으면 부끄러움을 느껴야 하고, 자신들의 투표행위가 지역주의적 선택이 아님을 누군가에게 인

---

[160] 『프레시안』, 2003년 11월 21일.

정받으려고 온 신경을 곤두세운다. 아마도 위의 지적도 추미애가 영남 출신이 아니라 호남 출신이었다면 보이지 않았을 것이며 보였더라도 결코 말하지 않았을 것이다.

사실 호남인들이 영남패권주의적 시선들에 느끼는 이런 식의 열등 콤플렉스는 마치 한국인들이 외국인들의 시선에 느끼는 열등 콤플렉스를 아주 닮아 있다. 스스로가 스스로에게 내리는 주체적 평가보다는 외국인들이 우리를 보는 평가에 더 민감하게 반응한다. 한때 우리는 '외국인들이 보면 어떻게 하나'라는 공적인 캠페인을 듣고 살아간 적도 있다. 물론 그 외국인들이란 모든 외국인을 말하는 것이 아니라 세계를 지배하는 선진제국의 시민들을 말한다. 그런데 그런 일이 오랫동안 계속된다면 어떤 일이 벌어질까? 융의 표현대로 "콤플렉스의 영역이 시작되는 곳에서 자아의 자유는 종식"될 것이다.

너무나 당연하게도 나는 영남인들이 영남패권주의 문제에 대해 그렇게 큰 고민을 하는 것을 거의 보지 못했다. 언제나 고민은 호남인들의 몫이다. 그러고는 그 고민에 대해 인정받기를 원한다. 말하자면 호남인들에게는 자신들이 한나라당에 절대로 투표하지 않는 자긍심뿐만 아니라 민주당이나 열린우리당에 몰표를 던진 것이 지역주의적 선택이 아니었다는 타인의 인정도 절대적으로 필요한 것이다. 그리고 이러한 콤플렉스 때문에 호남인들은 오버하고 또한 영남패권주의 헤게모니는 이러한 오버를 당연하게 요구하는 것이다. 앞에서 인용한 대로 손호철이 "지역주의의 발로에 불과했던 것으로 최종평가를 받게 된다"고 협박 아닌 협박을 한 것이 그런 메커니즘의 정확한 사례다.

불행하게도 콤플렉스는 궁극적으로 위선의 역사를 만든다. 그러나 나는 아이로니컬하게도 영남인들이 갖고 있는 김대중 콤플렉스는 오히려 걱정하지 않는다. 영남인들의 김대중 콤플렉스는 억압된 도덕성의 결과이기 때문이다. 김대중 콤플렉스라는 무의식이 의식을 교란시키며 비뚤어진 역사관을 유지하려 해도 바로 그 억압된 도덕성이 끊임없이 그 의식에 고통을 줄 것이기 때문이다. 말하자면 영남인들이 갖고 있는 김대중 콤플렉스는 잘못된 역사의식에 고통을 선사하는 건강한 콤플렉스다.

오히려 나는 호남인들이 갖고 있는 콤플렉스에 주목한다. 호남인들이 갖고 있는 김대중 콤플렉스는 오랜 역사적 자긍심을 유지하려는 압박감이 자신들의 약한 처지와 결부되어 무의식적인 열등감으로 발현되는 것이다. 문제는 영남패권주의 이데올로기가 만들어내는 잘못된 역사를 교정하기 위해서는 불가피하게 호남인들의 주체적 시선이 필요하다는 것이다. 말하자면 한나라당에 투표하지 않는 정도로는 충분하지가 않다. 그런데 호남인들 스스로가 열등 콤플렉스에 빠져 영남패권주의 이데올로기로부터 헤어나지를 못한다면 이 위선의 역사를 교정할 수 있는 더 이상의 희망은 없을 것이다.

결국 영남인들의 인정을 받는 것은 실패로 끝났지만 노무현의 신당 소동은 분명히 영남패권주의 이데올로기에 투항하는 것으로 영남패권주의 문제를 해결하자는 양비론의 메시지였다. 호남인들은 이런 부정의한 제안에 묵묵히 순응했다. 그들이 발언했다면 민주당의 분당은 없었을 것이고 탄핵이라는 극한적 대립도 피할 수 있었을 것이다. 그러나 호남인들은 그저 이런 제안을 거부할 경우 자신들이 오히려 지역주의자로 몰리는 것을 염려했다. 끊임없이 타인의 시선을 의식해야 하는 부끄러운 콤플렉스를 운명처럼 감수했다. 나는 앞으로도 영남패권주의 역사가 이런 식으로 반복된다면 김대중 콤플렉스와 함께 우리나라의 위선의 역사는 끝없는 이야기를 만들어갈 것으로 생각한다. 그렇지만 도대체 의식이 아닌 무의식을 상대로 어떻게 싸워야 한단 말인가!

맺는 말 ■ 끝나지 않을 김대중 이야기

나는 이 책에서 김대중에 관한 많은 이야기를 했다. 그러나 김대중 이야기는 대한민국의 지배논리인 영남패권주의 이데올로기를 인격적 형태로 치환시켜 놓은 것에 불과하다고 해도 과언이 아니다. 그런 의미에서 김대중은 이미 지난 '옛이야기' 이지만 앞으로도 한동안 끝나지 않을 지금 우리들의 이야기다. 실제로 노무현 에피소드가 대단히 요란한 방식으로 그것을 입증했다. 김대중은 앞으로도 그렇게 자신의 의지와 상관없이 하나의 상징으로서 끊임없이 규정될 것이다. 즉 그는 아무도 그 끝을 모르는 영남패권주의 역사 속에서 상징적으로 해석되는 역사적 개인의 운명을 피할 수 없을 것이다.

사실 김대중 스스로는 역사의 전선에서 영남패권주의와 적극적으로 투쟁하지 않았다. 오히려 그는 끊임없이 타협을 모색했다. 그 결과물은 보잘것없었지만 그 의지는 강했다. 그가 모색한 부질없는 타협책은 당위적 측면에서 위험수위를 넘기도 했다. 나 역시 이 점을 강하게 비판한다. 그리고 어쩌면 노무현의 영남패권주의에 대한 양비론적 입장에서 민주당 파괴가 가능했던 것도 김대중의 타협책이 잉태한 나쁜 결과물인지도 모른다. 그러나 만약 김대중이 적극적인 투쟁을 하고 나왔다면 어떤 결과가 됐을까를 생각한다면 그의 선택이 옳은 것이었는지도 모른다. 그 판단은 역사의 숙제가 될 것이다.

그런데 나는 김대중이 영남패권주의와 적극적인 투쟁을 하지 않았음에도 불구하고 반영남패권주의의 상징으로 등장할 수밖에 없었다는 사실에 주목한다. 바로 이 사실이야말로 김대중이 스스로를 규정할 수 없는 역사라는 증거다. 그가 아무리 타협을 강조했어도 그는 자체로 이미 반영남패권주의의 상징인 것이다. 전두환·노태우를 감옥에 넣은 것은 김영삼이지만 역사는 오히려 반영남패권주의의 상징으로 그들을 석방하는데 동의한 김대중을 연구할 것이다. 왜냐하면 호남인들이 끝까지 투항하지 않고 김대중을 대통령에 당선시킨 것이야말로 진정한 반영남패권주의 투쟁사이기 때문이다.

내가 지금 '김대중 대통령 만들기'야말로 진정한 반영남패권주의 투쟁사였다고 주장하는 의미를 곡해하지 말기 바란다. 우리나라가 정상적인 나라였다면 김대중이라는 호남 출신의 한 개인이 통장이 되든 대통령이 되든 그게 무슨 대수이겠는가? 그것이 역사적 투쟁일 수밖에 없었던 이유는 호남 출신 김대중은 절대로 대통령이 될 수 없다는 영남패권주의자들의 신성불가침의 금기가 있었기 때문이다. 이 금기가 깨진 것은 말하자면 보통선거권의 쟁취만큼이나 큰 역사적 사건인 것이다. 누구라도 이 의미를 이해할 수 있을 때에만 영남패권주의의 역사를 제대로 이해한 것이라고 말할 수 있다.

나는 이 책에서 김대중이라는 인물을 키워드로 박정희 이후 우리의 정치적 사고를 지배하고 있는 영남패권주의 이데올로기를 집중적으로 추적하고 분석했다. 나는 우리나라가 정상적인 통일국가가 되기 위해서는 반드시 이 분열적 헤게모니를 철저히 극복해야 한다고 믿는다. 정권을 둘러싼 눈에 보이는 투쟁은 물론 중요한 것이지만 눈에 보이는 것만이 모든 것은 아니다. 이데올로기의 극복 없이는 절대로 문제는 완결되지 않는다. 그리고 마르크스식으로 말한다면 영남패권주의의 종식 가능성은 영남패권주의 그 자체의 의식으로는 결코 판단할 수 없다는 것을 기억해야 할 것이다.

이상의 문제의식 속에서 지금까지 내가 비판하고자 했던 영남패권주의 지배논리는 대체로 다음과 같이 정리할 수 있을 것이다.

"기본적으로 모든 지역주의는 어느 한쪽의 '잘/잘못'을 일방적으로 말할 수는 없고 그 이기적 본질은 같다. 우리나라의 지역문제, 특별히 영호남문제는 실체가 없다. 그것은 정치인들의 지역감정 조장에 국민들이 부하뇌동한 상호감정상의 문제일 뿐이다. 설혹 호남소외라는 실체가 다소 있다 할지라도 박정희의 경부축 발전전략에서 나온 불가피한 측면임을 간과해서는 안 된다.

전두환의 1980년 광주사태는 역사적 전환기에 있었던 민주화운동 과정에서 과잉진압으로 인해 발생한 우연한 비극이며 지역적 공간이 정치적 의미를 갖지는 않는다. 지역문제의 진정한 시작은 1987년이다. 대선에서 민주세력을 대표한 양김의 분열이 모든 것의 근원이다.

그러므로 이때 상대적으로 소수의 대표였던 김대중이 후보사퇴를 하지 않은 것에 대해 잘못을 인정해야 하고 모든 지역문제의 악순환에 대해 역사적 책임을 져야 한다.

DJP 연합은 김대중의 권력욕을 입증한 잘못된 시도였다. 김대중의 집권기간 영남은 오히려 소외되었다. 그리고 이제는 김대중이 집권했으니 영남 출신 대통령이 많았다는 것을 근거로 하는 영남패권이니 뭐니 하는 주장도 당치 않게 되었다. 결국 지역주의는 민주화를 가로막는 이데올로기일 뿐이므로 하루빨리 실체 없는 지역감정을 버리고 정책대결 사회가 되어야 한다."

나는 이러한 영남패권주의 지배논리에 반대하여 다음과 같이 반박했다.

"기본적으로 지역주의는 지역패권주의로 발전할 위험을 내재하며 그것이 지역패권주의로 들어서는 순간 '잘/잘못'의 문제가 된다. 우리나라의 지역문제는 실체가 있다. 그것은 수십 년간 지속된 영남패권주의 질서라는 강고한 토대를 바탕으로 한다. 박정희의 경부축 발전전략은 호남차별과 배제라는 파시즘을 동반한 것이었다.

전두환은 영남패권의 지속을 위해 1980년 광주학살을 의도적으로 자행했다. 광주학살은 영남패권주의 파시즘의 절정이었다. 1987년 대선에서 양김은 각각 호남과 완화된 영남패권주의를 대변했으며 그 분열은 영남파시즘의 필연적 업보였다. 그러므로 호남이 김대중을 독자후보로 내세운 것에 대해 영남패권주의자들에게 사과할 필요가 없으며 지역문제의 극단적 악순환은 광주학살에서 기인한다는 사실을 기억해야 한다.

DJP 연합은 영남패권에 저항하기 위한 성공적인 지역연합이었다. 김대중의 집권은 지역등권의 실질적 계기가 되었다. 그리고 영남패권주의 질서는 권력의 문제만이 아닌 경제적 토대를 포함한 총체적 구조의 문제이며 김대중의 집권 이후 이제 겨우 헤게모니의 균열이 시작됐을 뿐이다. 결국 우리나라의 민주주의는 영남패권에 저항하는 지역투쟁이 주된 발전동력이었으며 하루빨리 지역모순과 계층모순이라는 이중모순을 전제로 한 지역등권제도를 마련해야 한다."

이상의 반박 주장을 읽은 독자들 중 일부는 답답함을 느꼈을 것이다. 그것은 어느 정도 이 책의 내용에 공감을 했더라도 마찬가지였을 것이라고 생각한다. 왜 답답함을 느끼는 것일까? 만약 나의 주장이 사실이라면 아주 갈 길이 멀다고 느끼기 때문일 것이다. 아니 갈 길이 먼 정도가 아니라 아예 갈 수 없다고 느끼기 때문일 것이다. 노무현이 "그렇게 극복해 나가지 않으면 영원히 해결되지 않는다"고 말한 근저의 심리가 바로 그것이다.

그렇다면 "그렇게 극복해 나가"는 방식은 어떤 것인가? 투항하는 방식이다. 그런데 투항을 인정하는 것은 심적 고통을 수반한다. 그래서 그들은 자신들의 방식이 투항이라는 것을 거부하기 위해 아예 영남패권주의의 역사적 실체를 부정한다. 영남패권주의의 역사적 실체가 없는데 거기에 투항하는 것은 불가능한 일 아닌가? 이렇게 해서 이제 위선의 역사가 시작된다. 그리고 우리는 그 위선의 논리에 아주 익숙하게 지배당하는 것이다.

위선적 사회는 있는 것을 있다고 말하는 것에 거부감을 표시하는 사회다. 그 사회는 있는 것을 있다고 말하는 것이 오히려 사태를 악화시킨다고 믿는 사회다. 그 사회는 나쁜 것은 오직 생각하지 않고, 말하지 않을 때에만 해결될 수 있다고 굳게 믿는다. 실제로 이 세상의 모든 악이 그렇게 해결될 수만 있다면 얼마나 좋겠는가? 그러나 분쟁이 싫어 침묵하자는 조용한 주장은 곧 평화롭게 기존질서에 복종하자는 요란한 선동일 뿐이다.

나는 현실을 직시하기를 원한다. 아무리 인정하기 싫은 사회적 병리현상이라도 있는 그대로 직시하기를 원한다. 그것이 병을 치유하는 첫걸음이기 때문이다. 실체를 아는 것이 두려운 환자는 결코 병을 치유할 수 없다. 나는 이 '불쾌한 책'이 우리의 현실을 직시하는 데 도움이 되기를 기대한다. 호미로도 막을 수 있는 일을 가래로도 못 막는 일이 벌어지지 않기를 바란다. 역사 속에서 '김대중의 고독'이 하루빨리 끝나기를 진심으로 바란다.